Heiko Balhorn | Jan P. Schniebel | Walter Uihlein

der Grundwortschatz plus

das Wortfamilien-Wörterbuch
für die Grundschule

plus English for beginners

Ernst Klett Verlag GmbH
verlag für pädagogische medien (vpm)

Was du in diesem Buch ...

... alles finden kannst

Das Wörterbuch im Wörterbuch

Dieser Teil ist ein **Vor-Teil** in diesem Wörterbuch.
Er soll dir helfen, dich im Alphabet zurechtzufinden.

Das ist der Grund für unser **Tier-ABC** mit 234 **roten** Tiernamen.

Wenn du darin Tiernamen suchst und findest, lernst du, mit dem ABC umzugehen.

Auf den nächsten Seiten findest du **Rätsel** und **Suchaufgaben**, die du lösen sollst.

Du lernst dabei all das kennen, was du im **Haupt-Teil** gebrauchen wirst.

Ein Wort – zwei Bedeutungen

die Fliege

der Strauß

Wörter mit zwei Bedeutungen heißen **Teekessel-Wörter**.

Suche die beiden Tiernamen im Tier-ABC und klebe ein dazu.

Du findest Teekessel-Sticker auf Seite 41.

Namen verraten ...

... was Tiere tun,
... wie sie aussehen,
... wo sie leben
und noch mehr.

Im Tier-ABC findest du diese fünf Tiere unter ihrem Nachnamen:*

Das Tier ganz rechts ist kein **Bär**. Er frisst **Ameisen** und heißt

Ameisenbär ....

Der zweite ist **braun** und heißt deshalb

braunbär ....

Der dritte lebt am Nordpol im **Eis** und heißt

Eisbär ....

Der Koala ist ein Beuteltier. Er sieht aus wie ein

....

Der fünfte **wäscht** seine Nahrung und heißt deshalb

....

* Der Nachname ist das Nachschlagewort.

Ist das Seepferdchen ein Pferd?

Der Koala**bär** ist kein **Bär.**
Er ist mit dem Känguru verwandt.

Das Meer**schwein**chen
ist kein **Schwein.**
Es ist ein Nagetier
wie der Hamster.

Einige Namen im Tier-ABC
führen in die Irre:

Schlage nach
unter:

Ein Angsthase ist kein Hase

Ein .... ist kein Dachs

Ein .... ist kein Spatz

Ein _ _ _ **igel*** ist kein ....

Ein _ _ _ **hund*** ist kein ....

↑ Dies sind **Nachschlage-wörter**

Ein Beispiel:

Nachschlagewort → **Drossel**
darunter **Verwandte** → Schwarz**drossel**
Sing**drossel**

* Seeigel und Seesterne sind Stachelhäuter; ein Seehund ist eine Robbe.

Was Tiere tun – oder auch nicht

waschen ✱ lesen ✱ singen ✱
klappern ✱ wandern ✱ stechen ✱

der Wasch **bär**

.... **schwan**

.... **falke**

.... **ratte**

.... **mücke**

.... **storch**

Welches dieser Tiere gibt es in Wirklichkeit nicht?

....

Solche Tiere haben im Tier-ABC dieses Zeichen: ☺

Hättest du geglaubt, dass es diese Tiere gibt?

- Herznasenfleder**maus** ☐
- Großohriger Pfeif**hase** ☐
- Dobermann**pinscher** ☐
- Kleinfleckginster**katze** ☐
- Weißschwanzesel**hase** ☐

Es gibt sie wirklich.
Ihre Namen stehen in ***„Grzimeks Tierleben"***.
Eines dieser Tiere findest du auch in diesem Tier-ABC.
Das Nachschlagewort ist immer fett gedruckt.

... armer Jäger!

Welches dieser fünf Tiere steht nicht im Tier-ABC?
Hake ab, was du gefunden hast.

- Wüsten**schakal** ☐
- Kreuz**spinne** ☐
- See**pferd**chen ☐
- Angora**katze** ☐
- Mast**schwein** ☐

Das ....

steht nicht im Tier-ABC.

Wieder hast du fünf Tiernamen gesucht und vier gefunden.

Was sagst du dazu?

ein **Schweine**kotelett

ein **Lamm**filet

ein **Rinder**braten

ein **Puten**steak

und ein ***Jäger***schnitzel

a Ein großes Tier, in dessen Namen ein Affe steckt.

b Ein Tier, das aus Angst seine Feinde anspuckt.

c Ein Säugetier mit sechs Beinen; zwei davon sind aus Elfenbein.

d Ein Wüstenschiff, das seine Wasservorräte in Höckern aufbewahrt.

e Ein Fisch, in dessen Namen ein Ring versteckt ist.

f Ein Steppentier, das aussieht wie ein Pony im gestreiften Schlafanzug.

g Ein Insekt, in dessen Namen ein Schreck steckt.

h Ein Vogel im Frack, der nicht fliegen kann.

i Ein Reittier mit langen Ohren, das nur zwei Selbstlaute sagen kann.

j Ein Vogel, der mit seinen Rufen die Zeit ansagt, der also offenbar zählen kann.

k Ein Meerestier, das Perlen züchtet.

l Ein Nachtvogel, der seinen Namen von vorn und hinten heulen kann.

Suche die Tiernamen, die du erraten hast, im Tier-ABC.

Dort findest du eine Lösungszahl. Schreibe sie in das passende ☆-chen.

a Giraffe ✓

b Lama

c Elefand

d Kamel

e Hering

f Zebra

g Heuschrecke

h Pingoin

i Esel

j Kukuk

k Muschel

l Uhu

Verbinde die Zahlen von 1 bis 12 mit einem Lineal.
Sieht deine Zeichnung wie ein Tier aus?

Schau einmal auf Seite 31 nach.

Wenn du dieses Rätsel gelöst hast, dann hast du **12 Wörter** in deinem **Tier-ABC** gefunden.

Menschliches, tierisch ausgedrückt

_ _ _ _ [ ] _ _ fleißig
7

_ _ _ [ ] _ teufelswild
4

sich _ _ _ wohl fühlen

_ _ [ ] _ _ stark
6

[ ] _ _ glatt
2

_ [ ] _ _ _ frei
5

kohl _ _ _ _ _ schwarz

mucks _ _ _ [ ] _ _ _ _ still
3

sich ein _ _ _ _ [ ]
1

jemanden nach _ _ _ _ _

Lösungswort: [ ] [ ] [ ] [ ] [ ] [ ] [ ] = **13**
1 2 3 4 5 6 7

Kontrolliere die Nummer im Tier-ABC.

Tierisches Kreuzworträtsel

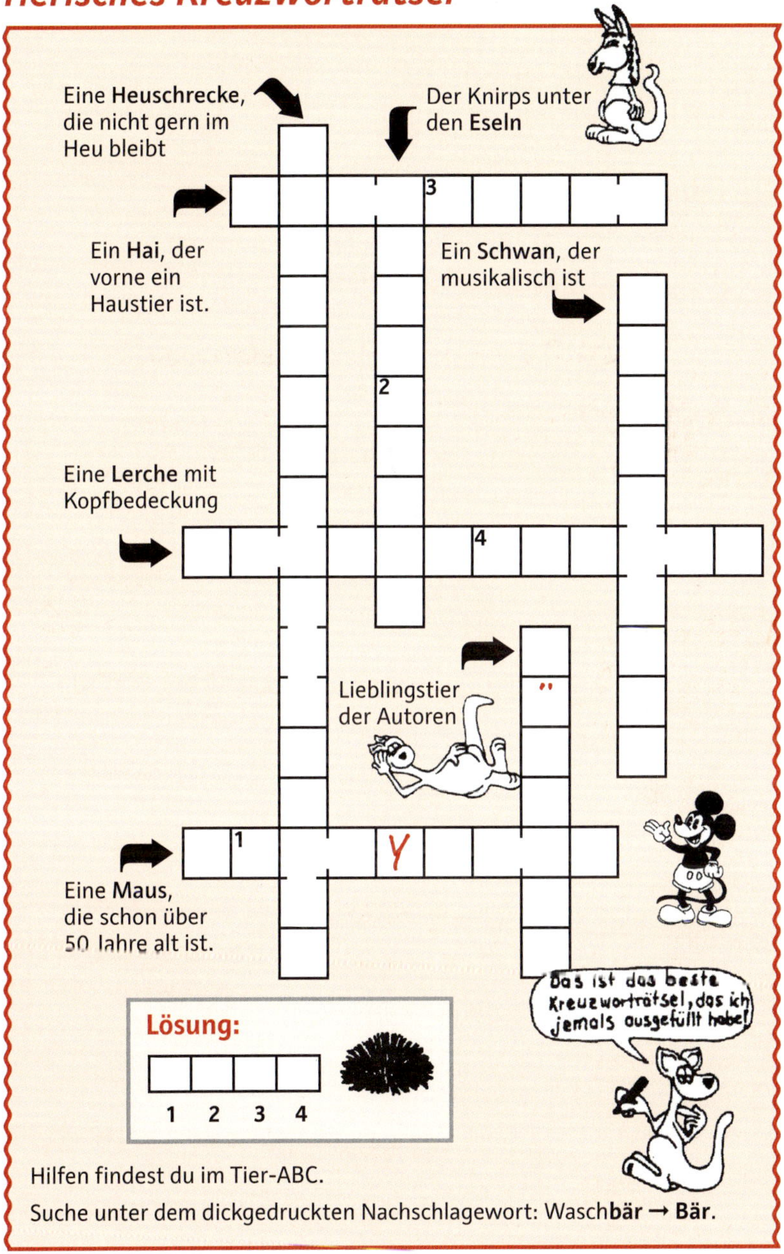

Hilfen findest du im Tier-ABC.

Suche unter dem dickgedruckten Nachschlagewort: Wasch**bär** → **Bär**.

VON EISTIEREN UND MURMELBÄREN

NACHSCHLAGEWORT

_ _ _ _ _ _ _ _ KRÖTE (1)
_ _ _ BÄR (8)
_ _ _ _ _ OTTER (5)
_ _ _ _ _ _ _ _ _ _ SCHLANGE (10)
_ _ _ _ _ _ _ _ TIER (4)
_ _ _ _ _ _ _ _ _ _ WAL (2)
_ _ _ _ _ _ _ _ FISCH (11, 12, 6)
_ _ _ _ _ FALKE (7)
_ _ _ _ _ FINK (3)
_ _ _ _ _ _ _ _ KANINCHEN (9, 13)

Wenn du die Buchstaben über den Zahlen in die Kästchen einträgst, erfährst du, welches Tier vier Flügel hat!

1	2	3	4	5	6	7	8	9	10	11	12	13

Dies sind zwei verkleinerte Seiten aus dem Rätselheft zu dem Tier-ABC in diesem Buch. Dort findest du viele ‚tierische' Aufgaben, die zum Wörterbuch-Pass führen.

Renate Holzbach hat es sich ausgedacht, Peter Giesel hat es gezeichnet.

Ein Tier tanzt aus der Reihe

Achte besonders darauf,
wie die Namen *gebildet* sind.

Es geht dabei manchmal
um Wortarten, um die
Silbenzahl, um lange oder
kurze Selbstlaute ...

***Rot*kehlchen * *Weiß*storch * *Blau*hai * Spring-bock * *Braun*bär**

Molch * Star * Pfau * Katze * Luchs

Wanderratte * Stechmücke * Singdrossel * Rotfuchs * Waschbär

Steinkauz * Brillenschlange * Faultier * Taschenkrebs

Qualle * Schaf * Schnecke * Spinne * Mücke

Flusspferd * Meerschweinchen * Seehund * Goldfisch * Teichmolch

Es gibt immer mehrere richtige Lösungen !

**Schau bei dem Tier nach,
das nicht in die Reihe passt.**

Zur Kontrolle findest du dort
dieses Zeichen für unsere Lösung:

der **Aal**
der Fluss**aal**
der See**aal**
__aal__glatt, sich __aal__en

der **Adler** ①
der Fisch**adler**
der See**adler**
der Stein**adler**
***Adler**auge*

der **Affe**
der Menschen**affe**
das Zwergseiden**äff**chen
***aff**ig*
*nach**äff**en*
*„mich laust der **Affe**"*
*im **Affe**ntempo*

der **Afghane**
(Hunderasse aus Afghanistan)

der **Albatros**
der Schwarzfuß**albatros**

der **Alligator**
(Krokodil)

die **Ameise**
die Wald**ameise**
die Wander**ameise**

die **Ammer**
die Gold**ammer**

die **Amsel**

die **Anakonda**
(Wasserschlange)

die **Antilope**

der **Ara**
(Papageienart)

die **Auster** 7
die Europäische **Auster**
*der **Auster**nfischer*

der **Bär** ②
der Ameisen**bär** ③
der Braun**bär**
der Eis**bär** ④

① ***eagle*** [ˈiːgl]; *to have an **eagle** eye*
(Luchsaugen haben)

Who is Who?

② ***bear*** [beə]
*Pooh the **bear***

③ ***anteater*** [ˈæntˌiːtə]

④ ***polar bear*** [ˌpəʊlə ˈbeə]

der Koala**bär**
der Teddy**bär** ☺
der Wasch**bär** ☺
***bär**enstark*

der **Bernhardiner** ☺

der **Biber**

die **Biene** ①
die Honig**biene**
*die **Biene**nkönigin*
*der **Biene**nstich*
***biene**nfleißig*

die **Blindschleiche**

der **Bock**
der Reh**bock**
der Spring**bock** ☺
der Stein**bock** ②
der Sünden**bock** ☺
***bock**en, **bock**ig, **bock**beinig*
*der **Bock**sprung*

der **Boxer**
(Hunderasse und Sportler)
boxen
*durch**boxen***

der Buch**fink**
→ der **Fink**

der **Büffel** ③
der Gäms**büffel**
der Haus**büffel**
der Kaffern**büffel**
der Wasser**büffel**
***büffel**n (≈ fleißig lernen)*

der **Bussard**
der Mäuse**bussard**
der Wespen**bussard**

das **Chamäleon**
(= Erdlöwe)

der **Chowchow**
(Hunderasse)

der **Cockerspaniel** ☺
(Hunderasse)

der **Collie**
(Schottischer Schäferhund)

der **Coyote**
auch: **Kojote**
(kleiner Präriewolf)

① ***bee*** [biː]; ***bee** line* (Luftlinie)

② ***ibex*** ['aɪbeks]
Capricorn ['kæprɪkɔːn]*: December 22 - January 19*

③ ***buffalo*** ['bʌfəlˌəʊ]
***Buffalo** Bill (W. F. Cody, star and creator of the famous Wild West shows)*

der **Dachs**
der Frech**dachs** ☺

der **Dackel** 1
der Rauhaar**dackel**
dackel*n*

der **Dalmatiner**
(Hunderasse)

der **Delphin** 2
oder **Delfin**
(Meeressäuger, die zu den Walen gehören, und Schwimmstil) 3
der Fluss**delphin**

die **Dogge**
die Bull**dogge**
die Deutsche **Dogge**

die **Dohle**
(Rabenvogel)
die Alpen**dohle**

der **Dorsch**

das **Dromedar**
(Kamel mit einem Höcker)

die **Drossel**
die Schwarz**drossel**
die Sing**drossel**
die Heizung ***drossel****n*
*er****drossel****n*

die **Echse**
→ die **Eidechse**

der **Egel**
(Schmarotzer)
der Blut**egel**

der **Eichelhäher**

die **Eidechse**
die Smaragd**eidechse**
die Zaun**eidechse**

der **Elch** 4

1 ***dachshund*** [ˈdæksnd, ˈdæksˌhʊnd]

2 ***dolphin*** [ˈdɒlfɪn]

3 ***butterfly*** *stroke* [ˈbʌtəflaɪ]
(Delphinschwimmen)

4 ***elk*** [elk]

A B C D E F G H I J K L M N O P Q R S T U V W X Y Z

A B C D E F G H I J K L M N O P Q R S T U V W X Y Z

der **Elefant** 11
der Afrikanische **Elefant**
der Indische **Elefant**
*sich wie ein **Elefant** im Porzellanladen benehmen (≈ tollpatschig sein)* (1)

die **Elster**

die **Ente** (2)
die Eider**ente**
die Krick**ente**
die Reiher**ente**
die Stock**ente**
die Wild**ente**
die Zeitungs**ente** ☺
(≈ Falschmeldung in der Zeitung)

der **Esel** 8
der Draht**esel** ☺
der Maul**esel**
der Wild**esel**
der Zwerg**esel**
*das **Esel**sohr*
*die **Esel**sbrücke*

die **Eule** ☺ (3)
die Nacht**eule** ☺
die Schleier**eule**
die Waldohr**eule**
***Eule**nspiegel*
***Eule**n nach Athen tragen*

der **Falke**
der Jagd**falke**
der Rotfuß**falke**
der Turm**falke**
der Wander**falke**
***Falke**nauge*

der **Falter**
der Nacht**falter**
der Zitronen**falter**

der **Fasan**
der Gold**fasan**
der Jagd**fasan**
der Königs**fasan**

der **Fennek**
auch: **Fenek**
(Wüstenfuchs)

der **Fink**
der Buch**fink**
der Distel**fink**
der Darwin-**Fink**
der Grün**fink**
der Schmutz**fink** ☺

(1) ***elephant*** ['elɪfənt]
*but: to behave like a **bull** in a china shop* [bʊl]

(2) ***duck*** [dʌk]; *Donald **Duck***

(3) *„Will you send me an **owl**?"* [aʊl]

der **Fisch** ❶
der Back**fisch** ☺
der Gold**fisch** ☺
der Hai**fisch**
der Igel**fisch** ☺
der Kampf**fisch**
der Rotfeuer**fisch**
der Schell**fisch**
der Thun**fisch**
der Tinten**fisch**

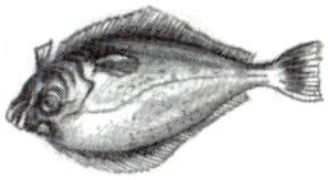

__fisch__en
im Trüben __fisch__en

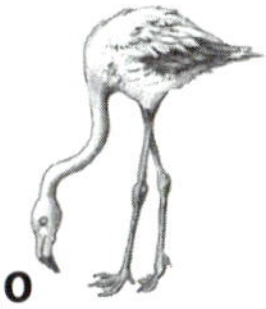

der **Flamingo**
der Anden**flamingo**

die **Fledermaus** ❷
→ die **Maus**

die **Fliege** ❸
(Insekt und Schleife / Binder)
die Eintags**fliege**
die Stech**fliege**
die Stielaugen**fliege**
die Stuben**fliege**
die Tsetse**fliege**

der __Fliege__npilz
__flieg__en
__flieg__ende Fische
eine __Fliege__ machen (≈ verschwinden)

der **Floh**
der Hunde**floh**
der Menschen**floh**
der Wasser**floh**

der __Floh__markt ❹
der __Floh__zirkus
einen __Floh__ ins Ohr setzen

das Fluss**pferd** (= *Nil__pferd__*)
das Zwergfluss**pferd**
→ das **Pferd**

die **Forelle**
die Bach**forelle**
die Regenbogen**forelle**

der **Frosch**
der Knall**frosch** (Feuerwerk) ☺
der Laub**frosch**
(= der Wetter__frosch__)

__Frosch__männer (Taucher)
„Sei kein __Frosch__!"
(= Stell dich nicht so an!)

der **Fuchs** ❺
(Raubtier und Pferd mit braunem Fell)
der Polar**fuchs**
der Rot**fuchs** ☺
der Wüsten**fuchs** ☺

__fuchs__rot
ausge__fuchs__t
__fuchs__teufelswild
der __Fuchs__schwanz (auch: Handsäge)

❶ ***fish*** [fɪʃ]; *gold__fish__*
♓ ***Pisces*** ['paɪsiːz]: *February 19 - March 20*

❷ ***bat*** [bæt]; ***Bat**man*

❸ ***fly*** [flaɪ] (auch: Hosenschlitz)

❹ ***flea** market* [fliː]

❺ ***fox*** [fɒks]

A B C D E F G H I J K L M N O P Q R S T U V W X Y Z

A B C D E F G H I J K L M N O P Q R S T U V W X Y Z

die **Gämse**
*der **Gams**bart*

die **Gans**
die Grau**gans**
die Ringel**gans**
die Wild**gans**
*das **Gänse**blümchen*
*das/die **Gänse**füßchen*
*die **Gänse**haut* (1)
*der **Gänse**marsch*

die **Gazelle**
die Thomson**gazelle**
die Ziegen**gazelle**

der **Gecko**
(Echsenart)

der **Geier**
der Aas**geier**
der Gänse**geier**
der Lämmer**geier**
der Pleite**geier** ☺

der **Gepard**

die **Giraffe** 12 (2)
die Wald**giraffe**
(Okapi)

der **Goldfisch**
→ der **Fisch**

der **Gorilla** (3)
der Berg**gorilla**

der **Grashüpfer**
(Feldheuschrecke)

die **Grille**
die Feld**grille**
die Maulwurfs**grille**
***Grille** (≈ verrückte Idee, Spinnerei)*

der **Habicht**
der Hühner**habicht**

der **Hahn** (4)
(Vogel und Wasserhahn)
der Auer**hahn**
der Knurr**hahn**
der Trut**hahn**
*der **Hahn** im Korb*

(1) ***goose** pimples* [guːs]

(2) ***giraffe*** [dʒɪˈrɑːf]

(3) ***gorilla*** [ɡəˈrɪlə]

(4) ***chicken*** (Hähnchen) [ˈtʃɪkɪn]
*he is a **chicken***
(er ist ein Feigling)

der **Hai**
der Blau**hai** 1
der Hammer**hai**
der Katzen**hai** 2

der **Hamster**
der Feld**hamster**
der Gold**hamster**
***hamster**n*

der **Hase** ☺ 3
der Angst**hase** ☺
der Feld**hase**
der Oster**hase** ☺
der Schnee**hase**
*der **Hase**nfuß* ☺

der **Hecht**
***hecht**en*
*der **Hecht**sprung*
*ein toller **Hecht***

der **Hering** 10
(Fisch und Pflock am Zelt)

das **Hermelin**

die **Heuschrecke** 9
die Feld**heuschrecke**
(Grashüpfer)
die Wander**heuschrecke**

der **Hirsch**
der Dam**hirsch**
der Rot**hirsch**

das **Hörnchen** ☺
das Eich**hörnchen** 4
das Flug**hörnchen**

die **Hornisse**
(große Wespe)

die **Hufeisennase**
(Fledermaus)
die Mittelmeer**hufeisennase**

das **Huhn** 5
das Perl**huhn**
das Reb**huhn**
*das **Hühn**erauge* ☺
*die **Hühn**erleiter*
*„Da lachen ja die **Hühn**er!“*

der **Hund**
der Jagd**hund** ☺
der Schäfer**hund** ☺
der Schlitten**hund** ☺
der Schoß**hund**
der See**hund** ☺
der Wind**hund** ☺
(Whippet)
***hund**emüde* 6

1 *blue **shark*** [ʃɑːk]
2 ***dogfish*** [dɒgˌfɪʃ]
3 ***hare*** [heə]
4 ***squirrel*** [ˈskwɪrəl]
5 ***hen*** [hen]
6 ***dog** tired* [dɒg]

A B C D E F G H I J K L M N O P Q R S T U V W X Y Z

die **Hyäne**
die Streifen**hyäne**

der **Igel** ☺ ❶
→ der See**igel**
*sich ein**igeln***

der **Iltis**
der Steppen**iltis**
der Wald**iltis**

der **Jaguar** ❷

der **Käfer** ❸
der Hirsch**käfer** ☺

der Mai**käfer**
der Marien**käfer** ❹

der **Kaiman**
(Krokodil)

der **Kakadu**

das **Kamel** 2
das Altwelt**kamel**

das **Känguru** ❺
das Riesen**känguru**
das Wörterbuch**känguru** ☺
das Zwerg**känguru**

das **Kaninchen** ☺
das Haus**kaninchen**
das Wild**kaninchen**
das Zwerg**kaninchen**

der **Karpfen**
der Leder**karpfen**
der Spiegel**karpfen**

die **Katze** ☺ ❻
die Angora**katze**
die Haus**katze**
die Kleinfleckginster**katze**
die Nasch**katze** ☺

❶ ***hedgehog*** (Heckenschwein) [ˈhedʒˌhɒg]

❷ *drive a **Jaguar*** [ˈdʒægjʊə]

❸ ***beetle*** [ˈbiːtl]

❹ ***ladybird*** [ˈleɪdɪˌbɜːd]

❺ ***kangaroo*** [ˌkæŋgəˈruː]

❻ ***cat*** [kæt]
Cats *(musical)*

die Perser**katze**
die Siam**katze**
die Wild**katze**
*das **Katze**nauge* ☺

der **Kauz**
der Stein**kauz**
der Wald**kauz**

der **Kiwi** ➊
(Vogel, Bezeichnung für Neuseeländer und Frucht)

der **Koala**
→ der **Bär**

die **Kobra**
die Königs**kobra**

der **Kolibri**

die **Koralle**
die Edel**koralle**
die Fächer**koralle**
*das **Koralle**nriff* ➋

die **Krähe**
die Nebel**krähe**
die Raben**krähe**
die Saat**krähe**
*die **Krähe**nfüße* ☺

der **Kranich**
der Kronen**kranich**

der **Krebs** ➌
der Einsiedler**krebs**
der Fluss**krebs**
der Taschen**krebs**
*herum**krebs**en*
***krebs**rot*
*der **Krebs**gang*

die Kreuz**otter**
(Schlange)
→ der/die **Otter**

das **Krokodil** ➍
das Leisten**krokodil**
das Nil**krokodil**
*die **Krokodil**sträne* ☺

die **Kröte**
die Erd**kröte**
die Gift**kröte** ☺
die Schwimm**kröte**
→ die **Schildkröte**
***Kröte**n (Geld)*

der **Kuckuck** 5
*das **Kuckuck**sei*
*die **Kuckuck**suhr*
*„Zum **Kuckuck**!“*

➊ ***kiwi*** ['kiːwiː] *(a bird, the people of New Zealand and the fruit)*

➋ ***coral** reef* ['kɒrəl]

➌ ***crab*** [kræb]
Cancer ['kænsə]*: June 22 - July 22*

➍ ***crocodile*** ['krɒkəˌdaɪl]

die **Kuh** 1
die Milch**kuh**
*„Es geht auf keine **Kuh**haut"*

der **Labrador**
(Hunderasse)

der **Lachs**

der See**lachs**
***lachs**rot*

das **Lama** 1

die **Laus**
die Blatt**laus**
die Kopf**laus**

***laus**ig*

der **Leguan** ☺

der **Leopard**

die **Lerche**
die Feld**lerche**
die Hauben**lerche**

der **Löwe** 2

der Berg**löwe**
der Mähnen**löwe**
*der **Löwe**nanteil* 3
*die **Löwe**nmähne*
*der **Löwe**nzahn (Pflanze)*

der **Luchs**

*ab**luchs**en*
***Luchs**augen haben*

der **Marder**
der Baum**marder**
der Stein**marder**

der **Maulwurf**

die **Maus** 4
die Etruskerspitz**maus** ☺
die Feld**maus**

die Fleder**maus** 5
die Hasel**maus**
die Haus**maus** ☺

die Micky**maus** ☺
die Spitz**maus**
die Spring**maus**

1 ***cow*** [kaʊ]
***cow**boy; **cow**girl*

2 ***lion*** ['laɪən]; ***Leo*** ['liːəʊ]:
July 23 - August 22

3 ***lion**'s share*

4 ***mouse*** [maʊs]
*Micky **Mouse***

5 ***bat*** [bæt]; ***Bat**man*

die Wald**maus**
die Wüsten**maus**
die Zwerg**maus**
***mäus**chenstill*

das **Meerschweinchen** ☺
→ *das* **Schwein**

die **Meise**
die Blau**meise**
die Hauben**meise**
die Kohl**meise**

der **Molch**
der Berg**molch**
der Teich**molch**

der **Mops**
(Hunderasse)

die **Motte**
die Kleider**motte**

die **Möwe** ①
die Lach**möwe**
die Silber**möwe**

die **Mücke**
die Stech**mücke**
*der **Mücke**nstich* ②
*eine **Mücke** machen (fliehen)*

die **Muschel** 7 ③
die Herz**muschel**
die Mies**muschel**
die Ohr**muschel** ☺

die **Nachtigall** ④

das **Nashorn** 13
das Breitmaul**nashorn** ☺
das Panzer**nashorn**
das Spitzmaul**nashorn**

der **Nerz**

der **Ochse**
der Auer**ochse**
der Pfingst**ochse** ☺

das **Okapi**
(Waldgiraffe)

① ***gull*** [gʌl]
② ***midge** bite* [mɪdʒ]
③ ***mussel*** ['mʌsl]
shell [ʃel] (Muschelschale)

④ ***nightingale*** ['naɪtɪŋˌgeɪl]

A B C D E F G H I J K L M N O P Q R S T U V W X Y Z

der **Oktopus**
(Tintenfisch)

der/das **Onager**
(Wildesel)

das **Opossum**
(Beutelratte)

der **Orang-Utan**

der/die **Otter**
der Fisch**otter**
(Marderart)
→ die Kreuz**otter** *(Schlange)*

der **Ozelot**

der **Panda**
*(der Katzen**bär**)*

der **Panter**
oder **Panther**

der **Papagei** ①
der Eulen**papagei**

die **Paradieswitwe**
die Spitzschwanz-**paradieswitwe**

der **Pavian**
der Mantel**pavian**

der **Pekinese**
(Hunderasse)

der **Pelikan** ②

der **Pfau**
*stolz wie ein **Pfau*** ③

das **Pferd**
das Fluss**pferd**
auch: das Nil**pferd**
→ das See**pferd**chen ④
*die **Pferd**eäpfel* ☺
*der **Pferd**eschwanz* ⑤
*die **Pferd**estärken (Maßeinheit, PS)* ⑥

der **Pinguin** 4
der Königs**pinguin**
der Zwerg**pinguin**

der **Platypus**
(Schnabeltier)

das **Pony**
(Pferderasse und Frisur)

① ***parrot*** ['pærət]

② ***pelican*** ['pelɪkən]

③ *to be as proud as a **peacock*** ['piːˌkɒk]

④ *sea **horse*** [hɔːs]

⑤ ***pony**tail* ['pəʊnɪ] (Frisur)

⑥ ***horse**power (hp)*

der **Pudel**
der Königs**pudel**
der Zwerg**pudel**

*die **Pudel**mütze*
***pudel**nass*
*sich **pudel**wohl fühlen*

der **Puma**

der **Puter**
auch: der Truthahn

***puter**rot*

der **Python**
der Netz**python**
der Tiger**python**

die **Qualle** ①
die Feuer**qualle**
die Gelbe Haar**qualle**
die Ohren**qualle**

***qual**lig (schleimig)*

der **Quastenflosser**
(Fisch mit Stummelfüßen, 'lebendes Fossil', Vorfahre der Reptilien)

der **Rabe**
der Kolk**rabe**

*die **Rabe**neltern (die sich nicht um ihre Kinder kümmern)*

die **Ratte** ②
die Bisam**ratte**
die Haus**ratte**
die Lese**ratte** ☺
die Wander**ratte**
die Wasser**ratte** ☺

die **Raupe** ③
die Seiden**raupe**

*der **Raupe**nschlepper*

das **Reh** ☺
***reh**braun*

der **Reiher**
der Fisch**reiher**
der Purpur**reiher**
der Seiden**reiher**

das **Rentier** ④
oder: das **Ren**

① ***jellyfish*** [ˈdʒelɪˌfɪʃ]

② ***rat*** [ræt]

③ ***caterpillar*** [ˈkætəˌpɪlə]

④ ***reindeer*** [ˈreɪnˌdɪə]
*"Rudolph, the red-nosed **reindeer**"*

A B C D E F G H I J K L M N O P Q R S T U V W X Y Z

das **Rind**
das Haus**rind**
das Wild**rind**
das Dschungel**rind**

die **Ringelnatter**

die **Robbe**
die Kegel**robbe**
die Sattel**robbe**
robben

das **Rotkehlchen**

der **Salamander**
(Schwanz-Lurch)
der Alpen**salamander**
der Feuer**salamander**

der **Saurier**
der Bronto**saurier**
der Dino**saurier** 1
der Stego**saurier**
der Tyranno**saurier**

das **Schaf** ☺ 2
das Haus**schaf**
das Wild**schaf**
*beim Einschlafen **Schäf**chen zählen*

der **Schakal** ☺
der Schabracken**schakal**
der Wüsten**schakal**

die **Schildkröte** 3
die Land**schildkröte**
die Wasser**schildkröte**

der **Schimpanse**

die **Schlange** 4
die Brillen**schlange**
die Klapper**schlange**
die Menschen**schlange** ☺

der **Schmetterling** ☺ 5

die **Schnecke** 6
die Nackt**schnecke**
die Schnirkel**schnecke**
die Weinberg**schnecke**
*sich ins **Schnecke**nhaus zurückziehen*

die **Scholle**
(Plattfisch)

1 ***dinosaur*** [ˈdaɪnəˌsɔː]
2 ***sheep*** [ʃiːp]
3 ***turtle*** [ˈtɜːtl]
4 ***snake*** [sneɪk]
5 ***butterfly*** [ˈbʌtəˌflaɪ]
6 ***snail*** [sneɪl]

die Schwalbe
die Felsen**schwalbe**
die Mehl**schwalbe**
die Rauch**schwalbe**

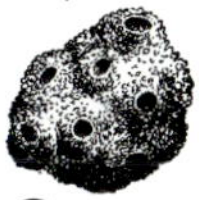

der Schwamm
der Bade**schwamm** ☺
der Kiesel**schwamm**
der Süßwasser**schwamm**

der Schwan
der Höcker**schwan**
der Sing**schwan**
der Trauer**schwan**

das Schwein
das Haus**schwein**
das Meer**schwein**chen ☺
das Spar**schwein** ☺ 1
das Stachel**schwein**
das Wild**schwein**

der Seehund
→ der **Hund**

der Seeigel
→ der **Igel**

das Seepferdchen
→ das **Pferd**

o.k.

der Seestern 2
der Stachel**seestern**

der Siebenschläfer 3

der Skorpion 4

der Skunk
auch: → das Stink**tier**

der Spatz
der Dreck**spatz** ☺
→ der **Sperling**

der Specht
der Bunt**specht**
der Schwarz**specht**

der Sperling
der Feld**sperling**
der Haus**sperling**
auch: der **Spatz**

die Spinne 5
die Kreuz**spinne**
die Vogel**spinne**
***spinne**feind*

der Spitz
(Hunderasse)

1 ***piggy** bank* ['pɪgɪ]

2 ***starfish*** [stɑː,fɪʃ]

3 ***dormouse*** ['dɔː,maʊs]

4 ***scorpion*** ['skɔːpɪən]
♏ ***Scorpio*** ['skɔːpɪ,əʊ]: *October 24 - November 21*

5 ***spider*** ['spaɪdə]

der **Star**
der Rosen**star**

der **Stier** ❶

der **Storch** ❷
der Schwarz**storch**
der Weiß**storch**
auch: der Klapper**storch**

der **Strauß**
(Vogel und gebundene Blumen)

der **Sturmtaucher**
der Kurzschwanz-**sturmtaucher**

das **Tagpfauenauge**
(Schmetterling)

die **Tarantel**
(giftige Spinne)

die **Taube**
die Brief**taube**
die Friedens**taube** ❸
die Haus**taube**
die Ringel**taube**
die Turtel**taube**

der **Terrier**
(Hunderasse)
der Bull**terrier**
der Fox**terrier**
der Scotch-**Terrier**

das **Tier**
das Faul**tier** ❹
das Maul**tier**
das Murmel**tier**
das Schnabel**tier**
das Sonnen**tier**chen
(Einzeller)
das Stink**tier**
auch: → der **Skunk**
***tier**isch*

der **Tiger** ❺
der Königs**tiger**
*los**tigern***

der **Tölpel**
der Bass**tölpel**
der Blaufuß**tölpel**

der **Tukan**

❶ ***bull*** [bʊl]
Taurus [ˈtɔːrəs]*:*
April 20 - May 20

❷ ***stork*** [stɔːk]

❸ *peace **dove*** [dʌv]

❹ ***sloth*** [sləʊθ]
***sloth**-bear* (der Faulpelz)

❺ ***tiger*** [ˈtaɪgə]

der **Uhu** 6

der **Ur**
(= der Auerochse)

der **Vampir** ❶
→ die **Fledermaus**

der **Vielfraß**

die **Viper**
die Horn**viper**

der **Vogel** ❷
der Eis**vogel**
der Spaß**vogel** ☺ ❸

*die **Vogel**scheuche*
*die **Vogel**perspektive*
*jmdm. einen **Vogel** zeigen*
***vogel**frei*

der **Wal** ❹
der Blau**wal**
der Buckel**wal**
der Grönland**wal**
der Pott**wal**
der Schwert**wal**

das **Walross**

die **Wanze**
die Bett**wanze**

der **Wellensittich** ☺
(kleiner Papagei)

die **Wespe**
→ die **Hornisse**

*die **Wespen**taille*

der **Whippet**
(Windhund)

der **Widder** ❺

das **Wiesel**

***wiesel**flink*

❶ ***vampire*** ['væmpaɪə]

❷ ***bird*** [bɜːd]

❸ ***joker*** ['dʒəʊkə]

❹ ***whale*** [weɪl]

❺ ***ram*** [ræm]
♈ ***Aries*** ['eəriːz]*:*
March 21 - April 19

der **Wolf**

der Fleisch**wolf** ☺ *(Küchengerät)*

der Polar**wolf**

der Prärie**wolf** *(Coyote)*

der Reiß**wolf** ☺ *(für Papier oder Textilien)*

der Rot**wolf**

*der **Wolf**shunger*

der **Wurm**

der Band**wurm**

der Bücher**wurm** ☺ ①

der Holz**wurm**

der Mehl**wurm**

der Ohr**wurm** ☺

der Regen**wurm**

das Glüh**würm**chen ②

***wurm**stichig*

*etwas **wurm**t mich*

das **Yak**

auch: das **Jak** *(tibetanisches Hausrind)*

der **Zaunkönig**

das **Zebra** 3

das Berg**zebra**

das Steppen**zebra**

*der **Zebra**streifen* ③

die **Zecke**

der **Zeisig**

der Birken**zeisig**

der Erlen**zeisig**

die **Ziege** ④

die Angora**ziege**

die Berg**ziege**

die Haus**ziege**

die Kaschmir**ziege**

*der **Ziege**nmelker (Vogel)*

***zick**ig, **Zick**en machen*

der **Zilpzalp** *(Laubsängerart)*

der **Zobel**

① *book**worm*** [wɔːm]

② *glow-**worm***

③ ***zebra** crossing* [ˈzebrə]

④ ***goat*** [gəʊt]

Dies ist ein besonderes Wörterbuch

Wir haben es so gemacht, dass du hineinschreiben kannst.

Auch in den grünen Hauptteil solltest du schreiben. Damit kannst du dir aus diesem ***Grundwortschatz*** deinen eigenen ***Übungswortschatz*** machen.

Weil du vieles schon weißt, brauchst du *nicht alles* zu markieren. Vieles kannst du einfach übergehen.

Die Wörter, die du aber nachschlägst, solltest du dir anstreichen, und auch, was dir dabei auffällt:

Du kannst die Wörter

ankreuzen

unterstreichen

einkringeln

übermalen

und auch herausschreiben.

Platz für besonders knifflige Wörter findest du ganz hinten in diesem Buch unter der Überschrift:

Meine verzwickten Wörter

Lernzeichen

Wenn du willst, kannst du auch den **springenden Punkt** verwenden.

Du kannst damit verzwi(ck)te (St)ellen in Wörtern einkreisen.
Du kannst ihn auch **vor** die Wortfamilie springen lassen:

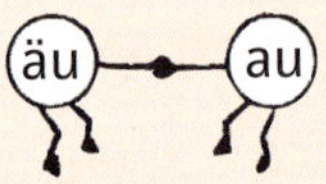

der Ver**käuf**er, die Ver**käuf**er, die Ver**käuf**erin, der Ver**kauf**, ver**kauf**en → **kauf**en, ver**kauf**t

Nach einiger Zeit wirst du in diesem Buch viele Punkte, Striche, Kreuze, Kreise und farbige Stellen haben.

Das sind deine ***Lernzeichen!***

Wie viel du schon gelernt hast, kannst du leicht überprüfen:

Wenn du einem Freund oder einer Freundin dein Buch gibst, kannst du dir **deine** Wörter diktieren lassen.

Dies ist ein Wortfamilien-Wörterbuch

Auch Wörter haben eine Familie.

Wenn du weißt, zu welcher Familie ein Wort gehört, weißt du auch viel über seine Rechtschreibung.

Wörter, die zu einer Familie gehören, sind einander ähnlich.

Wenn du also ein Wort kennst, weißt du auch etwas über seine Verwandten.

walt	welder		gesprochen
Wald	**Wälder**		geschrieben

Kannst du das auch für  ***und***   ***machen?***

		gesprochen
die	die	geschrieben

Der dick gedruckte Wortstamm

Wenn du bei einem Wort, das du suchst, an seine Wortfamilie denkst, bist du auf dem richtigen Weg.

Um dir dabei zu helfen, *zeigen* wir dir bei jeder Wortfamilie, was ihre Gemeinsamkeit ist.

Beispiel:
fangen
fing
ge**fang**en
du **fäng**st
ab**fang**en
→ an**fang**en
→ emp**fang**en
der **Fang**
der **Fäng**er
der Ge**fang**ene
das Ge**fäng**nis

Du siehst, das *‚Familienzeichen'* **-fang-** haben wir **dick gedruckt**.
Man nennt diesen Teil den **Wortstamm**.

Der Wortstamm ist das, was übrig bleibt, wenn du Vorsilben und Endungen bei einem Wort weglässt!

Wortfamilie: Gefährliche Erfahrungen

einmal h – immer h!

der Fuhrmann mit dem Fuhrwerk auf der Fähre

Wer hatte Vorfahrt?

Wer mitfährt, ist ein Gefährte.

Himmelfahrt

Fahrzeuge auf der Fahrbahn

Wer weit gefahren ist, hat viel Erfahrung.

Schwarzfahrer sucht Fahrkarte.

fahren

Lässig fahren ist fahrlässig und gefährlich.

Radfahrer bitte absteigen!

Eltern und Großeltern sind Vorfahren.

Bitte Schritt fahren!

der Müllabfuhr eine Abfuhr erteilen

jemanden oder einen fahren lassen

auf der falschen Fährte sein

Ist der, der vor dir fährt, dein Vorfahre?

Unterstreiche den Wortstamm mit diesem Zeichen: ⌊___⌋
Findest du mehr Wörter, die auch zu dieser Familie gehören?

....

Eine Riesensprachfamilie

sie **sprach** mit ihm

sprechen

sie **sprich**t

er hat ge**sproch**en

wider**sprüch**lich

ein Versprechen geben
die Nachrichtensprecherin
die Besprechung
es ist versprochen
besprechen
anspruchsvoll

die Sprechblase
sich versprechen
die Sprechstunde
etwas versprechen
jemanden freisprechen
ein Gedicht frei sprechen

Fremdsprache
Geheimsprache
Ansprache
Aussprache

das Gespräch
das Sprachspiel
der Sprücheklopfer
die Muttersprache
der Wortschatz
sprachlos

das Sprichwort
der Ausspruch
der Widerspruch
der Freispruch

Deine Aufgabe:

Unterstreiche den Wortstamm mit diesem Zeichen: ⌴

Welche Vokale kommen in dem Wortstamm vor?

....

Suche das Wort, das nicht zu dieser ‚Sprach'familie gehört.

....

Teekessel-Wörter

In diesem Buch gibt es viele **‚Doppeldeuter'**. Doppeldeuter sind **Teekessel-Wörter** wie ***‚der Strauß'*** und ***‚die Fliege'***.

Wenn du Lust hast, sie zu suchen – hier sind 27 **Teekesselchen-Aufkleber**.

(Zwei davon hast du vielleicht schon bei den **Tier-Teekesselchen** benutzt.)

Löse die Rätsel auf den folgenden Seiten.

Klebe dann einen kleinen -Aufkleber neben ein -Wort auf den Seiten mit dem *grünen* Rand.

Teekessel-Wörter

1 Mein ist die feierliche Kopfbedeckung von Königen.

2 Mein ist der obere Teil von Bäumen.

1 und 2

1 Mein besteht aus Schokolade.

2

1

2

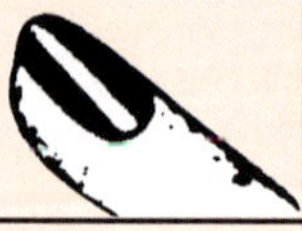

1

2

1

2 Mein prügelt sich nach Regeln.

1 Mein steht in der Turnhalle.

2 Mein steht im Stall.

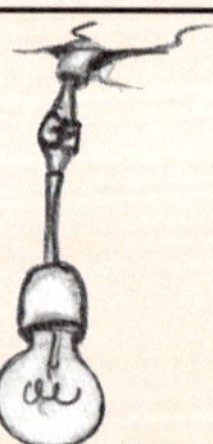

1 und 2

1 Mein ist der Eingang zu einer Scheune.

2

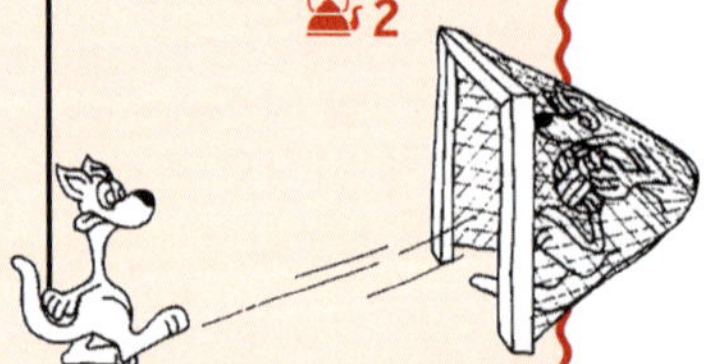

Teekessel-Wörter

___ 1 und ___ 2

1 An meinem ___ kauft man Fahrkarten.

2 Mit meinem ___ macht man das Licht an und aus.

___ 2

___ 1

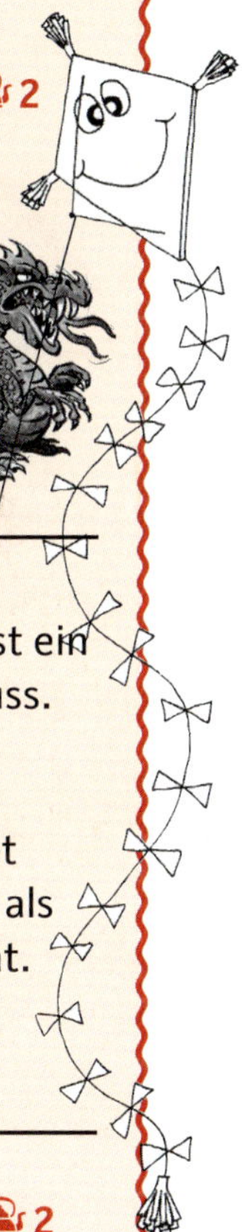

___ 1

2 Auf meinem ___ kann man Klavier spielen.

___ 1 und ___ 2

1 Mein ___ ist ein großer Fluss.

2 Mein ___ bezeichnet man auch als Elektrizität.

___ 1 und ___ 2

1 Meinen ___ trägt „Mann" im Gesicht.

2 Mein ___ ist Teil eines 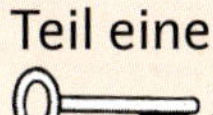.

___ 1 und ___ 2

Teekessel-Wörter

1 und 2

1 Mein ist eine Sparkasse. Man leiht ihr Geld und kann sich dort auch etwas leihen.

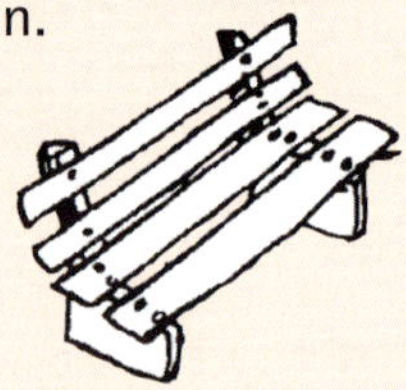

2

1

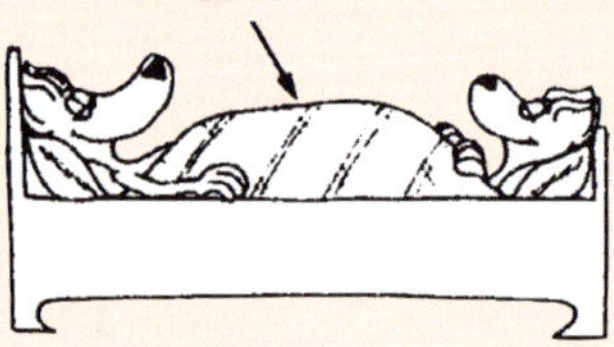

2 Mein ist das obere Ende eines Zimmers.

1

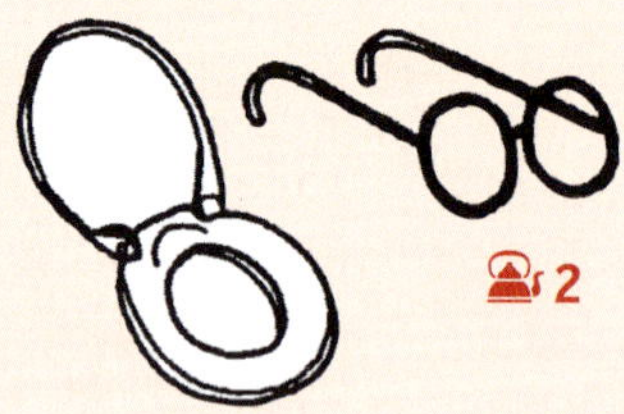

2

1

2

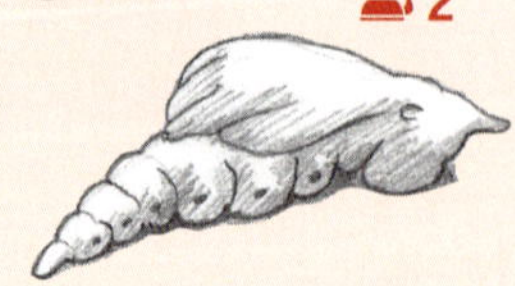

Ein Wort – viele Bedeutungen

Finde Wörter aus *einer* Wortfamilie, die in diese Sätze passen.

Meine Nase ....

Der Fernseher .... nicht.

Zwei .... um die Wette.

Im Kino .... ein neuer Film.

Es .... mir kalt über den Rücken.

Das Kind lernt ....

Das Schiff ist auf Grund ....

Die Tränen .... über die Wangen.

Der Füller .... aus.

Die Milch .... über.

Die Uhr .... wieder.

Sie ist Rollschuh ....

Mach einmal solche Lückensätze mit einem anderen Wort für deinen Nachbarn oder deine Nachbarin.

Ist [redacted] ein Teekessel-Wort?

Dies steht über das Wort [redacted] in einem Wörterbuch für Fachleute:

[redacted]‘, *sich mit schnellen Schritten leicht springend fortbewegen; zu Fuß gehen; in Gang sein, arbeiten* (Maschine); *strömen, fließen, rinnen, tropfen* (Wasser, Wasserhahn); *läufig sein* (Hündin); mein Antrag, meine Bewerbung läuft noch, *wird noch bearbeitet*; das Blut lief aus der Wunde; in unserem Kino läuft ein neuer Film, *wird ein neuer Film gezeigt*; der Hauptfilm läuft bereits, *hat bereits begonnen*; das Kind läuft schon, oder noch nicht; an meinem Strumpf läuft eine Masche, *hat sich eine Masche gelöst*; der Motor läuft; ein Flüstern, Murmeln, Raunen lief durch die Menge; die Nase läuft; sein Ohr läuft; der Schweiß lief ihm übers Gesicht; das Seil läuft über eine Rolle; der Topf, Kessel läuft, *hat ein Loch;* die Tränen laufen über die Wangen; die Uhr läuft wieder; jemanden laufen lassen, *jemanden nicht festnehmen, nicht verhaften*; Wasser in die Wanne laufen lassen; es lief mir kalt über den Rücken; die Linien laufen parallel; jemandem über den Weg laufen, *jemanden zufällig treffen*; am laufenden Band;

Du wirst merken, wie viele Bedeutungen eines einzigen Wortes du kennst.

Versucht es mit
spinnen
stellen
gehen
suchen
ziehen

Die Wörter richten sich nach dem ABC

Arm steht vor ***Bein,***
Klaus vor ***Maus***.
Bei ***Hans*** und ***Hand***
entscheidet der letzte Buchstabe.

Meistens kannst du aber schon
am ersten oder zweiten Buchstaben
feststellen, wo dein Wort steht.

Hier entscheidet der **1. Buchstabe:**	Hier entscheidet der **2. Buchstabe:**	Hier entscheidet der **3. Buchstabe:**
A rm	A **a** l	ab
B ein	A **b** end	ab **b** ilden
C lown	a **c** ht	ab **d** ichten
D ach	A **d** resse	Ab **e** nd
E sel	A **f** fe	ab **f** ahren
f angen	a **k** tiv	Ab **k** ürzung

Bei **schwimmen** und **schwitzen**
entscheidet der sechste Buchstabe.

Suche drei Wörter, bei denen der letzte Buchstabe entscheidet.

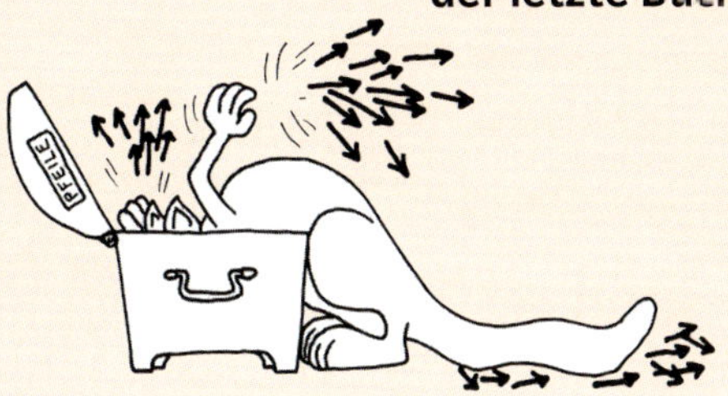

....

....

....

Reime, die in die Irre führen

Welches Paar ist kein Paar?
Schreibe die passenden Formen auf.

schlagen → schlug
tragen → trug
klagen → *klug*
klagte ....

stinken → stank
trinken → trank
blinken → *blank*
....

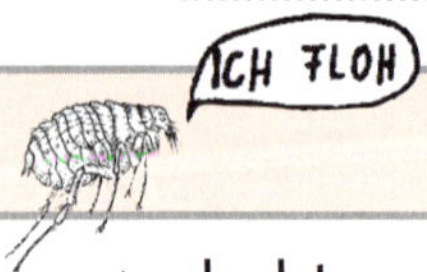

drehen → drehte
wehen → wehte
sehen → ....

denkste

biegen → bog
wiegen → wog
liegen → *log*
....

lief → laufen
rief → ....

ziehen → zog
fliehen → ....

siehste

lenken → lenkte
schenken → schenkte
denken → ....

Nachschlagewörter

„gefunden“ findest du nicht unter „G“!

○ Städte ○ Stadt

○ vierblättrig ○ Blatt

○ er lief ○ laufen

○ sie aß ○ essen

○ du sprichst ○ sprechen

Um das Wort **‚gefunden‘** zu finden, musst du das Nachschlagewort bilden.

Kreuze bei den Wortpaaren auf dieser Seite das Nachschlagewort an.

○ kam ○ kommen

○ gefunden ○ finden

○ Land ○ Länder

○ er biss ○ beißen

Selbstkontrolle:

Schlage nicht alle Wörter im grünen Teil nach, sondern nimm etwas Spitzes und blättere um.

Nachschlagewörter stechen

Wenn du wissen willst, welches der beiden Wörter in den 9 Wortpaaren das Nachschlagewort ist, dann stich mit einer Nadel oder einem spitzen Bleistift in die Blümchen.

Wenn du dabei deine Kreuzchen auf der Vorderseite triffst, hast du Recht gehabt. Wenn du dich geirrt hast, dann suche auf den grünen Seiten diese Wortfamilie. Dann weißt du, welches Wort der Familie das Nachschlagewort ist.

Schulleiterzimmerschlüsselloch

*... solche langen Wörter stehen nicht in einem Wörterbuch.**

Wenn ein Wort aus mehreren Wörtern zusammengesetzt ist, musst du dir das heraussuchen, bei dem du unsicher bist.

Das ***Schulleiterzimmerschlüsselloch***-Wort kannst du in ☐ Teile zerlegen.

Wenn du zum Beispiel nicht genau weißt, mit wie vielen **„s"**  geschrieben wird, schaust du unter

....nach.

* *Kettenwörter von Kindern:*

Türschildermacherladentürschild

Brausekohlensäureausschüttelungsmaschine

Leopardenrückenfellauseinandersortierungsapparat

Suche selbst ein ganz langes Wort!

.... –

....

Manche Wörter sind schwer zu finden

Ein *armanter *portler in *orts *teht auf *iern und wischt sich den *weiß von der *tirn.

An den Stellen, an denen hier ein * steht, sprichst du immer einen *sch*-Laut. Aber dieser Laut wird verschieden geschrieben.

Wo schaust du nach?	unter	Schreibe das ganze Wort und kontrolliere dich auf	Seite
Bei *armant	c	charmant	92
*portler	....	....	
*orts	....	....	
*tehen	....	....	
*ier	....	....	
*weiß	....	....	
*tirn	....	....	

Auch **Ch**or, **V**ase, **G**endarm, **Th**eater, **V**olk sind nicht ganz einfach zu finden.

Glaub ja nicht, dass du es hören kannst!

Ein verlie<u>b</u>ter Seehund ro<u>bb</u>t, pie<u>p</u>t und kla<u>pp</u>t.

Der Satz ist vielleicht etwas blöd, aber höre dir mal die unterstrichenen Stellen an.

Was hörst du?

Ja, immer denselben p - Laut.

Und dabei wird

er lie.......t mit ☐ geschrieben,

er pie.......t mit ☐,

er ro.......t mit zwei ☐

und ***er kla.......t*** mit zwei ☐.

Otto Graf versteht viel von „Ottografie".
Er gibt Tipps auf den Seiten 384 bis 391!

Weil du es nicht hören kannst, musst du dir anders helfen.

Was tust du?

Ich ....

....

Lang oder kurz?

In diesem Wörterbuch findest du manchmal einen kleinen Strich oder Punkt unter einem Buchstaben.

Was sollen diese Zeichen wohl bedeuten?

Der **We̲g** ist weit. – Sie ist weit **wẹg**.
Komm **he̲r**! – Komm **hẹrunter**!

Der **Strich** unter dem Selbstlaut bedeutet,

dass er .... gesprochen wird.

Der **Punkt** bedeutet, dass er ....

gesprochen wird.

Kannst du es nun selber machen?

Sie **rasten** durch den Wald.
Sie **rasten** im Wald.

à
*(franz.: zwei Bücher **à** drei Euro)*

@ Ⓕ ❶
(Bedeutung: bei E-Mail-Zeichen vor dem Domain-Namen)

ab ⓐ
ab und zu
auf und **ab**
abwärts
abwegig
ab morgen
die **Ab**bildung
abbeißen
abbiegen

der **Abend** ⓐ ⓘ ❷
die **Abend**e
am **Abend**
eines **Abend**s
Guten **Abend**
heute **Abend**
am Sonntag**abend**
sonntag**abend**s
abendlich
abends

das **Abenteuer** ⓐ ❸
die **Abenteuer**
der **Abenteuer**-spielplatz
die **Abenteurer**in
abenteuerlich

aber ⓐ ❹
abermals
der **Aber**glaube
ohne Wenn und **Aber**

ab**fahren** ⓐ
→ **fahr**en
die Ab**fahr**t ❺
die Ab**fuhr**

der Ab**fall** ⓐ ❻
die Ab**fäll**e (ä▸a)
ab**fall**en
ab**fäll**ig
die Ab**fall**beseitigung
→ **fall**en

❶ ***@ = at*** [æt]
vpm-verlag@t-online.de

❷ ***evening*** [ˈiːvnɪŋ]

❸ ***adventure*** [ədˈventʃə]

❹ ***but*** [bʌt]

❺ ***departure*** [dɪˈpɑːtʃə]

❻ ***rubbish*** [ˈrʌbɪʃ]

A B C D E F G H I J K L M N O P Q R S T U V W X Y Z

die **Abkürzung** (Abk.)
die Ab**kürz**ungen
→ **kurz** ❶

das **Abonn**ement
(franz.: kurz: Abo)
die **Abonn**ements
abonnieren
der **Abonn**ent

der **Abscheu** ⓔⓤ
verab**scheu**en
ab**scheu**lich
→ die **Scheu**

der **Abschied** ⓘ
die Ab**schied**e
(sich) verab**schied**en ❷
→ **scheid**en
abge**schied**en
↳↳—↵

abseits ⓐ ❸
im **Abseits** stehen

absenden ⓔ
→ **send**en
abge**send**et
du **send**est ab
abge**sandt**

der Ab**send**er (Abs.) ❹
der Abge**sandt**e

die **Absicht** ⓘ
die Ab**sicht**en
ab**sicht**lich
ab**seh**en
→ **seh**en
→ die **Sicht**

absolut Ⓕ
(äußerst, uneingeschränkt)
etwas ver**absolut**ieren
der **Absolut**ismus

abstrakt Ⓕ
(nur gedacht)
abstrahieren
die **Abstrak**tion

ab**wehr**en ⓔ
abge**wehr**t
↳↳—↵
du **wehr**st ab
→ **wehr**en
die Ab**wehr** ❺

ach ⓐ
ach ja!
mit **Ach** und Krach

❶ ***short*** [ʃɔːt]
shorts (kurze Hose)

❷ *say **goodbye*** [gʊd'baɪ]

❸ ***offside*** ['ɒf'saɪd]

❹ ***sender*** ['sendə]

❺ ***defence*** [dɪ'fens]

Achilles
(griechischer Held)
die **Achilles**sehne

die **Achse** ⓐ
die **Achs**en
der **Achs**enbruch
(Ach-se)

die **Achsel** ⓐ
die **Achsel**n
achselzuckend

acht (8) ❶
achtzehn
achtzig
halb **acht** ❷
der **acht**e Mai
achtmal

achten ⓐ
sie wird ge**acht**et
du **acht**est
ächten (ä▸a)
Acht geben
gib **Acht**!
Achtung ❸
die **Acht**samkeit
die Ver**acht**ung

ächzen ⓐ
ge**ächz**t
du **ächz**t
(ach-sagen)

der **Acker** ⓐ
die **Äcker** (ä▸a)
ackern
(viel arbeiten)
(A-cker)

addieren Ⓕ ❹
(zusammenzählen)
addiert
du **add**ierst
die **Add**ition ❺
(die Summe bilden)
(Ad-di-ti-on)

das **Adjektiv** Ⓕ
(Eigenschaftswort,
siehe S. 355)

die **Adoption** Ⓕ
(jmdn. als eigenes
Kind annehmen)
die **Adopt**ionen
jemanden **adopt**ieren
die **Adopt**iveltern
das **Adopt**ivkind

❶ ***eight*** [eɪt]
❷ *half past seven*
❸ ***attention*** [ə'tenʃn]
❹ ***add*** [æd]
❺ ***add****ition* [ə'dɪʃn]

(1) die **Adresse** (Adr.)
die **Adress**en
adressieren

der **Advent**
der **Advent**skranz
am zweiten **Advent**

Afrika (2)
der **Afrika**ner (3)
afrikanisch

aggressiv
die **Aggress**ion
der **Aggress**or
die **Aggress**ivität

agieren
(handeln)
agiert
du **ag**ierst
rea**g**ieren
der **Ag**ent (4)
die Rea**kt**ion

ahnen (a)
ge**ahn**t
du **ahn**st
die **Ahn**ung

ähnlich (ä)
ähnlicher
am **ähn**lichsten
ähneln
die **Ähn**lichkeit

der **Ahorn** (a)
die **Ahorn**e

Aids
*(Aids steht als Abkürzung für "**a**cquired **i**mmune **d**eficiency **s**yndrome")*
der **Aids**test
aidskrank

die **Akadem**ie
die **Akadem**ien
der **Akadem**iker
akademisch

der **Akkord**
(der Zusammenklang)
die **Akkord**e
das **Akkord**eon
im **Akkord** arbeiten
(für Stücklohn arbeiten)

(1) ***address*** [ə'dres]
(2) ***Africa*** ['æfrikə]
(3) ***African*** ['æfrɪkən]
(4) ***agent*** ['eɪdʒənt]

der **Akkusativ**
(Wenfall)

die **Akte** ⓐ
die **Akt**en
die **Akt**entasche ❶
das **Akt**enzeichen

aktiv *(tätig)* Ⓕ ❷
aktiver
am **akt**ivsten
aktivieren
der **Akt**
die **Akt**ion ❸
die **Akt**ivität

aktuell Ⓕ ❹
(zeitgemäß)
aktueller ⓐ
am **aktu**ellsten
die **Aktu**alität

alarmieren Ⓕ
alarmiert
du **alarm**ierst
der **Alarm*** ❺
die **Alarm**glocke
→ der **Lärm**

albern ⓐ
alberner
am **alber**nsten
die **Alber**ei

das **Album** Ⓕ
die **Alb**en
das Foto**alb**um
das Poesie**alb**um

alle ⓐ
alle Kinder
alles Gute ❻
alle beide
allerdings
allerhand
allmählich
der **All**tag
das **All**
→ **all**ein

die **Allee** Ⓕ
die **Alle**en
die Linden**allee**

allein
allein sein
→ **all**e
der **All**eingang
(al-lein)

* Lies dazu auch die Geschichte S. 370.

❶ ***briefcase*** [ˈbriːfˌkeɪs]
❷ ***active*** [ˈæktɪv]
❸ ***action*** [ˈækʃn]
❹ ***up-to-date*** [ˌʌptəˈdeɪt]
❺ ***alarm*** [əˈlɑːm]
***alarm** clock* (Wecker)
❻ ***all the best*** [ɔːl ðə best]

A B C D E F G H I J K L M N O P Q R S T U V W X Y Z

die **Allergie** (F)
(krankhafte Empfindlichkeit)
die **Allergien**
der **Allergiker**
allergisch

allgemein (ei)
all**gemein**er
am all**gemein**sten
im All**gemein**en
die All**gemein**heit
verall**gemein**ern
→ **gemein**

die **Alp** (ə)
die **Alp**en
alpiner Skisport

das **Alphabet** (F) 1
die **Alphabet**e
alphabetisieren
alphabetisch
(siehe S. 355)

als (ə)
größer **als** ich
2 **als** ich krank war

also (ə)

alt (ə) 3
älter (ä▸a)
am **ält**esten
gleich**alt**rig
ur**alt**
altern
das **Alt**er 4
das **Alt**ertum
aber: → die **Eltern** 5

am (an dem)
am Ende
am nächsten Mittwoch

der **Amateur** (F)
(der Nichtfachmann)
die **Amateur**e
der Funk**amateur**
amateurhaft
(A-ma-teur)
→ der **Laie**

ambulant (F)
(nicht stationäre Behandlung)
die **Ambulanz**

---

1 ***alphabet*** [ˈælfəˌbet]
***alphabet** soup*
(Buchstabensuppe)

2 ***when** I was sick* [wen]

3 ***old*** [əʊld]

4 ***age*** [eɪdʒ]

5 ***parents*** [ˈpeərənts]

Amerika (F) 1
die **Amerik**aner 2
amerikanisch

die **Ampel** ạ 3
die **Ampel**n
die **Ampel**kreuzung
die Fußgänger**ampel**

das **Amt** ạ
die **Ämt**er (ä▸a)
amtlich
→ der Be**amt**e

an
an der Haustür

die **Analyse** (F)
(die Untersuchung)
die **Analys**en
analytisch
analysieren
(A-na-ly-se)

die **Andacht** ạ
die An**dacht**en
an**dächt**ig (a▸ä)
→ **denk**en

andere ạ
die **ander**en Kinder
am **ander**en Tag
andernfalls
anders
ändern (ä▸a)
die **Änder**ung
→ ver**änder**lich

die **Anerkennung** ẹ
aner**kenn**en 4
→ er**kenn**en

anfangen ạ 5
an**fing**
ange**fang**en
du **fäng**st an (ä▸a)
→ **fang**en
der An**fang**
der An**fäng**er

anfassen ạ
ange**fass**t
du **fass**t an
→ **fass**en

1 ***America*** [ə'merɪkə]
2 ***Americans*** [ə'merɪkəns]
3 ***traffic light*** ['træfɪk laɪt]
4 ***respect*** [rɪ'spekt]
5 ***begin*** [bɪ'gɪn]
start [stɑːt]; *English for* ***beginners*** [bɪ'gɪnəs]

die **Anfrage** (ạ)
an**frag**en
→ **frag**en

angeben (ạ)
an**gab**
ange**geb**en
du **gib**st an
→ **geb**en
der An**geb**er

der/die **Angehörige** (ö̤)
[↳↳—↩↩]
die Ange**hör**igen
ange**hör**en
→ ge**hör**en

die **Angelegenheit** (e̱)
die Ange**leg**enheiten
→ **lieg**en

angeln (ạ) ❶
ge**angel**t
du **angel**st
die **Angel**
die **Angel**n

der **Angl**er
die **Angel**rute
die Tür**angel**

der/die **Angestellte** (ẹ)
[↳↳—↩]
die Ange**stell**ten
an**stell**en
→ **stell**en

die **Angst** (ạ) ❷
die **Ängst**e (ä▸a)
der **Angst**hase
Keine **Angst**!
Angst haben
(sich) **ängst**igen
ängstlich
ihm wird **angst** und bange
ver**ängst**igt

animalisch ❸
(tierisch)

die **Ankunft** (ụ) ❹
an**komm**en
→ **komm**en
→ **künft**ig

anlassen (ạ)
→ **lass**en
veran**lass**en

---

❶ ***fish*** [fiʃ]
❷ ***fear*** [fɪə]
❸ ***animal*** ['ænɪml] (Tier)
❹ ***arrival*** [ə'raɪvl]

der Anlass
(die Gelegenheit)
der Anlasser
(der Starter)
anlässlich (ä›a)

annehmen (e)
annahm
angenommen
du nimmst an
→ nehmen
die Annahme
angenehm

der Anorak (F) 1
(die Windjacke)
die Anoraks

die Anschrift (!) 2
die Anschriften
das Anschreiben
anschreiben
→ schreiben
→ die Schrift

der Anspruch (u)
die Ansprüche
beanspruchen
anspruchsvoll
→ sprechen

anständig (ä›a)
anständiger
am anständigsten
der Anstand
→ stehen
→ stand

sich anstrengen (e)
angestrengt (!)
du strengst dich an
die Anstrengung
anstrengend
→ streng

die Antenne (e)
die Antennen

antworten (o) 3
geantwortet
du antwortest
beantworten
verantworten
die Antwort 3
→ das Wort

der Anwalt (a)
die Anwälte (ä›a)
die Anwaltskanzlei
der Rechtsanwalt

1 ***anorak*** [ˈænəˌræk]
2 ***address*** [əˈdres]
***address** book* [əˈdres bʊk]
3 ***answer*** [ˈɑːnsə]

die **Anzeige** (ei)
die An**zeig**en
an**zeig**en
→ **zeig**en

anziehen (i) 1
an**zog**
ange**zog**en
du **zieh**st (dich) an
→ **zieh**en
der An**zug** (!)

anzünden (ü)
→ **zünd**en

der **Apfel** (a) 2
die **Äpfel** (ä-a)
der **Apfel**strudel

die **Apfelsine** (i) 3
(die Orange)
die **Apfelsin**en

die **Apotheke** (F)
die **Apothek**en
die **Apothek**erin
(A-po-the-ke)

der **Apparat** (F)
die **Apparat**e

der **Appetit** (F)
Appetit bekom
men
appetitlich
(Ap-pe-tit)

der **Applaus** (F)
(Beifall)
ap**plaud**ieren
(Ap-plaus)

der **April** (F) 4
(der vierte Monat des Jahres)
der **April**scherz 5

das **Aquarium** (F)
die **Aquar**ien

arbeiten (a) 6
die **Arbeit** 6
der **Arbeit**er
das **Arbeit**samt
arbeitslos

das **Archiv** (F)
(eine Sammlung von Akten)
die **Archiv**e
archivieren
die **Archiv**arin

1 ***dress*** [dres]
2 ***apple*** ['æpl]
3 ***orange*** ['ɒrɪndʒ]

4 ***April*** ['eɪprəl]
5 ***April fool*** *joke* [ˌeɪprəl'fuːl]
6 ***work*** [wɜːk]

ärgern (ä▸a)
geärgert
du ärgerst dich
oder jemanden
der Ärger
ärgerlich
⎵↵
arg

die Arie (F)
(Sologesang in Opern)
die Arien

der Arm (a) ❶
die Arme
der Ärmel (ä▸a)
→ umarmen

arm (a) ❷
ärmer (ä▸a)
am ärmsten
verarmen
die Armut

die Armee (e) ❸
die Armeen

das Aroma (F)
dic Aromen
aromatisch

die Art (!)
die Arten
gleichartig

artig (a)
artiger
am artigsten

der Artikel (F)
die Artikel
(als Fachwort siehe S. 355)
der Scherzartikel

die Artikulation (F)
die Artikulations-
werkzeuge
artikulieren
unartikuliert

der Artist (F) ❹
die Artisten
artistisch
die Artistenfamilie

der Arzt (a) ❺
die Ärzte (ä▸a)
die Ärztin
die Ärztinnen
verarzten
ärztlich ❻

❶ ***arm*** [ɑːm]
❷ ***poor*** [pɔː]
❸ ***army*** ['ɑːmɪ]
❹ ***performer*** [pə'fɔːmə]
❺ ***doctor*** ['dɒktə]
❻ ***medical*** ['medɪkl]

A B C D E F G H I J K L M N O P Q R S T U V W X Y Z

er **aß** → **essen** ⓐ

Asien Ⓕ ❶
die **Asiat**en
asiatisch

der **Asphalt** ⓐ
asphaltieren

der **Assistent** Ⓕ
die **Assist**enten
die **Assist**enz
assistieren

der **Ast** ⓐ
die **Äste** ⓐ
das Ge**äst**

das **Asyl** Ⓕ
(Unterkunft / Aufnahme von Heimatlosen / Obdachlosen)
der **Asyl**ant
das **Asyl**antenheim
der **Asyl**antrag

der **Atem** ⓐ
die **Atm**ung
atmen ❷
(at-men)

der **Athlet** Ⓕ
die **Athlet**en
athletisch
die Leicht**athlet**ik

der **Atlantik** Ⓕ ❸
der **Atlantisch**e Ozean

der **Atlas** Ⓕ ❹
die **Atlan**ten
der Welt**atlas**

die **Atmosphäre** Ⓕ
(die Lufthülle der Erde und die Stimmung, das Klima in einer Gruppe)
atmosphärisch

das **Atom** Ⓕ ❺
(kleines Teilchen)
die **Atom**e
das **Atom**kraftwerk ❻
(AKW)
die **Atom**spaltung
atomar

das **Attentat**
(franz.: politisch motivierte Gewalttat)
die **Attentat**e
der **Attentät**er

❶ ***Asia*** [ˈeɪʃə]
❷ ***breathe*** [briːð]
❸ ***Atlantic*** [ətˈlæntɪk]
❹ ***atlas*** [ˈætləs]
❺ ***atom*** [ˈætəm]
❻ ***nuclear*** [ˈnjuːklɪə] *power station*

das **Attest** (F)
(Bescheinigung)
die **Atteste**
attestieren

auch (au)
sowohl als **auch**

auf (au)
auf und ab
auf einmal

auffassen (a)
→ **fass**en
die Auf**fass**ung

aufgeben (e) 1
→ **geb**en
die Auf**gab**e 2

aufhören (ö) 3
→ **hör**en

die **Aufmerksamkeit** (e)
(kleines Geschenk und Achtsamkeit)
die Auf**merk**samkeiten
auf**merk**sam
→ **merk**en

aufpassen (a)
aufge**passt**
du **passt** auf
→ **pass**en
der Auf**pass**er
4 **Pass** auf dich auf!

aufregen (e)
aufge**reg**t
du **reg**st dich oder jemanden auf
die Auf**reg**ung

aufrichten (i)
aufge**richt**et
du **richt**est dich oder etwas auf
aufge**richt**et
die Auf**richt**igkeit
auf**richt**ig
→ **richt**en

der **Aufsatz** (a)
(der Schrankaufsatz und der Schulaufsatz)
die Auf**sätz**e (ä▸a)
→ der **Satz**
auf**setz**en
aufge**setz**t
→ **setz**en

1 ***give up*** [ˌgɪvˈʌp]
post** a **letter [pəʊst]
2 ***task*** [tɑːsk]
3 ***stop*** [stɒp]
4 ***Take care!*** [ˌteɪkˈkeə]

A B C D E F G H I J K L M N O P Q R S T U V W X Y Z

die **Aufsicht** (i)
die Auf**sicht**en
die Auf**sicht**spflicht
jmdn. beauf**sicht**igen

aufsehen (e)
(hochgucken)
Auf**seh**en erregen
→ **seh**en
→ die **Sicht**

aufwachen (a) 1
aufge**wach**t
du **wach**st auf
→ **wach**en

aufwecken (e)
aufge**weck**t
du **weck**st jmdn. auf
→ **weck**en

das **Auge** (au) 2
die **Aug**en
der **Aug**apfel 3
der **Aug**enblick 4
das **Aug**enlid
das Katzen**aug**e
lieb**äug**eln
blau**äug**ig (ä→a)

der **August** (F) 5
(der achte Monat des Jahres)

aus
aus und ein
auseinander-gehen
auseinander-schreiben

der **Ausdruck** (u)
die Aus**drück**e
der Gesichts-aus**druck**
die Papieraus**druck**e
aus**drück**en
→ **druck**en

außen (au)
innen und **außen**
außer
außerdem
äußern (äu→au)
die **Äußer**ung

der **Ausflug** (u) 6
die Aus**flüg**e
aus**flieg**en
→ **flieg**en

1 ***wake up*** [weɪk' ʌp]
2 ***eye*** [aɪ]
3 ***eyeball*** ['aɪˌbɔːl]
4 ***moment*** ['məʊmənt]
5 ***August*** ['ɔːgəst]
6 ***trip*** [trɪp]; ***tour*** [tʊə]

der **Ausgang** ⓐ ❶
die Aus**gänge** ⓐ▸ⓐ
aus**geh**en
→ **geh**en

die **Auskunft** ⓤ ❷
die Aus**künfte**
→ **künft**ig

auslachen ⓐ
→ **lach**en

der **Ausländer** ⓐ▸ⓐ
die Aus**länd**er
die Aus**länd**erin
aus**länd**isch
das Aus**land**
→ das **Land**

Australien Ⓕ
die **Austral**ier
australisch

der **Ausweis**
die **Ausweis**e
der Personal**ausweis** ❸
(sich) **ausweis**en

das **Auto** Ⓕ ❹
die **Auto**s
die **Auto**bahn ❺
das **Auto**mobil
(Selbstbeweger)

Auto fahren

das **Autogramm** Ⓕ
die **Auto**gramme
die **Auto**grammstunde
der **Auto**grammjäger

der **Automat** Ⓕ
die **Automat**en
der Geld**automat**
automatisieren
automatisch

der **Autor** ❻
(Verfasser eines Buches, Aufsatzes)
die **Autor**en
die **Autor**in
die **Autor**innen

die **Axt**
die **Äxt**e
die Stein**axt**

❶ ***exit*** ['eksɪt]
❷ ***information*** [ˌɪnfə'meɪʃn]
❸ ***identity card*** [aɪ'dentətɪ‿kɑːd]
❹ ***car*** [kɑː]
❺ ***motorway*** ['məʊtəˌweɪ]
❻ ***writer*** ['raɪtə]
author ['ɔːθə]

das **Baby** (F)
die **Baby**s
die **Baby**puppe

der **Bach** (ə)
die **Bäch**e (ä▸a)

die **Backe** (ə)
die **Back**en
die Po**back**e
die Brems**back**en

backen ❶
ge**back**en
du **bäck**st oder (ä▸a)
du **back**st
der **Bäck**er
das Ge**bäck**

baden (ə)
ge**bad**et

du **bad**est
das **Bad** ❷
die **Bäd**er (ä▸a)
der **Bad**eanzug ❸
die **Bad**ehose ❹
die **Bad**ewanne

der **Bagger** (ə)
die **Bagger**
baggern

die **Bahn** (ə)
die **Bahn**en
der **Bahn**hof ❺
der **Bahn**steig ❻
die Auto**bahn**
die Eisen**bahn**
einen Weg **bahn**en
bahnbrechend

die **Bakterie** (F)
(einzelliges Lebewesen)
die **Bakteri**en

die **Balance**
(franz.: das Gleichgewicht)
balancieren
der **Balance**akt

❶ ***bake*** [beɪk]
❷ ***bathroom*** [bɑːθˌruːm]
❸ ***swimsuit*** [ˈswɪmˌsuːt]
❹ ***swimming trunks*** [ˈswɪmɪŋ trʌŋks]
❺ ***station*** [ˈsteɪʃn]
❻ ***platform*** [ˈplætfɔːm]

bald (!)
so **bald** wie möglich
bald wiedersehen
baldigst

der **Balken** (a)
die **Balk**en
das Ge**bälk** (ä▸a)

der **Balkon** (F) 1
die **Balkon**s oder
die **Balkon**e
die **Balkon**möbel
[␣␣]

der **Ball** (a) 2
(Sportgerät und Fest)
die **Bäll**e (ä▸a)
Ball spielen
der **Ball**on
die **Ball**one
der Luft**ball**on
das **Ball**ett
die ge**ball**te Faust

die **Banane** (F) 3
die **Banane**n

sie **band** (!)
→ **bind**en

das **Band** (a)
die **Bänd**er (ä▸a)
das Gummi**band**
→ **bind**en
aber: die **Band** 4
die **Band**s
die Jazz**band**
und: der **Band**
die **Bänd**e
der erste **Band** des Romans

die **Bank** (a) 5
die **Bänk**e* (ä▸a)
die Garten**bänk**e
[␣␣␣↵]
aber: die **Bank** 6
(die Sparkasse)
die **Bank**en

die **Baracke** (F)
die **Baracke**n
die Holz**baracke**
der **Baracke**nbau

das **Barometer** (F)
(der Luftdruck-Anzeiger)
die **Baro**meter
[␣␣]

* Lies dazu auch die Geschichte S. 372.

1 ***balcony*** ['bælkənɪ]
2 *foot**ball*** [bɔːl]
dance [dɑːns]
3 ***banana*** [bə'nɑːnə]
4 ***band*** [bænd]
5 ***bench*** [bentʃ]
6 ***bank*** [bæŋk]

der **Bart** (a)
(Gesichtsbehaarung und Teil des Schlüssels)
die **Bärte** (ä-a)
der Voll**bart**
bärtig

das **Bassin**
(franz.: das Wasserbecken)
die **Bassin**s
das Schwimm**bassin** ❶

basteln (a)
ge**bastelt**
du **bastel**st
der **Bastl**er

er **bat** (a)
→ **bitten**

die **Batterie** (F)
die **Batterie**n

der **Bauch** (au)
die **Bäuche** (äu-au)
das **Bauch**weh
bauchig

bauen (au) ❷
ge**bau**t
du **bau**st
der **Bau**
die **Bau**stelle
→ das Ge**bäu**de (äu-au)
baulich

der **Bauer** (au)
die **Bauer**n
der **Bauer**nhof ❸

das/der Vogel**bauer**
die Vogel**bauer**

der **Baum** (au)
die **Bäume** (äu-au)
die **Baum**wolle
der Tannen**baum** ❹

Beachball
(engl.)
Beachvolleyball

der **Beamte** (a)
die Be**amt**en
be**amt**et
→ das **Amt**

❶ ***swimming pool*** ['swɪmɪŋ‿puːl]

❷ ***build*** [bɪld]

❸ ***farm*** [fɑːm]

❹ ***Christmas tree*** ['krɪsməs triː]

der **Becher** ⓔ
die **Becher**
der Zahnputz**becher**

das **Becken** ⓔ
(Teil des Körpers und Schwimmbecken)
die **Becken**
das Hafen**becken**
das Schwimm**becken** 1
das Tauf**becken**
die **Becken**knochen
(Be-cken)

bedeuten
→ **deuten**
die Be**deut**ung 2
be**deut**end 3

bedienen ⓘ
→ **dien**en
die Be**dien**ung
der **Dien**er 4

die **Bedingung** ⓘ
die Be**ding**ungen
→ das **Ding**
be**ding**ungslos
→ unbe**ding**t (!)

sich **beeilen** (ei)
er hat sich be**eil**t
du be**eil**st dich
→ **eil**en

die **Beerdigung** ⓔ
die Be**erd**igungen
be**erd**igen
→ die **Erd**e

die **Beere** ⓔ 5
die **Beere**n
die Erd**beere**n
die Him**beere**n

das **Beet** ⓔ
die **Beet**e
das Blumen**beet**

befehlen ⓔ 6
befahl
befohlen
sie **befiehl**t
der **Befehl**

das **Befinden** ⓘ
sich be**find**en
be**find**lich
→ **find**en

1 ***swimming pool*** ['swɪmɪŋ‿pu:l]
2 ***meaning*** ['mi:nɪŋ]
3 ***important*** [ɪm'pɔ:tnt]
4 ***servant*** ['sɜ:vənt]
5 ***berry*** ['berɪ]
6 ***order*** ['ɔ:də]

A B C D E F G H I J K L M N O P Q R S T U V W X Y Z

die **Beförderung** (ö)
(Transport und einen höheren Rang einnehmen)
die Be**förder**ungen
be**förder**n
be**förder**t
→ **förder**n

er **begann** (a)
→ **beginn**en

begegnen (e)
be**gegn**et
du be**gegn**est jmdm.
die Be**gegn**ung ❶
→ **gegen**
→ ent**gegen**

beginnen (i) ❷
begann
begonnen
du **beginn**st
der **Beginn**

begleiten (ei)
be**gleit**et
du be**gleit**est
die Be**gleit**ung
das Ge**leit**
→ der **Leit**er

begreifen (ei)
→ **greif**en
der Be**griff** ❸

behalten (a)
→ **halt**en
der Be**hält**er (ä-a) ❹

die **Behandlung** (a)
die Be**hand**lungen
be**hand**eln
der Be**hand**lungsschein
die Zahnarztbe**hand**lung
→ die **Hand**

behaupten (au)
be**haupt**et
du be**haupt**est
die Be**haupt**ung
→ das **Haupt**

beherrschen (e)
be**herrsch**t
du be**herrsch**st
die Be**herrsch**ung
herrschen
→ der **Herr**

❶ ***meeting*** ['mi:tɪŋ]
❷ ***begin*** [bɪ'gɪn]
start [stɑ:t]
❸ ***term*** [tɜ:m] (Mathematik)
idea [aɪ'dɪə]
❹ ***container*** [kən'teɪnə]

bei (ei)
bei dir
bei weitem

beichten (ei)
ge**beicht**et
du **beicht**est
die **Beicht**e

beide (ei)
ihr **beide**
die **beide**n
auf **beide**n Füßen

beige
(franz.: sandfarben)

beim (ei)
(**bei** de**m**)
beim Essen
es bleibt **beim** Alten

das **Bein** (1)
die **Bein**e
der **Bein**bruch
die Ge**bein**e
das Nasen**bein**
das Tisch**bein**

das **Beispiel** (ei) (2)
die **Beispiel**e
zum **Beispiel** (z. B.)
beispielhaft

beißen (ei) (3)
biss
ge**biss**en
er **beiß**t
der **Biss**
das Ge**biss**
der Im**biss**
die Im**biss**stube
der Schlangen**biss**
bissig
→ **biss**chen
aber: **bis** morgen
→ **bis**

der Bei**trag**
die Bei**träg**e (ä-a)
dazu bei**trag**en
→ **trag**en

be**kannt** (a)
gut be**kannt** (4)
der Be**kannt**e
die Be**kannt**schaft
→ **kenn**en

(1) ***leg*** [leg]
(2) ***example*** [ɪg'zɑːmpl]
(3) ***bite*** [baɪt]
(4) ***well known*** [ˌwel 'nəʊn]

be**kommen** (o)
be**kam** (a)
be**kommen**
du be**komm**st Ferien
Besuch be**kommen**
es be**kommt** dir gut
→ **kommen**
be**kömm**lich

be**leid**igen (ei)
be**leid**igt
du be**leid**igst
die Be**leid**igung
→ das **Leid**

bellen (e)
ge**bell**t
du **bell**st nicht
ein **bell**ender Hund ①
das **Bell**en
das Ge**bell**

be**lohn**en (o)
be**lohn**t
du be**lohn**st
→ **lohn**en
die Be**lohn**ung

sich be**müh**en (ü)
be**müh**t
du be**müh**st dich
→ die **Müh**e

benach**richt**igen (a) ②
benach**richt**igt
du benach**richt**igst
die Benach**richt**igung
→ die Nach**richt**en
→ **richt**en

be**nutz**en (u)
be**nütz**en
be**nutz**t
be**nütz**t
du be**nutz**t etwas
der Be**nutz**er ③
die Be**nutz**ung
→ **nütz**lich

das **Benzin** (F) ④
der **Benzin**tank
der **Benzin**verbrauch

be**obacht**en (o)
be**obacht**et
du be**obacht**est
die Be**obacht**ung
Obacht geben

① *a **barking** dog* [bɑːkɪŋ]
② ***inform*** [ɪnˈfɔːm]
③ ***user*** [ˈjuːzə]
④ ***petrol*** [ˈpetrəl]

bequem
bequemer
am **bequem**sten
die **Bequem**lichkeit
(sich) **bequem**en

der Be**reich** (ei)
die Be**reich**e
→ **reich**en
der Einzugsbe**reich**

bereiten (ei)
bereitet
du **bereit**est etwas vor
bereit sein ❶
die **Bereit**schaft
die Zu**bereit**ung
bereitwillig
bereits
bereits gestern

der **Berg** (!) ❷
die **Berg**e
bergig
das Ge**birg**e

be**richt**en (i)
→ **richt**en
der Be**richt**

der Be**ruf** (u) ❸
die Be**ruf**e
die Be**ruf**ung
be**ruf**en
[↳—↲]
sie wird be**ruf**en
→ **ruf**en

be**rühm**t (ü)
die Be**rühm**theit
[↳—↲]
→ der **Ruhm**

be**rühr**en (ü) ❹
die Be**rühr**ung
→ **rühr**en

(sich) be**schäft**igen (ä▸a)
be**schäft**igt
du be**schäft**igst dich
die Be**schäft**igung
[↳—↲↲]
→ **schaff**en
→ das Ge**schäft**

Be**scheid** sagen (ei)
er sagte Be**scheid** (!)
Be**scheid** bekommen
be**scheid**en sein
→ **scheid**en

❶ ***be ready*** [ˈredɪ]

❷ ***mountain*** [ˈmaʊntɪn]
mountain *bike*

❸ ***job*** [dʒɒb]

❹ ***touch*** [tʌtʃ]
don't ***touch*** *me*
(Fass mich nicht an!)

beschließen (i̲)
→ **schließ**en
der Be**schluss**

(sich) **beschränken** (ä›a)
be**schränk**t
du be**schränk**st (dich)
die Be**schränk**ung
die Bahn**schranke**
→ die **Schranke**

die **Beschreibung** (ei)
die Be**schreib**ungen
be**schreib**en
unbe**schreib**lich
unbe**schreib**bar
→ **schreib**en

die **Beschriftung** (i)
die Be**schrift**ungen
be**schrift**en
be**schrift**et
→ die **Schrift**

sich **beschweren** (e̲)
be**schwer**t
du be**schwer**st dich
die Be**schwer**de
das Be**schwer**debuch
→ **schwer**

beseitigen (ei)
be**seit**igt
du be**seit**igst
die Be**seit**igung
→ die **Seite**

der **Besen** (e̲)
die **Besen**
der Schnee**besen**
der **Besen**stiel

besetzen (ẹ)
be**setz**t
die Be**setz**ung
die Hausbe**setz**er
→ **sitz**en

besichtigen (i)
be**sicht**igt
du be**sicht**igst
die Be**sicht**igung ❶
→ **seh**en
→ die **Sicht**

besitzen (i)
→ **sitz**en
der Be**sitz**er ❷
be**sitz**los

❶ ***sightseeing*** [ˈsaɪtˌsiːɪŋ] ❷ ***owner*** [ˈəʊnə]

besonders ⓞ
insbesondere
das Besondere
die Besonderheit

besser ⓔ ❶
am besten
der beste Witz ❷
etwas Besseres
es ist das Beste, wenn du ...
→ verbessern
→ gut

bestätigen ⓐ
bestätigt
du bestätigst
die Bestätigung
aber: → stets

das Besteck ⓔ
die Bestecke
der Besteckkasten

das Essbesteck
→ stecken

bestehen ⓔ
bestand
bestanden
du bestehst
→ stehen
der Bestand
beständig ⓐ-a

bestellen ⓔ
→ stellen
die Bestellung

bestimmen ⓘ
bestimmt
du bestimmst
die Bestimmung

→ die Stimme

der Bestseller ❸
(engl.)
die Bestseller

besuchen ⓤ
→ suchen
der Besuch
der Besucher

beten ⓔ
gebetet
du betest
das Gebet
→ bitten

❶ ***better*** ['betə]

❷ *the **best** joke* ['best]

❸ *„Harry Potter" is a **best-seller*** [ˌbest'selə]
(ein sehr viel/ oft verkauftes Buch)

A B C D E F G H I J K L M N O P Q R S T U V W X Y Z

(sich) **beteiligen** (ei)
beteiligt
du beteiligst dich
die Beteiligung
→ teilen

beteuern (eu)
beteuert
du beteuerst
die Unschuld
die Beteuerung
→ teuer

der **Beton** (F)
(Baumaterial)
betonieren

betonen (o)
betont
du betonst
die Betonung
→ der Ton

betrachten (a)
betrachtet
du betrachtest
der Betrachter
die Betrachtung

der **Betrieb** (!) 1
die Betriebe
der Schulbetrieb
betreiben
→ treiben

betrügen (ü)
betrog
betrogen
du betrügst
der Betrug
die Betrügerin
betrügerisch

das **Bett** (e) 2
die Betten
die Bettdecke
ein Betthupferl 3
das Betttuch
(Bett-tuch)
das Hochbett
sich betten

betteln (e)
gebettelt
du bettelst nicht
der Bettler
bettelarm

1 ***business*** ['bɪznɪs]

2 ***bed*** [bed]; ***bedroom***
(Schlafzimmer)

3 ***bedtime sweets***
['bedtaɪm swi:ts]

beugen (eu)
gebeugt (!)
du beugst
die Armbeuge
die Beugung

die **Beule** (eu)
die Beulen
ausbeulen
ausgebeult

die **Beute** (eu)
die Ausbeutung
erbeuten

der **Beutel** (eu)
die Beutel
der Müllbeutel

die **Bevölkerung** (ö) ❶
→ das Volk
bevölkert

bevor (!)
bevorstehen
die Bevormundung
bevor du gehst
→ vor

bewegen (ẹ) ❷
bewegt
du bewegst
die Bewegung
die Beweglichkeit

beweisen (ei)
bewies (!)
bewiesen
du beweist
der Beweis
beweisbar

sich **bewerben** (ẹ)
bewarb
beworben
du bewirbst dich
die Bewerbung

bewölken (ö)
bewölkt
es bewölkt sich
die Bewölkung
→ die Wolke

das **Bewusstsein** (ụ)
bewusst
→ wissen

❶ ***population*** [ˌpɒpjʊˈleɪʃn]

❷ ***move*** [ˈmuːv]
movie (Kino, Film)

A B C D E F G H I J K L M N O P Q R S T U V W X Y Z

be**zahl**en ⓐ ❶
be**zahl**t
du be**zahl**st
→ die **Zahl**
die Be**zahl**ung

be**zeug**en (eu)
be**zeug**t (!)
du be**zeug**st
die Be**zeug**ung
→ das **Zeug**nis

die Be**zieh**ung ⓘ
die Be**zieh**ungen
der Be**zug**
(sich) be**zieh**en
→ **zieh**en

der Be**zirk** ⓘ
die Be**zirk**e

die **Bibel** ⓘ ❷
die **Bibel**n
biblisch

die **Bibl**iothek (F) ❸
die **Bibl**iotheken

biegen ⓘ
bog (!)
ge**bog**en
du **bieg**st
um die Ecke **bieg**en ❹
ver**bieg**en
die **Bieg**ung
→ der **Bog**en
biegsam

das **Bier** ⓘ
die **Bier**e
die **Bier**flasche

bieten ⓘ
bot
ge**bot**en
du **biet**est
→ ver**biet**en
das Ange**bot**
↳↳⌴
die Dar**biet**ung
das Ge**bot**
das Ver**bot**

das **Bild** (!)
die **Bild**er
die **Bild**ung
ein Recht auf **Bild**ung ❺
sich **bild**en
ab**bild**en
bildlich

---

❶ ***pay*** [peɪ]; ***pay*** *a bill* (eine Rechnung bezahlen)

❷ *the* ***Bible*** [ˈbaɪbl]

❸ ***library*** [ˈlaɪbrərɪ]

❹ ***turn*** *the corner* [tɜːn]

❺ ***right to education*** [raɪt tʊ ˌedjʊˈkeɪʃn]

billig ①
billiger
am **billig**sten
billigen
die **Billig**ung
die Miss**billig**ung

ich **bin**
du **bist**
er **ist**
→ **sein**

binden
band
ge**bund**en
du **bind**est
die **Bind**e
die **Bind**ung

das Ge**bind**e
die Ver**bind**ung
→ das **Band**
→ der **Bund**
→ der Ver**band**

die **Biologie**
der **Biolog**ieunterricht
der **Biolog**e
biologisch

die **Birne**
(Frucht und Lichtquelle)
die **Birn**en
birnenförmig

der **Birn**baum

bis
von - **bis**
bis jetzt
bisher

er **biss**
→ **beiß**en

bisschen* ②
ein **biss**chen Mut
bissig
der **Biss**
die **Biss**e
→ **beiß**en
(bis-sig, bei-ßen)

du **bist**
ich **bin**
er **ist**
→ **sein**

* Lies dazu auch die Geschichte S. 373.

① ***cheap*** [tʃiːp]
low priced [ləʊ praɪsd]

② ***a little bit*** [ˈlɪtl bɪt]

A B C D E F G H I J K L M N O P Q R S T U V W X Y Z

A B C D E F G H I J K L M N O P Q R S T U V W X Y Z

bitten ⓘ
bat
ge**beten** ↳—↵

du **bitt**est
die **Bitt**e
Bitte! ❶
→ **bet**en (bit-ten)

bitter ⓘ ❷
bitterer
am **bitter**sten
die **Bitter**keit

der **Bizeps** Ⓕ
(der Oberarmmuskel)
die **Bizeps**e

(sich) **blam**ieren
(franz.: jmdn. bloßstellen)
blamiert
du **blam**ierst (dich)
die **Blam**age

blasen ⓐ
blies
ge**blas**en
du **bläs**t Posaune ⓐ-a
die **Blas**e
das Ge**bläs**e

blass ⓐ
blasser
am **blass**esten
er**blass**en

das **Blatt** ⓐ
die **Blätt**er ä-a
blättern
ein **Blatt** Papier
das vier**blätt**rige Klee**blatt**

blau (au)
himmel**blau** ❸
ins **Blau**e fahren

das **Blei** (ei)
der **Blei**stift ❹
bleischwer

bleiben (ei) ❺
blieb (!)
ge**blieb**en
du **bleib**st
übrig **bleib**en
übrig ge**blieb**en
die **Bleib**e
hier **bleib**en
hier**bleib**en

❶ ***please*** [pliːz]
❷ ***bitter*** ['bɪtə]
❸ ***sky-blue*** [skaɪ‿'bluː]
❹ ***pencil*** ['pensl]
❺ ***stay*** [steɪ]
***stay** with me*

blicken ⓘ ❶
ge**blick**t
du **blick**st
der **Blick**
der Aus**blick**
der **Blick**wechsel

er **blieb** ⓘ
→ **bleib**en

er **blies** ⓘ
→ **blas**en

blind
er**blind**en
er ist er**blind**et
der **Blind**e
die **Blind**heit

blinken ⓘ
ge**blink**t
du **blink**st
die **Blink**er
das **Blink**licht
blank

blinzeln ⓘ
ge**blinzel**t
du **blinzel**st
an**blinzel**n
zu**blinzel**n

blitzen ⓘ
ge**blitz**t
es **blitz**t
der **Blitz**
das **Blitz**licht ❷
blitzschnell
(blit-zen)

der **Block**
die **Blöck**e
auch: die **Block**s
der **Block**buchstabe
der Häuser**block**
der Schreib**block** ❸
ab**block**en
blockieren
(blo-cken)

blond ❹
blonde Haare

bloß
mit **bloß**em Auge
sich ent**blöß**en
die **Blöß**e

❶ *look at* [lʊk]
❷ *flash* [flæʃ]
❸ *writing pad* ['raɪtɪŋ pæd]
❹ *blond* [blɒnd]

blühen (ü)
ge**blüh**t
sie **blüh**t
aber: die **Blüt**e

die **Blume** (u) 1
(Pflanze und Hasenschwänzchen)
die **Blum**en
die **Blum**envase
das Gänse**blüm**chen
blumig
ge**blüm**t

die **Bluse** (u) 2
die **Blus**en

bluten (u)
ge**blut**et
du **blut**est
das **Blut** 3
der **Blut**test
blutig

der **Bock** (o)
die **Böck**e
bocken
das Pferd **bock**t
bockig

der **Boden** (o)
die **Böden**
bodenlos

sie **bog** (o)
→ **bieg**en

der **Bogen** (o)
(einen Bogen fahren, Papier, Pfeil & Bogen)
die **Bog**en oder
die **Bög**en
der Frage**bog**en
→ **bieg**en

die **Bohne** (o)
die **Bohn**en
die **Bohn**ensuppe
(Boh-ne)

bohren (o)
ge**bohr**t
du **bohr**st
der **Bohr**er 4

der **Boiler** (F)
die **Boil**er
der Wasser**boil**er

die **Boje** (o)
die **Boj**en

1 ***flower*** ['flaʊə]

2 ***blouse*** [blaʊz]

3 ***blood*** [blʌd]

4 ***drill*** [drɪl]

die **Bombe** (ọ)
die **Bomb**en
die **Bomb**ardierung
die Atom**bombe**

der/das **Bonbon** ❶
(franz.: gut, gut)
die **Bonbon**s

das **Boot** (o̲) ❷
die **Boot**e
der **Boot**ssteg
das Segel**boot** ❸
aus**boot**en

die **Börse** (ọ̈)
die **Börs**en
der **Börs**ianer
der **Börs**enbericht
der **Börs**enkurs

böse (ö̲)
böser
am **bös**esten
der **böse** Wicht
der **Bös**ewicht
nichts **Bös**es
boshaft (o̲)
böswillig

sie **bot** (o̲)
→ **biet**en

boxen (ọ)
ge**box**t
du **box**t
der **Box**er ❹
(Hunderasse und Sportler)

er **brach** (a̲)
→ **brech**en

sie **brachte** (ạ)
→ **bring**en

es **brannte** (ạ)
→ **brenn**en

braten (a̲)
briet
ge**brat**en
du **brät**st (ä▸a)
der **Brat**en
die **Brat**pfanne
in der Sonne **brat**en

❶ ***sweet*** [swiːt]
❷ ***boat*** [bəʊt]
❸ ***sailing boat*** ['seɪlɪŋ‿bəʊt]
❹ ***boxer*** ['bɒksə]

brauchen (au) 1
ge**braucht**
du **brauchst**
der **Brauch**
brauchbar
ge**bräuchlich** (äu-au)

braun (au)
bräunen (äu-au)
braun werden 2
die **Bräune**

die **Braut** (au)
die **Bräute** (äu-au)
der **Bräutigam**

brav (!)
braver
am **bravsten**
Bravo!

brechen (ẹ) 3
brach
ge**brochen**
du **brichst**
ein**brechen**

zer**brechen**
der **Bruch**

breit (ei)
breiter
am **breitesten**
(sich) aus**breiten**
die **Breite**

bremsen (ẹ)
ge**bremst**
du **bremst**
die **Bremse** 4
(Insekt und Fahrradbremse)
das **Brems**pedal

brennen (ẹ)
brannte
ge**brannt**
es **brennt**! 5
an**brennen**

der **Brand**
brennbar
die **Brenn**nessel
(Brenn-nes-sel)

das **Brett** (ẹ) 6
die **Bretter**
das Sprung**brett**

1 ***need*** [niːd]
2 *get* ***brown*** [braʊn]
3 ***break*** [breɪk]
4 ***brake*** [breɪk]
5 ***fire!*** [faɪə]
6 ***board*** [bɔːd]

du **brichst**
→ **brechen**

der **Brief** ⓘ ❶
die **Brief**e
die **Brief**marke
der **Brief**träger

er **briet** ⓘ
→ **brat**en

die **Brille** * ❷
die **Brill**en
die Sonnen**brille**
die Toiletten**brille**
be**brill**t

bringen ⓘ
brachte
ge**bracht**
du **bring**st
zurück**bring**en
der Über**bring**er
das Mit**bring**sel

brisant Ⓕ
die **Bris**anz

die **Brosche** ⓞ
die **Brosch**en

die **Broschüre** Ⓕ
die **Broschür**en
die **brosch**ierte Ausgabe

das **Brot** ⓞ ❸
die **Brot**e
das Abend**brot**
das **Brot**messer
das Roggen**brot**
das **Bröt**chen

die **Brücke**
die **Brück**en
über**brück**en
(Brü-cke)

der **Bruder** ⓤ ❹
die **Brüder**
sich ver**brüder**n
brüderlich

brummen ⓤ
ge**brumm**t
du **brumm**st

* Lies dazu auch die Geschichte S. 373

❶ ***letter*** ['letə]
(Brief und Buchstabe)

❷ ***glasses*** ['glɑːsɪz]
(Brille und Trinkgläser)

❸ ***bread*** [bred]

❹ ***brother*** ['brʌðə]

der **Brumm**er
brummig

der **Brunnen** (ü)
die **Brunnen**
der Spring**brunnen**

die **Brust** (!)
die **Brüst**e
die **Brüst**ung
sich **brüst**en

brutal (F)
brutaler
am **brutal**sten
die **Brutal**ität

das **Buch** *(ü) 1
die **Büch**er
der **Buch**stabe
der **Buch**titel
buchen
die **Buch**ung

die **Büchse** (ü)
(Gewehr und Dose)
die **Büchse**n
der **Büchse**nöffner

* Lies dazu auch die Geschichte S. 374.

sich **bück**en (ü)
ge**bück**t
du **bück**st dich

die **Bude** (ü)
die **Bude**n
die Schieß**bude**

bügeln (ü)
ge**bügel**t
du **bügel**st
etwas aus**bügel**n
das **Bügel**eisen

die **Bühne** (ü) 2
die **Bühne**n
die Theater**bühne**

bummeln (ü)
ge**bummel**t
du **bummel**st
der **Bummel**

der **Bund** (ü)
die **Bund**e
der **Bund**esstaat
die **Bund**eswehr
der Schlüssel**bund** oder
das Schlüssel**bund**
ein **Bund** Radieschen

1 ***book*** [bʊk]
thriller ['θrɪlə]
(spannendes Buch)

2 ***stage*** [steɪdʒ]
backstage (hinter der Bühne)

das Blumenge**bind**e
ge**bund**en
→ **bind**en

bunt ⓤ
bunter
am **bunt**esten
kunter**bunt**
der **Bunt**stift

die **Burg** (!) ❶
die **Burg**en
die Sand**burg**

der **Bürg**er ⓤ
die **Bürg**er
bürgen
bürgerlich

das **Büro** (F) ❷
die **Büro**s
der **Büro**krat
die **Büro**kratie
bürokratisch

die **Bürst**e ⓤ
die **Bürst**en
die Schweine**borst**en
bürsten
borstig

der **Bus** * ⓤ
die **Bus**se
die **Bus**fahrt
die **Bus**haltestelle ❸

der Auto**bus**

das **Business**
(engl.: Geschäft)

der **Busch** ⓤ
die **Büsch**e
→ das Ge**büsch**
buschig

büßen ⓤ
ge**büß**t
du **büß**t
die **Buß**e
→ ein**büß**en

die **Butter** ⓤ ❹
der **Butter**keks
die **Butter**milch
buttern
du **butter**st
ge**butter**t
butterweich

* Lies dazu auch die Geschichte S. 375.

❶ ***castle*** ['kɑːsl]
❷ ***office*** ['ɒfɪs]
❸ ***bus stop*** [bʌs stɒp]
❹ ***butter*** ['bʌtə]

das **Café**
(franz.)
die **Café**s

das **Camp**
(engl.)
die **Camp**s
der **Camp**ingplatz
campen

der **Cartoon**
(engl.)
die **Cartoon**s ①

der **CD-Play**er ②
die **CD-ROM**

der **Cent**
die **Cent**s
(100 Cent = 1 Euro)

der **Champignon**
(franz.: ein Pilz)
die **Champignon**s
(Cham-pig-non)

der **Champi**on
(engl.: der Beste)
die **Champi**ons ③

die **Chance** ⚠F ④
die **Chance**n
die **Chance**n-
gleichheit

das **Chaos** ⚠F
(das Durcheinander)
chaotisch

der **Charakter** ⚠F
die **Charakter**e ⓔ
charakterisieren

charmant
(franz.: bezaubernd)
charmanter
am **charmant**esten
der **Charme**

die **Chart**s
(engl.: Hitlisten / Tabellen)

der **Chauff**eur
(franz.: berufsmäßiger Autofahrer)
auch: der **Schoff**ör
chauffieren

① ***cartoons*** [kaːˈtuːns] *in our dictionary by Jan Schniebel*

② ***compact disk-player*** [kəmˈpækt dɪsk ˈpleɪə]

③ *„We are the* ***champions****"* [ˈtʃæmpɪəns]

④ *Give me a* ***chance.*** [tʃaːns] (Gib mir eine Chance)

die **Chaussee**
(franz.: asphaltierte Landstraße)
die **Chaussee**n

der **Cheese**burger (1)
(engl.: Käse-Burger)

der **Chef** (F) (2)
die **Chef**in
die **Chef**s

die **Chemie** (F)
die **Chem**ikalien
der **Chem**iker
chemisch
[␣↵]

China (F) (3)
die **Chin**esen
chinesisch

der **Chip**
(engl.)
die **Chip**karte
der Mikro**chip**

der **Chor** (F)
die **Chö**re
der **Chor**al
(kirchl. Gesang)

der **Christ** (F) (4)
die **Christ**en
Christus
christlich
[␣↵]

das **Chrom** (F)
ver**chrom**t

die **Chronik** (F)
die **Chron**iken
chronologisch

die **City**
(engl.: die Innenstadt)

der **Clown**
(engl.)
die **Clown**s
die **Clown**erie

der **Code**
codieren
(engl.: verschlüsseln)

die **Coke** (F)
auch: **Cola**

die **Collage**
(franz.: aus Einzelteilen geklebtes Bild)
auch: die **Kollage**

(1) ***cheeseburger*** [ˈtʃiːzbɜːgə]
(2) ***boss*** [bɒs]
(3) ***China*** [ˈtʃaɪnə]
(4) ***Christian*** [ˈkrɪstʃən]

das **Comeback** 1
(engl.)

der **Comic**
(engl.: gezeichnete Bildgeschichte)
die **Comic**s

der **Computer**
(engl.)
die **Computer**
das **Computer**spiel

der **Contain**er 2
die **Contain**er
das **Contain**erschiff

cool 3
(engl.: kalt, kühl)
ein **cool**er Typ

die **Couch**
(engl.)
der **Couch**tisch

der **Cousin**
(franz.: der Vetter)
die **Cousin**s
die **Cousin**e
auch: die **Kusin**e

der **Cowboy**
(engl.: der Kuhjunge)
die **Cowboy**s
der **Cowboy**hut

die **Creme**
(franz.: crème)
die **Creme**s oder
die **Creme**n
auch: die **Krem**, die **Kreme**
cremig
sich ein**crem**en
die Sonnen**creme** 4

der **Crêpe**
(franz.: hauchdünner Pfannkuchen)
die **Crêpe**s
die **Crêpe**rie

das/der **Croissant**
(franz.: Blätterteighörnchen)
die **Croissant**s

die **Curry**wurst
(eine mit scharfem, gelbem indischen Gewürz zubereitete Wurst)
die **Curry**würste

1 ***comeback*** [ˈkʌmˌbæk]
(wiederkehren)

2 ***container*** [kənˈteɪnə]
(Behälter)

3 ***cool*** [kuːl] (frech, kühl)

uncool [ˌʌnˈkuːl]
(völlig daneben)
keep cool! [kiːp‿kuːl]
(Ruhe bewahren)

4 ***sun block*** [sʌn blɒk]

da ⓐ
dabei
dadurch
dafür
dagegen
daher
damalig
damals
damit
danach
davon
davor
dazu
→ **dar**an

das **Dach** ❶
die **Däch**er (ä▸a)
der **Dach**boden
über**dach**en

er **dachte** ⓐ
→ **denk**en

die **Dame** ⓐ ❷
(Frau und Spielfigur beim Schach)
die **Dame**n
damenhaft

dämlich* ⓐ

der **Damm** ⓐ
die **Dämme** (ä▸a)
ein**dämm**en
einge**dämmt**
ver**damm**en
Ver**dammt**! ❸

die **Dämmer**ung ⓐ
dämmern
es **dämmer**t

der **Dampf** ⓐ (!)
die **Dämpf**e (ä▸a)
der **Dampf**er ❹
dampfen
es **dampf**t
(damp-fen)

* Lies dazu auch die Geschichte S. 375.

❶ ***roof*** [ruːf]

❷ ***lady*** [ˈleɪdɪ]
madam [mædəm]

❸ ***Damned!*** [dæmd]

❹ ***steamer*** [ˈstiːmə]

A B C D E F G H I J K L M N O P Q R S T U V W X Y Z

danken ⓐ
gedankt
du dankst
der Dank
Danke! ❶
die Dankbarkeit
dankbar

dann ⓐ

daran ⓐ
darauf
daraus
darin
darüber
darum
darunter
→ da

du **darfst** ⓐ
→ dürfen

der **Darm** ⓐ
die Därme ⓐ→a
die Darmtätigkeit
der Blinddarm
der Dickdarm
der Dünndarm

die **Darstellung** ⓔ
die Darstellungen
darstellen
der Darsteller
→ stellen

Darts ⓐ
(engl. Wurfpfeilspiel)

das ⓐ
(der, die, ... Pronomen, Artikel)
dasjenige
das Kind, das da spielt, ...

dass ⓐ
(Bindewort)
ich meine, dass ...

der **Dativ** Ⓕ
(Wemfall)

das **Datum** ⓐ ❷
die Daten
das Geburtsdatum

dauern
gedauert
es dauert noch etwas

❶ ***Thank you!*** [θæŋk juː]
Thanks!

❷ ***date*** [deɪt]
(Termin, Verabredung)

*have a **date***
(eine Verabredung haben)

*up to **date*** (aktuell)

die **Dauer**
die Aus**dauer**
dauerhaft
dauernd (!)
an**dauer**nd

der **Daumen** (au)
die **Daum**en
die **Daum**en drücken
der **Daum**enlutscher
der **Däum**ling (äu-au)

die **Daune** (au)
die **Daun**en
die **Daun**en-bettdecke
die **Daun**enfeder

die **Debatte** (F)
(politische Diskussion im Parlament)
die **Debatt**en
debattieren

das **Debüt**
(franz.: erstes öffentliches Auftreten eines Schauspielers)
die **Debüt**s
der **Debüt**ant
debütieren

die **Decke** (e) ❶
(Zimmerdecke und Wolldecke)
die **Deck**en
die Schnee**deck**e

der **Deck**el
die Topf**deck**el
auf**deck**en
aufge**deck**t
du **deck**st auf
den Tisch **deck**en ❷
be**deck**en
ver**deck**en
zu**deck**en ❸

→ ent**deck**en

der **Defekt** (F) ❹
(der Schaden)
die **Defekt**e
defekt

die **Defensive** (F)
(die Verteidigung)
defensiv

❶ ***blanket*** [ˈblæŋkɪt]
❷ ***lay** the table* [leɪ]
❸ ***cover*** [ˈkʌvə]
❹ ***defect*** [dɪˈfekt]

das **Defizit** (F)
(der Fehlbetrag)
die **Defizite**
das Haushalts**defizit**

dehnen (e) ❶
ge**dehn**t
du **dehn**st
aus**dehn**en
die **Dehn**ung
die Aus**dehn**ung
dehnbar

der **Deich**
die **Deich**e
ein**deich**en
die **Deich**e brechen

die **Deichsel** (ei)
die **Deichs**eln
die Wagen**deichs**el
deichseln
(salopp für: etwas hinkriegen)

dein (ei) ❷
deine
deiner
deins

die **Dekade** (F)
(Zeitraum von zehn Jahren)
die **Dekad**en
dekadisch

die **Delikatesse** (F)
die **Delikat**essen
die **Delikat**essgurken
delikat

dem (e)
dem Vater
dem Mädchen helfen

demokratisch (F)
der **Demokrat**
die **Demokrat**ie
(Staatsform, in der die vom Volk gewählten Vertreter die Herrschaft ausüben)

demonstrieren (F)
(etwas vorführen)
demonstriert
du **demonstr**ierst
die **Demonstr**ation
(die Massenkundgebung, die Vorführung)

❶ ***stretch*** [stretʃ]
stretch *one's legs*
(sich die Beine vertreten)

❷ ***your*** [jɔː]
I like ***your*** *smile.*

den ⓔ
der Schatz, **den** das Kind fand
die Frau traf **den** Mann
er ist nicht auf **den** Mund gefallen

denken ⓔ ❶
dachte
ge**dach**t
du **denk**st

das An**denk**en ❷

denkbar
das **Denk**mal
die **Denk**mäler

der **Denk**zettel
be**däch**tig (ä▸a)
→ die An**dacht**
das Ge**däch**tnis
→ der Ge**dank**e
→ der Ver**dacht**

denn ⓔ
dennoch

das **Deo**dorant △F
(kurz: Deo)
der **Deo**roller
das **Deo**spray

das **Depot**
(franz.: das Lager)
die **Depot**s
deponieren
du **depo**nierst etwas
es wird **depo**niert

der **Depp** ⓔ ❸
die **Depp**en

der ⓔ
(..., die, das Pronomen, Artikel)

des ⓔ
der Hund **des** Jungen
die Mutter **des** Kindes

deshalb ⓔ
deswegen

das **Design**
(engl.: ein Entwurf)
die **Design**s
der Graphik**design**er
die Industrie**design**erin

das **Dessert** ❹
(franz.: die Nachspeise)
die **Dessert**s

❶ ***think*** [θɪŋk]
❷ ***souvenir*** [ˌsuːvəˈnɪə]
❸ ***idiot*** [ˈɪdɪət]
❹ ***dessert*** [dɪˈzɜːt]

A B C D E F G H I J K L M N O P Q R S T U V W X Y Z

desto ⓔ
je früher, **desto** besser
nichts**desto**trotz

das **Detail**
(franz.: die Einzelheit)
die **Detail**s
detailgetreu
detailliert

der **Detektiv** Ⓕ ①
die **Detektiv**e
detektivisch

deuten
ge**deut**et
du **deut**est
die **Deut**ung
→ be**deut**en
deutlich
un**deut**lich

deutsch *(dt.)* ②
Deutschland ③
ein **Deutsch**er
das Fach **Deutsch**
die **deutsch**e Sprache
deutschsprachig

der **Dezember** Ⓕ ④
(der zwölfte Monat des Jahres)

das **Dezernat** Ⓕ
(Sachgebiet bei Behörden)
die **Dezernat**e
die **Dezern**entin

der **Dezimeter** Ⓕ
(das Zehntel eines Meters)

der **Dialekt** Ⓕ
die **Dialekt**e

der **Diamant** Ⓕ ⑤
die **Diamant**en
der **Diamant**ring
der Roh**diamant**

die **Diät** Ⓕ
(die Schonkost)
Diät halten

dich ⓘ
Freust du **dich**?

dicht ⓘ
dichter

① ***the private eye*** (privates Auge) [ˈpraɪvɪt‿aɪ]

② ***German*** [ˈdʒɜːmən]

③ ***Germany*** [ˈdʒɜːmənɪ]

④ ***December*** [dɪˈsembə]

⑤ ***diamond*** [ˈdaɪəmənd]

am **dichtesten**
die **Dichte**

dichten ⓘ
ge**dichtet**
du **dichtest**
der **Dichter** ❶
die **Dichtung**
das Ge**dicht**

dick ⓘ ❷
dicker
am **dick**sten
die **Dick**e
dickflüssig

die ⓘ
(der, ..., das Pronomen, Artikel)
diejenige

der **Dieb** ⓘ ❸
die **Diebe**
der **Dieb**stahl
diebisch

dienen ⓘ
ge**dient**
du **dienst**
→ be**dienen**

→ ver**dienen**
der **Dien**er ❹
der **Dien**st

am **Dienstag** ⓘ ❺
die **Diens**tage
dienstags
(Diens-tag)

dies ⓘ
diese
dieser
dieses
diesjährig
diesmal
aber: **dies**es Mal

der **Diesel** ⓘ
der **Diesel**antrieb
der **Diesel**kraftstoff
der **Diesel**motor

das **Diktat** Ⓕ
die **Dikt**ate
die **Dikt**atur
(Alleinherrschaft)
diktieren
diktiert
du **dikt**ierst

❶ ***poet*** ['pəʊɪt]
❷ ***fat*** [fæt]
❸ ***thief*** [θiːf]
❹ ***servant*** ['sɜːvənt]
❺ *on* ***Tuesday*** [ɒn 'tjuːzdɪ]

A B C D E F G H I J K L M N O P Q R S T U V W X Y Z

die **Dimension** ⚠F
die **Dimension**en
drei**dimensional**
[⌴⌴↩]

das **Ding** ⓘ
die **Ding**e (1)
→ die Be**ding**ung
→ unbe**dingt**

der **Diphthong** ⚠F
(der Zwielaut)
die **Diphthong**e:
au, äu, ei, eu
(siehe Seite 359)

dir ⓘ
von **dir** zu mir

direkt ⚠F
direkter
am **direkt**esten
in**direkt**
[↪⌴]
auf **direkt**em Wege
der **Direkt**or (2)
die **Direkt**orin (3)

der **Dirigent** ⚠F
die **Dirig**enten
[⌴↩↩]

die **Dirig**entin
dirigieren
(ein Orchester leiten)

die **Diskette** ⚠F
die **Disk**etten
das **Disk**etten-
laufwerk (4)

die **Diskothek** ⚠F
(kurz: Disko)
die **Diskothek**en
der **Disk**jockey
(kurz: DJ)

diskutieren ⚠F
(Meinungen und Standpunkte miteinander vergleichen, austauschen)
diskutiert
du **disku**tierst
die **Diskussion** (5)

die **Diva** ⚠F
(weiblicher Star)
die **Div**en
die Film**diva**

dividieren ⚠F
(teilen)
dividiert

(1) ***things*** [θɪŋz]

(2) ***headmaster*** [ˌhedˈmɑːstə]

(3) ***headmistress*** [ˌhedˈmɪstrɪs]

(4) ***disk drive*** [dɪsk draɪv]

(5) ***discussion*** [dɪˈskʌʃn]

du **divid**ierst
die **Divis**ion

doch
ja **doch**
sie hat **doch** Recht

der **Docht**
die **Docht**e
der Kerzen**docht**

der **Dokt**or 1
(kurz: Dr.)
die **Dokt**oren
doktern
du **dokt**erst

der **Dolch**
die **Dolch**e
der **Dolch**stoß
dolchartig
er**dolch**en

die **Dolmetsch**erin
(die Übersetzerin)
die **Dolmetsch**e-
rinnen
dolmetschen 2
(mündlich übersetzen)

der **Dompteur**
(franz.: Bändiger)
die **Dompteur**e

donnern
es **donner**t
der **Donner**
das **Donner**n
Blitz und **Donner**

am **Donner**stag 3
die **Donner**stage
donnerstags
aber: eines **Donner**stags
(Don-ners-tag)

der **Döner**
(türkisch, genauer: Döner kebap)
die **Döner**

das **Dop**ing
*(engl.: Medikamenten-
missbrauch zur
Leistungssteigerung
im Sport)*
die **Dop**ingkontrolle
dopen 4
ge**dop**t

1 ***doctor*** [ˈdɒktə]
2 ***interpret*** [ɪnˈtɜːprɪt]
3 ***on Thursday*** [ˈθɜːzdɪ]
4 ***dope*** [dəʊp]

doppelt (o)
(zweifach)
ver**doppel**n
ver**doppel**t
du ver**doppel**st
der **Doppel**gänger
der **Doppel**punkt
das **Doppel**te
das (Tennis-)**Doppel** (1)

das **Dorf** (o)
die **Dörf**er
der **Dorf**bewohner
dörflich

der **Dorn** (o) (2)
die **Dorn**en
Dornröschen
dornig

dort (o)
hier und **dort**
dorthin

die **Dose** (o) (3)
die **Dose**n
die **Dose**nmilch
die Keks**dose**
die Steck**dose**

dösen (ö)
(salopp für schlafen)
ge**dös**t
du **dös**t
der **Dös**kopp

der/das **Dotter** (o)
(das Gelbe vom Ei)
die **Dotter**
der/das Ei**dotter**

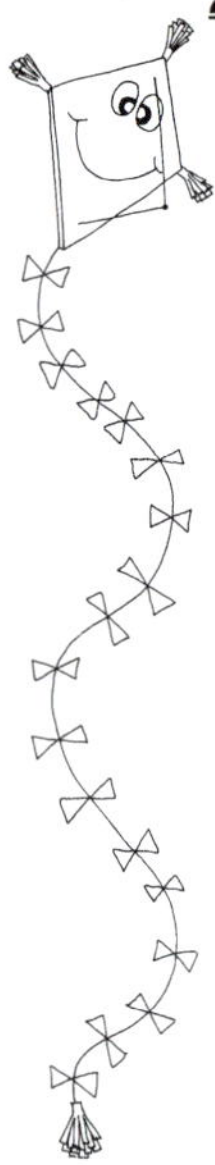

der **Drachen** oder
der **Drache** (4)
(ein Fabeltier)
die **Drache**n
einen **Drachen** steigen lassen (5)

der **Draht** (a)
die **Dräht**e (ä→a)
drahtig

das **Drama** (a)
(ein Bühnenstück, ein aufregendes Ereignis)
die **Dram**en
dramatisieren
(übertreiben)
dramatisch
der **Dram**aturg

---

(1) ***double** match* [ˈdʌbl]

(2) ***thorn*** [θɔːn]

(3) ***tin*** [tɪn] (Konservendose)
box [bɒks]

(4) ***dragon*** [ˈdræɡən]

(5) *fly a **kite*** [kaɪt]
***kite** surfing* (Trendsportart)

drängeln (ä▸a)
ge**drängel**t
du **drängel**st
be**dräng**en
drängen
der **Drang**
die **Dräng**elei
das **Dräng**en
das Ge**dräng**e

draußen (au) (1)
drinnen und **draußen**

der **Dreck** (e)
ver**dreck**en
ver**dreck**t
dreckig

drehen (e)
ge**dreh**t
du **dreh**st
der **Dreh**
drehbar

drei (3) (ei)
dreizehn
dreißig
halb **drei**
dreimal
die **dritte** Klasse (2)
das **Drei**eck (3)
dreieckig

dreist (ei)
dreister
am **dreist**esten
sich er**dreist**en
er hat sich er**dreist**et
die **Dreist**igkeit

dressieren (F) (4)
dressiert
du **dress**ierst
die **Dress**ur
die **Dress**uranlage
der **Dress**urreiter

dribbeln (i)
ge**dribbel**t
du **dribbel**st
der **Dribbel**künstler

dringend (i)
dringender
am **dring**endsten
die **Dring**lichkeit

(1) ***outside*** [ˌaʊtˈsaɪd]
(2) *the **third** class* [θɜːd]
(3) ***triangle*** [ˈtraɪˌæŋgl]
(4) ***train*** [treɪn]

A B C **D** E F G H I J K L M N O P Q R S T U V W X Y Z

drinnen ⓘ ❶
drinnen bleiben
drin
drinstecken

die **Drog**erie
die **Drog**erien
der **Drog**erist
die **Drog**e
der **Drog**enmissbrauch

drohen
ge**droh**t
du **droh**st
an**droh**en
be**droh**en
die **Droh**ung
be**droh**lich

drollig
drolliger
am **droll**igsten
das **droll**ige Kätzchen

der **Drops** ❷
(engl.: der Tropfen; tropfenförmiger Bonbon)
eine Rolle **Drops**

drüben
drüben auf der anderen Seite
hüben wie **drüben**

drucken
ge**druck**t
du **druck**st
der **Druck**
der **Druck**er ❸
die **Druck**erei
der **Druck**knopf
die **Druck**schrift
→ der Aus**druck**
→ der Ein**druck**
druckfertig
drücken
ge**drück**t

der Tür**drück**er
aus**drück**lich

der **Dschungel** ❹
die **Dschungel**
das **Dschungel**buch

❶ ***inside*** [ˌɪnˈsaɪd]; *indoors*
❷ ***drops*** [drɒps]
❸ ***printer*** [ˈprɪntə] (PC)
❹ ***jungle*** [ˈdʒʌŋgl]

du (u̲)
Leute wie **du** und ich
auf **Du** und Du stehen
duzen
(mit "Du" anreden)

der **Dübel** (u̲)
die **Dübel**
dübeln
du **dübel**st
ein**dübel**n

der **Duft** (ụ)
die **Düfte**
die **Duft**lampe
die **Duft**marke
der **Duft**stoff
duften
duftend
ver**duft**et
duftig

dumm (ụ) ❶
dümmer
am **dümm**sten
das **Dumm**erchen
die **Dumm**heit
dümmlich

dumpf
dumpfer
am **dumpf**esten
ein **dumpf**er Klang

dunkel (ụ) ❷
dunkler
am **dunkel**sten
dunkelblau
das Zimmer ver**dunkel**n
es wird ver**dunkel**t
das **Dunkel**
die **Dunkel**heit ❸
jmdn. im **Dunkel**n lassen
(etwas verheimlichen)
im **Dunkel**n stolpern

dünn (ụ) ❹
dünner
am **dünn**sten
ver**dünn**en
durch dick und **dünn** gehen

durch (ụ)
durch den Zaun kriechen
durcharbeiten
durchregnen
durchaus

❶ ***stupid*** ['stjuːpɪd]
❷ ***dark*** [dɑːk]
❸ ***darkness*** ['dɑːknəs]
❹ ***thin*** [θɪn]; *thick and **thin***

der **Durchschnitt** ⓘ
durch**schnitt**lich
→ **schneid**en
→ der **Schnitt**

dürfen ⓤ
durfte
ge**durf**t
du **darf**st
der Be**darf**
[↳⎵]
das Be**dürf**nis
dürftig

dürr ⓤ
dürrer
am **dürr**sten
ver**dorr**en
die **Dürr**e

der **Durst** ⓤ ❶
ver**durst**en
ver**durst**et
durstig ❷
[⎵↵]

duschen ⓤ
ge**dusch**t
du **dusch**st
ab**dusch**en
die **Dusch**e ❸
der **Dusch**vorhang

die **Düse** ⓤ
die **Düs**en
der **Düs**enjäger ❹
düsen
ge**düs**t
du **düs**t

das **Dutzend** ⓤ
(Dtzd., zwölf Stück)
im **Dutzend** billiger
viele **Dutzend**
dutzend Mal
dutzendweise

der **Dynamo** Ⓕ
(Maschine zum Erzeugen von Strom)
der Fahrrad**dynamo**

---

❶ ***thirst*** [θɜːst]

❷ ***thirsty*** [ˈθɜːstɪ]

❸ ***shower*** [ˈʃaʊə]
***shower** gel*

❹ ***jet fighter*** [ˈdʒetˌfaɪtə]

eben ⓔ
ebenfalls
ebenso

die **Ebene** ⓔ
die **Eben**en
eben

das **Echo** Ⓕ
(der Widerhall)
die **Echo**s

echt ⓔ ❶
die **Echt**heit

die **Ecke** ⓔ
an**eck**en
eckig

die **EDV** ⓔ
*(**E**lektronische **D**aten**v**erarbeitung)*
❷ das **EDV**-Programm

egal ⓐ
(franz.: gleich, gleichgültig)

egoistisch Ⓕ
(ichbezogen)
ego:
(lat.: ich)
der **Ego**ismus
der **Ego**ist

die **Ehe** ⓔ
die **Ehe**n
das **Ehe**paar
ehelichen
ehelich

ehe ⓔ
ehedem
eher
am **ehe**sten

ehrlich ⓔ ❸
ehrlicher
am **ehr**lichsten
die **Ehr**lichkeit
die **Ehr**e
der **Ehr**geiz
die **Ehr**ung
ver**ehr**en

❶ ***real*** [rɪəl]
*for **real*** (umg.: echt, im Ernst)

❷ ***software*** ['sɒftˌweə]

❸ ***honest*** ['ɒnɪst]
*Was Robin Hood an **honest** criminal?*

das **Ei** (ei) 1
die **Ei**er
das **Ei**gelb 2
das **Ei**weiß 3
das Kuckucks**ei**
die Spiegel**ei**er 4

die **Eiche** (ei)
die **Eich**en

der **Eid** (ei) (!)
die **Eid**e
einen **Eid** ablegen
be**eid**en

eifrig (ei)
eifriger
am **eifr**igsten
eifern
der **Eifer**

eigen (ei)
eigene
eigenartig
eigentlich
eigentümlich
an**eign**en
die **Eigen**art

der **Eigen**name
die **Eigen**schaft
das **Eigen**schaftswort
(siehe S. 355)
das **Eigen**tum

eilen (ei)
ge**eil**t
du **eil**st
→ sich be**eil**en
die **Eil**e
eilig

der **Eimer** (ei)
die **Eimer**
eimerweise

ein (ei)
(Pronomen, Artikel)
eine
einer
ein für allemal
die **Ein**bahnstraße 5
→ **ein**ige

einander (ei)
auf**ein**ander
bei**ein**ander
mit**ein**ander

1. *What came first: the chicken or the **egg?*** [eg]
2. ***yolk*** [jəʊk]
3. ***egg white*** ['egwaɪt]
4. ***fried eggs*** [ˌfraɪd'egs]
5. ***one-way street*** ['wʌnweɪ striːt]

einbilden (i)
einge**bild**et
jmd. ist einge**bild**et
die Ein**bild**ung
→ das **Bild**

einbüßen (ü)
einge**büß**t
du **büß**t ein
→ **büß**en
die Ein**buß**e

der **Eindruck** (u)
die Ein**drück**e
beein**druck**en
→ **druck**en
die **Druck**erei

einfach (ei)
einfacher
am **einfach**sten
die **Einfach**heit

der **Eingang** (a)
die Ein**gäng**e (ä▸a)
der Haupteingang
ein**geh**en
→ **geh**en
ein**gäng**ig

einig (!)
einigen
die **Ein**igkeit
die **Ein**igung
die **Ein**heit ❶
die Maß**ein**heit
(m, cm, €, kg)

einige (ei)
einiges
es wird **ein**iges kosten
einigermaßen
→ **ein**

einkaufen (au) ❷
→ **kauf**en
der Ein**kauf**

die **Einladung** (a)
die Ein**lad**ungen
Geburtstagsein**lad**ungskarte ❸
jmdn. ein**lad**en ❹
→ **lad**en

einmal (ei)
auf **einmal**
noch **einmal**
Es war **einmal** … ❺

❶ ***unity*** [ˈjuːnɪtɪ]; *USA: **United** States of Amerika*

❷ ***shopping**; go **shopping*** [ˈʃɒpɪŋ]

❸ *a birthday **invitation** card* [ˌɪnvɪˈteɪʃn]

❹ ***invite*** [ɪnˈvaɪt]

❺ ***Once** upon a time …* [wʌns]

einmalig
das **Einmal**eins
die **Einmal**igkeit

ein**pack**en (ə)
einge**pack**t
du **pack**st ein
→ **pack**en
die **Pack**ung

eins (1) (ei) ❶
halb **eins**
eins, zwei, drei ...
die **Eins**
die **Eins**en

ein**steig**en (ei)
sie **stieg** ein
einge**stieg**en
du **steig**st ein
→ **steig**en
der Ein**stieg**

der Ein**tritt** (i)
die Ein**tritt**skarte ❷
der Ein**tritt**spreis
ein**tret**en
→ **tret**en

der Ein**wand** (ə)
die Ein**wänd**e (ä▸a)
ein**wand**frei
ein**wend**en
→ **wend**en

ein**weih**en (ei)
einge**weih**t
du **weih**st ein
die Ein**weih**ung

der Ein**wohn**er (o)
die Ein**wohn**er
das Ein**wohn**ermeldeamt
die Ein**wohn**erzahl
→ **wohn**en

einzeln (ei) ❸
jedes **Einzel**ne
im **Einzel**nen
das **Einzel**zimmer

einzigartig (ei)
der, die, das **Einzig**e
kein **Einzig**er

das **Eis** (ei)
eiskalt ❹

❶ ***one*** [wʌn]
❷ ***ticket*** ['tɪkɪt]
❸ ***individual*** [ˌɪndɪ'vɪdjʊəl]
❹ ***ice cold*** [aɪs‿kəʊld]

die **Eis**creme ①
die **Eis**decke
das Vanille**eis**
eislaufen ②
ver**eis**en

das **Eisen** (ei)
die **Eisen**
die **Eisen**bahn*
eisenhaltig
eisenhart ③
eisern

die **Eitel**keit (ei)
die **Eitel**keiten
eitel
es herschte **eitel** Sonnenschein
ver**eitel**n

der **Eiter** (ei)
eitern
eitrig
die **Eiter**beule
die Ver**eiter**ung

der **Ekel** (e)
ekelhaft
eklig

elastisch (F)
elastischer
am **elast**ischsten
die **Elast**ik
die **Elast**izität

elegant
(franz.)
eleganter
am **elegant**esten
die **Eleganz**

die **Elektrizität** (F)
elektrisieren
der **Elektr**iker
die **elektr**ische Eisenbahn

das **Elend** (e)
das **Elend**squartier
das **Elend**sviertel
die Ver**elend**ung
elend sein

elf (11) (e) ④
halb **elf**
der **elf**te Mai
der **Elf**te, der ...

* Lies dazu auch die Geschichte S. 376.

① ***ice cream*** [ˌaɪsˈkriːm]
② ***ice-skating*** [ˈaɪsˌskeɪtɪŋ]
③ *hard as* ***iron*** [ˌaɪən]
④ ***eleven*** [ɪˈlevn]

A B C D E F G H I J K L M N O P Q R S T U V W X Y Z

elfmal
100 +**11** = hundert**elf** (1)
die **Elf** (2)
(Fußballmannschaft)

die **Elite**
(franz.: Auslese der Besten)
die **Elit**en
elitär

der **Ell**bogen ⓔ
oder der **Ell**enbogen
die **Ell**bogen
die **Ell**e
(Knochen des Unterarms)

die **Eltern*** ⓔ
das **Eltern**haus
die Groß**eltern**
elterlich
elternlos
→ **alt**

die **E-mail** (3)
die E-**mail**s
(e)**mail**en

er **empfahl** ⓐ
→ emp**fehl**en

* Lies dazu auch die Geschichte S. 376.

empfangen ⓐ
→ **fang**en
der Emp**fang**
der Emp**fäng**er (ä▸a)
(Emp-fang)

empfehlen ⓔ
emp**fahl**
emp**fohl**en
du emp**fiehl**st
die Emp**fehl**ung
emp**fehl**enswert

empfinden ⓘ
→ **find**en
die Emp**find**lichkeit
die Emp**find**ung
emp**find**lich
emp**find**ungslos

emsig ⓔ
emsiger
am **emsig**sten
die **emsig**e Biene

das **Ende** ⓔ (4)
am **Ende**
zu **Ende** sein

(1) *one hundred and **eleven***

(2) *the English **eleven** beat the German team*

(3) ***mail***[meɪl] (Post); ***e-mail**: electric post*

(4) ***end*** [end]; *happy **end**ing*

an beiden **End**en
enden
endgültig
⌴⌴←
endlich
endlos

die **Energ**ie (F) 1
energisch
(kraftvoll)

eng (e)
enger
am **eng**sten
ein**eng**en
ver**eng**en
die **Eng**e

der **Engel** (e) 2
die **Engel**
engelsgleich

der **Enkel** (e)
die **Enkel**
der **Enkel**sohn 3
4 die **Enkel**tochter der Großeltern

ent**deck**en (e)
ent**deck**t
du ent**deck**st

die Ent**deck**ung
die Ent**deck**ungsreise
→ die **Deck**e

(sich) ent**fern**en (e)
ent**fern**t
du ent**fern**st etwas
die Ent**fern**ung 5
→ **fern**

ent**gegen** (e)
ent**gegen**gesetzt
ent**gegen**kommen
↳⌴⌴←
ent**gegen**kommend
(hilfsbereit)
ent**gegn**en
die Ent**gegn**ung
→ be**gegn**en
→ **gegen**

ent**lang** (a)
den Fluss ent**lang**
→ **lang**

die Ent**schäd**igung (ä▸a)
die Ent**schäd**igungen
ent**schäd**igen
ent**schäd**igungslos
→ **schad**en

1 ***energy*** ['enədʒɪ]
2 ***angel*** ['eɪndʒəl]; *Angela!*
3 ***grandson*** ['grænsʌn]
4 ***granddaughter*** ['græn,dɔːtə]
5 ***distance*** ['dɪstəns]

A B C D E F G H I J K L M N O P Q R S T U V W X Y Z

entscheiden (ei)
entschieden
du entscheidest
→ scheiden
der Schiedsrichter (1)

sich **entschließen** (i)
→ schließen
die Entschließung
die Entschlossenheit
der Entschluss
→ der Schluss
(sich ent-schlie-ßen)

entschuldigen (u)
entschuldigt
du entschuldigst dich
die Entschuldigung
→ die Schuld
Entschuldigung! (2)
Entschuldige bitte!

entsetzlich (e)
entsetzlicher
am entsetzlichsten
das Entsetzen
sich entsetzen
→ setzen
→ sitzen

sich **entspannen** (a)
entspannt
du entspannst dich
die Entspannung
→ spannen

enttäuschen (äu▸au)
enttäuscht
du enttäuschst
die Enttäuschung
→ tauschen

entweder (e)
entweder ... oder

entwerfen (e)
der Entwurf
die Entwürfe
→ werfen

(sich) **entwickeln** (i) (3)
entwickelt
du entwickelst
die Entwicklung (4)

die **Epidemie** (F)
(die Seuche)
die Epidemien
epidemisch

(1) ***referee*** [ˌrefəˈriː]

(2) ***Excuse me!*** [ɪkˈskjuːs miː]
Sorry! [ˈsɒrɪ]

(3) ***develop*** [dɪˈveləp]

(4) ***development*** [dɪˈveləpmənt]

er ⓔ
du hilfst **ihm**
sie liebt **ihn**

das **Erbe** ⓔ
der **Erb**e
die **Erb**en
die **Erb**schaft

erben
ver**erb**en

die **Erbse**
die **Erbse**n
die **Erbse**nsuppe

die **Erde** ⓔ ❶
(die Welt und Blumenerde)
der **Erd**ball
das **Erd**beben
das **Erd**öl
erdfarben
→ die Be**erd**igung

das **Ereig**nis ❷
die **Ereig**nisse
sich **ereig**nen
ereignisreich
(Er-eig-nis-se)

erfahren ⓐ
→ **fahr**en
die Er**fahr**ung*

erfinden ⓘ
er**fand**
er**fund**en
du er**find**est
→ **find**en
die Er**find**ung

der **Erfolg** ⓞ
er**folg**en
er**folg**reich
er**folg**versprechend
→ **folg**en

ergänzen ⓐ-ä
er**gänz**t
du er**gänz**t
die Er**gänz**ung
gänzlich
→ **ganz**

ergeben ⓔ
sich er**geb**en
das Er**geb**nis ❸
er**gieb**ig
→ **geb**en

* Lies dazu auch die Geschichte S. 377.

❶ ***world*** [wɜːld]
*all people of the **world**;*
earth [ɜːθ]
*the astronauts returned to **earth***

❷ ***event*** [ɪ'vent]

❸ ***result*** [rɪ'zʌlt]

sich **erholen** (o)
→ **hol**en
die Er**hol**ung
er**hol**sam

(sich) **erinnern** (i)
er**inner**t
du er**inner**st dich
die Er**inner**ung ①

sich **erkälten** (ä▸a) ②
er**kält**et
du er**kält**est dich
die Er**kält**ung
→ **kalt**

erkennen (ẹ)
→ **kenn**en
→ die Aner**kenn**ung
die Er**kenn**tnis
er**kenn**bar

erklären* (ä▸a)
er**klär**t
du er**klär**st

die Er**klär**ung ③
er**klär**lich
→ **klar**

die **Erlaubnis** (!)
er**laub**en
er**laub**t
→ der Ur**laub** ④

das **Erlebnis** (!)
die Er**leb**nisse
er**leb**en
→ **leb**en
er**leb**nisreich

die **Erledigung** (ẹ)
die Er**led**igungen
er**led**igen
er**led**igt
→ **led**ig

sich **ernähren** (ä▸a)
→ **nähr**en
die Er**nähr**ung
die **Nahr**ung ⑤

der **Ernst** (ẹ)
im **Ernst**
wieder **ernst** werden

* Lies dazu auch die Geschichte S. 377.

① ***memory*** ['meməri]
② *catch a* ***cold*** [kəʊld]
③ ***explaination*** [ˌelsplə'neɪʃən]
④ ***holiday*** ['hɒlɪdeɪ]
⑤ ***food*** [fuːd]; *fast* ***food***

es wurde **Ernst** (aus dem Spiel)
ernst nehmen
ernsthaft
ernstlich

ernten (ẹ) (1)
ge**ernt**et
du **ernt**est
die **Ernt**e
das **Ernt**edankfest (2)

erobern
erobert
du **erober**st
etwas **erober**n
die **Erober**ung

die Er**press**ung (ẹ)
die Er**press**ungen
der Er**press**er
er**press**en
er**press**erisch

erschrecken (ẹ)
er**schrak**
er**schrock**en
du er**schrick**st
er**schreck**end
→ **schreck**lich

erst (ẹ)
erst recht
er ist **erst** ein Jahr alt

erste (ẹ)
erstens
die **erst**en beiden
die **erste** Hilfe (3)
das **erste** Mal (4)
der **Erste** des Monats
als **Erste** im Ziel
als **Erst**es tun

erstaunen (au)
er**staun**t
du er**staun**st
das Er**staun**en
er**staun**lich
→ **staun**en

erwidern (i̱)
er**wider**t
du er**wider**st
die Er**wider**ung
→ **wider** *(gegen)*

(1) ***harvest*** ['hɑːvɪst]
(2) ***Thanksgiving*** ['θæŋksˌgɪvɪŋ]
(3) ***first*** *aid* [fɜːst]
(4) *the* ***first*** *time*

A B C D E F G H I J K L M N O P Q R S T U V W X Y Z

das **Erz** (ẹ)
die **Erz**e
das **Erz**bergwerk
das **Erz**gebirge
das Eisen**erz**

erzählen (ä) 1
er**zähl**t
du er**zähl**st
nacher**zähl**en
weiterer**zähl**en
der Er**zähl**er
die Er**zähl**ung 2

es (ẹ)
ich weiß **es**

essen (ẹ)
aß
geg**essen**
du **isst**
das **Essen** 3
Abendbrot **essen** 4
zu Mittag **essen** 5
zum **Essen**
Essen zum Mitnehmen 6
der **Ess**löffel
essbar

der **Essig** (!)
der Apfel**essig**
die **Essig**säure
essigsauer

der **Estrich** (ẹ)
die **Estrich**e
(Es-trich)

die **Etage**
(franz.: Stockwerk)
die **Etage**n
die **Etage**nwohnung

die **Etüde** (ü)
(franz.: Musikstück zum Üben)
die **Etüde**n

etwa (ẹ)
so **etwa**

etwas
etwas anderes/Anderes
etwas Passendes

euch
euer Haus
eure Tante

1 ***tell*** [tel]; ***tell*** *a story*
2 ***story*** ['stɔːrɪ]
3 ***food*** [fuːd]
4 *have* ***dinner*** ['dɪnə] ***"Dinner*** *for one"*
5 *have* ***lunch*** [lʌntʃ]
6 ***takeaway*** ['teɪkəˌweɪ]

der **Euro** (eu)
€/EUR
die **Euro**s
zwei **Euro**
die **Euro**card

Europa (eu)
die **Europä**er (ä-a)
in ganz **Europa** ❶
europäisch
die **Europä**ische Union (EU)

evangelisch (e)
(ev.)
das **Evangel**ium

eventuell (F)
(möglicherweise)

ewig (e)
ewiglich
die **Ewig**keit

exakt (F)
(sehr genau)
exakter
am **exakt**esten
die **Exakt**heit

das **Exil** (F)
die **Exil**e
im **Exil** leben

das **Experiment** (F) ❷
(der Versuch, die Probe)
die **Experiment**e
❸ **experiment**ieren
herum**experiment**ieren
experimentell

die **Explosion** (F)
die **Explos**ionen
explodieren
(platzen)

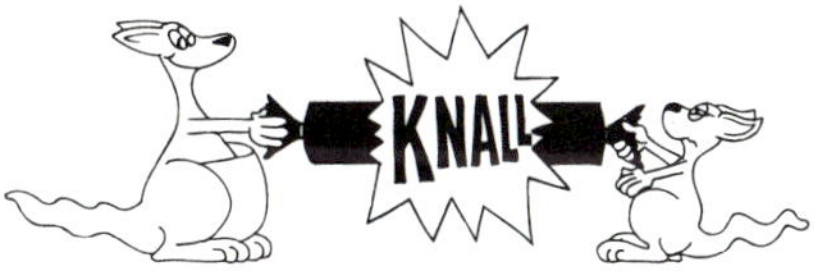

extra (F)
extrafein
die **Extra**ausgabe
die **Extra**wurst ❹

❶ ***throughout Europe***
[θruːaʊt ˈjʊərəp]

❷ ***experiment***
[ɪkˈsperɪmənt]

❸ ***experiment***

❹ ***something special***
[ˈsʌmˌθɪŋ‿ˈspeʃl]

die **Fabel** ⚠F ①
die **Fabel**n
das **Fabel**wesen
fabulieren
fabelhaft

die **Fabrik** ⚠F ②
die **Fabrik**en
das **Fabrik**at
fabrizieren
(Fa-brik)

die **Facette** ⚠F
auch: die **Fassette**
die **Facette**n
das **Facette**nauge

das **Fach** ⓐ
(Teil eines Schrankes und Arbeitsgebiet)
die **Fäch**er (ä-a)
das Schub**fach**
das Unterrichts**fach** ③
die **Fach**frau
der **Fach**unterricht
das **Fach**werkhaus
das **Fach**wort
fachkundig
fachlich
mehr**fach**

der **Faden** ⓐ
die **Fäd**en (ä-a)
ein**fäd**eln
der rote **Fad**en
der Geduldsf**ad**en
der Woll**fad**en

die **Fähig**keit ⓐ
die **Fähig**keiten
fähig
be**fähig**en

fahnden ⓐ

ge**fahnd**et
du **fahnd**est
der **Fahnd**er ④
das **Fahnd**ungsfoto
die Raster**fahnd**ung

① *the **fable** of the lion and the mouse* ['feɪbl]

② ***factory*** ['fæktrɪ]

③ ***subject*** ['sʌbdʒɪkt]; *maths, sports, ...*

④ ***detective*** [dɪ'tektɪv]

die **Fahne** ⓐ
die **Fahnen**
der **Fahnen**mast

fahren ⓐ
fuhr
ge**fahr**en
du **fähr**st (ä▸a)
los**fahr**en
↳⌴↩
Rad **fahr**en
ich **fahr**e Rad
Auto **fahr**en
→ ab**fahr**en
→ er**fahr**en
der **Fahr**er ❶
die **Fähr**e
der **Fahr**gast
ohne **Fahr**karte ❷
ist ein Schwarz**fahr**er
das **Fahr**rad ❸
der **Fahr**stuhl ❹
die **Fahr**t
die **Fähr**te
die **Fuhr**e
die Rück**fahr**t
→ die Vor**fahr**t

fair
(engl.)
fairer
am **fair**sten
un**fair**
die **Fair**ness
Fairplay

fallen ⓐ ❺
fiel
ge**fall**en
du **fäll**st
auf**fall**en
hin**fall**en
der **Fall**
die **Fäll**e (ä▸a)
das Ge**fäll**e
→ der Ab**fall**
der Un**fall**
→ der Zu**fall**

fällig
falls
für den **Fall**, dass ...

falsch ⓐ
fälschen (ä▸a)
das **Falsch**geld
⌴⌴
die **Fälsch**ung
⌴↩

❶ ***driver*** ['draɪvə]; *bus**driver***

❷ ***ticket*** ['tɪkɪt]
*one-way**ticket***

❸ ***bicycle*** ['baɪsɪkl]; ***bike*** [baɪk]

❹ ***lift*** [lɪft]; *ski **lift***

❺ ***fall*** [fɔːl]; ***fall** in love*
(sich verlieben)

A B C D E F G H I J K L M N O P Q R S T U V W X Y Z

falten ⓐ
ge**falt**et
du **falt**est
ent**falt**en
zusammen**falt**en

die **Falt**e
die **Falt**er ❶
(Schmetterling)

faltenlos
faltig

die **Familie** Ⓕ ❷
die **Famili**en
der **Famili**enname ❸
familiär

er **fand** (!)
→ **find**en

die **Fanfare** Ⓕ
(Blasinstrument)
die **Fanfar**en

fangen ⓐ ❹
fing
ge**fang**en
du **fäng**st (ä▸a)
ab**fang**en
→ an**fang**en
→ emp**fang**en
der **Fang**

der **Fäng**er
das Ge**fäng**nis
un**befang**en

die **Fantasie** Ⓕ
die **Fantasi**en
fantasieren
auch: die **Phantasie**
phantasieren
phantastisch ❺

die **Farbe** ⓐ ❻
die **Farb**en
der **Farb**stoff
der **Farb**topf
färben (ä▸a)
ge**färb**t
farbenfroh
farbig

der **Fasching** ⓐ
Fasching feiern

die **Fassade** Ⓕ
(franz.: Vorderansicht)
die **Fassad**en
fassadenhaft
die Haus**fassade**

❶ ***butterfly*** [ˈbʌtəˌflaɪ]

❷ ***family*** [ˈfæmlɪ]

❸ ***surname*** [ˈsɜːˌneɪm]; ***family name*** [ˈfæmlɪˌneɪm]

❹ ***catch*** [kætʃ]; ***catch** me, if you can* (das Kriegen-Spiel)

❺ ***fantastic*** [fænˈtæstɪk]

❻ ***colour*** [ˈkʌlə]

fassen ⓐ
ge**fass**t
du **fass**t
→ an**fass**en
→ auf**fass**en
das **Fass**
die **Fäss**er (ä▸a)
die **Fass**ung
(Selbstbeherrschung und Glühbirnenhalterung)
die **Fass**ung bewahren
fassungslos

fast ⓐ ❶
(beinahe)
fast acht Uhr
fast so groß

fasten ⓐ
ge**fast**et
du **fast**est
die **Fast**enzeit

faszinieren (F)
fasziniert
du **faszin**ierst mich oder jmdn.
faszinierend
die **Faszin**ation ❷

faul (au)
fauler
am **faul**sten
faulenzen
die **Faul**heit
die **Fäul**e (äu▸au)
die **Fäul**nis
faulig

die **Faust**
die **Fäust**e (äu▸au)
faustdick
das **Faust**recht
die **Faust**regel

der **Favorit** (F) ❸
die **Favorit**en
favorisieren
favorisiert

die **Faxen** ⓐ
(Späße)
der **Fax**enmacher

faxen (F)
ge**fax**t
du **fax**t
das **Fax**gerät ❹
die **Fax**kopie

❶ ***almost*** [ˈɔːlməʊst]
nearly [ˈnɪəlɪ]

❷ ***fascination*** [ˌfæsɪˈneɪʃn]

❸ ***favourite*** [ˈfeɪvrət]

❹ ***fax machine*** [fæks məˈʃiːn]

A B C D E F G H I J K L M N O P Q R S T U V W X Y Z

der **Februar** ⚠F ❶
(der zweite Monat des Jahres)

die **Feder** ⓔ
die **Feder**n
die **Feder**ung
federn
ge**feder**t
federleicht

das **Feedback**
(engl.: Rückmeldung; Einzahlwort)
Feedback geben

fehlen ⓔ ❷
ge**fehl**t
du **fehl**st
ver**fehl**en
der **Fehl**er ❸
fehlerfrei
fehlerlos

feiern ⓔⓘ
ge**feier**t
du **feier**st
die **Feier** ❹
feierlich

feige ⓔⓘ
die **Feig**heit
der **Feig**ling

die **Feige** ⓔⓘ
(eine tropische Frucht)
die **Feige**n
der **Feige**nbaum

die **Feile** ⓔⓘ
die **Feil**en
die Nagel**feile**
feilen

fein ⓔⓘ
feiner
am **fein**sten
ver**fein**ern
feinfühlig

der **Feind** (!)
die **Feind**e
feindlich
feindselig

das **Feld** ⓔ
die **Feld**er
die **Feld**arbeit
das Fußball**feld**

❶ ***February*** ['februərɪ]

❷ ***miss*** [mɪs]; *I miss you so.*
(Ich vermisse dich so sehr.)

❸ ***mistake*** [mɪ'steɪk]

❹ ***party*** ['pɑːtɪ];
the birthday ***party***

die **Felge** ⓔ
(Teil am Fahrradreifen und Turnübung)
die **Felge**n
die **Felge**nbremse

das **Fell** ⓔ
die **Fell**e
die **Fell**mütze

der **Fels**en ⓔ 1
oder: der **Fels**
die **Fels**en
felsenfest
felsig

das **Fenster** ⓔ 2
die **Fenster**
fensterlos

die **Ferien** 3
(Mehrzahlwort)
das **Ferien**lager

fern ⓔ
ferner
am **fern**sten
(sich) ent**fern**en
fernsehen 4
→ **seh**en

ferngesehen

die **Fern**e
der **Fern**sehapparat
das **Fern**sehen
im **Fern**sehen 5
der **Fern**seher
das **Fern**sehprogramm

die **Fers**e ⓔ
die **Fers**en
Fersengeld geben
(weglaufen)
die Achilles**ferse**

fertig* 6
etwas **fertig**bringen
(übers Herz bringen; eine Arbeit fertigbringen)
ab**fertig**en
an**fertig**en
das **Fertig**gericht
das **Fertig**haus
die **Fertig**keit

die **Fessel** ⓔ
ge**fessel**t
die **Fessel**n
fesseln
fesselnd *(spannend)*

1 ***cliff*** [klɪf]
2 ***window*** ['wɪndəʊ]
3 ***holidays*** ['hɒləˌdeɪs]
4 ***watch television*** [wɒtʃ 'telɪˌvɪʒn]
5 *on* ***television*** ['telɪˌvɪʒn]
6 ***ready*** ['redɪ]

Lies dazu auch die Geschichte S. 378.

das **Fest** (ẹ)
die **Fest**e
Frohes **Fest**! 1
festlich

fest (ẹ)
fester
am **fest**esten
be**fest**igen
festhalten
festlegen
festsetzen
feststellen
die **Fest**igkeit
die **Fest**ung

das **Fett** (ẹ)
die **Fett**e
das **Fett**näpfchen
ein**fett**en
fett
fettig

der **Fetz**en (ẹ)
die **Fetz**en
der Stoff**fetz**en
fetzig
zer**fetz**t

feucht (eu)
feuchter
am **feucht**esten
an**feucht**en
die **Feucht**igkeit

das **Feuer** (eu)
die **Feuer**
der **Feuer**alarm 2
die **Feuer**wehr 3
feuern
an**feuer**n
feurig

das **Fieber** (i) 4
das **Fieber**-
thermometer
fiebern
fiebrig

er **fiel** (i)
→ **fall**en

Achtung: 4 fängt mit **v** an;
viel auch.

die **Figur** (F)
die **Figur**en
figurbetont

1 ***Happy Christmas!*** ['hæpɪ 'krɪsməs]

2 ***fire alarm*** ['faɪər‿əˌlɑːm]

3 ***fire brigade*** ['faɪə‿brɪ'geɪd]

4 ***fever*** ['fiːvə]

die **Filiale** (F)
(*Zweigstelle*)
die **Filiale**n
der **Filial**leiter
die Bank**filiale**

der **Film** (F) 1
die **Film**e
der Farb**film**
die **Film**rolle
der **Film**star 2
der Öl**film**
die Ver**film**ung
filmen

der **Filter** (i)
die **Filter**
filtern
ge**filter**t
das **Filter**papier
die **Filter**tüte

der **Filz** (i)
der **Filz**pantoffel
der **Filz**schreiber
filzen
filzig
ver**filz**t

die **Finanzen** (F)
finanzieren
finanziell
finanzierbar
das **Finanz**amt
das **Finanz**geschäft

finden (i) 3
fand
ge**fund**en
du **find**est
das **finde** ich gut 4
der **Find**er
der **Find**ling
der **Fund**
findig
fündig
→ emp**find**en
→ er**find**en
→ das Be**find**en

sie **fing** (i)
→ **fang**en

der **Finger** (i)
die **Finger**
der **Finger**abdruck 5
der **Finger**hut

1 ***film*** [fɪlm]

2 ***film star*** [fɪlm stɑː]
movie star

3 ***find*** [faɪnd]

4 ***I like it*** [aɪ laɪk ɪt]

5 ***fingerprint*** [ˈfɪŋgəˌprɪnt]

finster ⓘ ❶
die **Finster**nis
im **Finster**n tappen
(ungewiss sein und in der Dunkelheit umherirren)

die **Firma** (Fa.) ⚠F ❷
die **Firm**en
die **Firm**engründung

der **Fisch** ⓘ
die **Fisch**e
der **Fisch**er
fischen
die **Fisch**erei
der **Fisch**laich
die **Fisch**stäbchen ❸

die **Fit**ness
(engl.)
das **Fit**nessstudio
fit sein ❹

fix
(fest, schnell, wendig)
der **Fix**stern

flach ⓐ
flacher
am **flach**sten

flächig (ä-a)
die **Fläch**e

die **Flagge** ⓐ ❺
die **Flagg**en
die **Flagge** hissen

die **Flamme** ⓐ
die **Flamm**en
ent**flamm**en
ent**flamm**bar
flambieren

die **Flasche** ⓐ
(Glasbehälter und Nichtskönner)
die **Flasch**en
der **Flasch**enöffner

flattern ⓐ
ge**flatter**t
du **flatter**st
das **Flatter**n
flatterhaft
flattrig

der **Fleck** ⓔ
die **Fleck**en
be**fleck**en
fleckig

❶ ***dark*** [dɑːk]

❷ ***company*** [ˈkʌmpənɪ]
firm [fɜːm]

❸ ***fishfingers*** [ˌfɪʃˈfɪŋgəs]

❹ *fit for fun* [fɪt]; ***fit*** *for life*

❺ ***flag*** [flæg];
*the british **flag***
= Union Jack

A B C D E F G H I J K L M N O P Q R S T U V W X Y Z

der **Flegel** (e)
die **Flegel**
der Dresch**flegel**
herum**flegel**n
flegelhaft

flehen (e)
ge**fleh**t
du **fleh**st
flehentlich
das **Fleh**en

das **Fleisch** (ei) ❶
die **Fleisch**erei
das Zahn**fleisch**

der **Fleiß** (ei)
fleißig

der **Flicken** (i)
die **Flick**en
flicken
ge**flick**t
du **flick**st
die **Flick**arbeit

fliegen (i) ❷
flog
ge**flog**en
du **flieg**st

die **Flieg**e ❸

der **Flug** ❹
→ der Aus**flug**
der **Flüg**el
das **Flug**zeug

fliehen (i)
floh
ge**floh**en
du **flieh**st
ent**flieh**en
die **Flieh**kraft
→ **flücht**en

die **Fliese** (i)
die **Fliese**n
fliesen
ge**flies**t
der **Flies**enleger

fließen (i)
es **floss**
ge**floss**en
es **fließ**t
→ das **Floß**
→ die **Floss**e
→ der **Fluss**
fließend
flüssig

❶ ***meat*** [miːt]; ***flesh*** [fleʃ]
❷ ***fly*** [flaɪ]
❸ ***fly; bow tie*** [ˈbəʊ‿taɪ]]
❹ ***flight*** [flaɪt]

A B C D E F G H I J K L M N O P Q R S T U V W X Y Z

flimmern (i)
es **flimmert**
flimmrig
die **Flimmerkiste**
(salopp für Fernseher)

flirten (1)
(engl.)
du **flirtest**
geflirtet
der **Flirt**

flitzen (i)
geflitzt
du **flitzt**
der **Flitzer**
der **Flitzebogen**

die **Flocke** (o)
die **Flocken** (2)
flockig
die Mais**flocken** (3)
die Schnee**flocken** (4)

er **flog** (o)
→ **fliegen**

er **floh** (o)
→ **fliehen**

es **floss** (o)
→ **fließen**

das **Floß** (o)
die **Flöße**
→ **fließen**

die **Flosse** (o)
die **Flossen**
die Schwimm**flosse** (5)
→ **fließen**

die **Flöte** (ö)
die **Flöten**
flöten
der **Flötist**

fluchen (u)
geflucht
du **fluchst**
der **Fluch**
ver**flucht**

flüchten (ü)
geflüchtet
du **flüchtest**
flüchtig
fluchtartig
die **Flucht**

(1) ***flirt*** [flɜːt]
(2) ***flakes*** [fleɪks]
(3) ***cornflakes*** ['kɔːnfleɪks]
(4) ***snowflakes*** [snəʊˌfleɪks]
(5) ***flipper*** ['flɪpə] (für Taucher)

der **Flücht**ling
der **Flucht**punkt
der **Flucht**versuch
→ **flieh**en

der **Flügel** (ü)
die **Flüg**el
der **Flüg**elschlag
der Konzert**flüg**el
das Ge**flüg**el
→ **flieg**en

das **Flugzeug** 1
die **Flug**zeuge
der **Flug**
der **Flug**gast 2
der **Flug**platz 3
der **Flug**schein
→ **flieg**en

flunkern (u)
du **flunk**erst
ge**flunk**ert
die **Flunk**erei

der **Flur** (u)
die **Flur**e
der Haus**flur**

der **Fluss** (u) 4
die **Flüss**e
der **Fluss**arm
das **Fluss**bett 5
der Ein**fluss**
der Über**fluss**
flüssig
fließend
→ **fließ**en

flüstern (ü)
ge**flüster**t
du **flüster**st
zu**flüster**n
das Ge**flüster**
(flüs-tern)

die **Flut** (u)
die **Flut**en
über**flut**en
die **Flut**katastrophe
Ebbe und **Flut** 6

der **Föhn** (ö)
(warmer Wind und Haartrockner)
föhnen
es **föhn**t
sie **föhn**t die Haare

1 ***plane*** [pleɪn]
aircraft [ˈeəˌkrɑːft]

2 ***passenger*** [ˈpæsɪndʒə]

3 ***airport*** [ˈeəˌpɔːt]

4 ***river*** [ˈrɪvə]

5 ***riverbed*** [ˈrɪvəˌbed]

6 *low tide and* ***high tide*** [haɪ taɪd]

folgen (1)
gefolgt
du folgst
verfolgen
die Folge
die Folgerung
→ der Erfolg
folglich

die **Folie**
die Folien
die Plastikfolie

fordern
gefordert
du forderst
herausfordern
die Forderung
fordernd
erforderlich

fördern
gefördert
du förderst
förderlich
der Förderunterricht
→ die Beförderung *(beruflicher Aufstieg und Transport)*
die Erdölförderung

die **Form**
die Formen
gut in Form sein (2)
die Förmlichkeit
formen
förmlich

das **Formular**
die Formulare
formulieren

die **Forschung**
die Forschungen
der Forscher
forschen
erforschen

der **Forst** (3)
die Forste
aufforsten
der Förster

fort
fortgehen
er geht fort
weit fort (4)
er ist fortgegangen
die Fortbildung
die Fortsetzung

(1) ***follow*** ['fɒləʊ]
(2) *be in good **form*** [fɔːm]
(3) ***forest*** ['fɒrɪst]
(4) ***far away*** [fɑː ə'weɪ]

fotografieren
fotografiert
du **foto**grafierst
das **Foto**
auch: das **Photo**
fotogen
(gut zu fotografieren)

das **Foul**
(engl.: der Verstoß)
die **Foul**s
foulen
ge**foul**t
der **Foul**elfmeter
das **Foul**spiel

fragen (a)
ge**frag**t
du **frag**st
jmdn. etwas **frag**en ❶
die **Frag**e
das **Frag**ezeichen
fragwürdig

die **Fraktion** (F)
(Parteivertretung im Parlament)
die **Fraktion**en
fraktionslos

es **fraß** (a)
→ **fressen**

die **Fratze** (ạ)
die **Fratz**en
fratzenhaft

die **Frau** ❷
die **Frau**en ❸
der **Frau**enschuh
(auch: Orchideenart)
fraulich

frech (ẹ)
frecher
am **frech**sten
der **Frech**dachs
die **Frech**heit

die **Fregatte** (F)
(ein Segelschiff)
die **Fregatt**en
das **Fregatt**ensegel

frei (ei) ❹
be**frei**en
die **Frei**heit
die Rede**frei**heit
be**frei**end
freiwillig
zoll**frei** ❺

---

❶ ***ask*** *someone a question* [ɑːsk]

❷ ***woman*** ['wʊmən]

❸ ***women*** ['wɪmɪn]

❹ ***free*** [friː]

❺ ***duty-free*** [ˌdjuːtɪ'friː]

am **Frei**tag (ei) 1
die **Frei**tage
freitags

fremd (e̩) 2
fremder
am **fremd**esten
fremdartig
be**fremd**en
be**fremd**lich
ver**fremd**en
der/die **Fremd**e
das **Fremd**wort

fressen (e̩)
fraß
ge**fress**en
es **friss**t
das **Fress**en
der **Fraß**
ge**fräß**ig (ä▸a)

sich **freu**en (eu)
ge**freu**t
du **freu**st dich
die **Freu**de
der **Freu**densprung
er**freu**lich
freudig

der **Freund** (eu) 3
die **Freund**e
die **Freund**in 4
die **Freund**lichkeit
die **Freund**schaft
an**freund**en
be**freund**et sein
freundlich

der **Friede** (i̩) 5
auch: der **Fried**en
die **Fried**enstaube

be**fried**en
be**fried**igen
friedlich
→ zu**fried**en

frieren (i̩)
fror
ge**fror**en
du **frier**st
er**frier**en
→ der **Frost**

die **Frikadelle**
(franz.: gebratenes Hackfleischklößchen)
die **Frikadell**en

1 ***on Friday*** ['fraɪdɪ]

2 ***strange*** [streɪndʒ]
foreign ['fɒrɪn]

3 ***friend*** [frend]
boyfriend ['bɔɪˌfrend]

4 ***girlfriend*** ['gɜːlfrend]

5 ***peace*** [piːs]

frisch ⓘ
frischer
am **frisch**esten
er**frisch**en
die **Frisch**e

der **Friseur** Ⓕ
die **Fris**eure
die **Fris**euse
auch: der **Fris**ör
die **Fris**öre
die **Fris**örin
die **Fris**ur
frisieren

es **frisst** ⓘ
→ **fress**en

die **Frist**
(bestimmter Zeitraum)
die **Frist**en
fristlos

froh ❶
froher
am **froh**sten
❷ **Froh**e Weihnacht!
fröhlich
die **Fröh**lichkeit

die **Front**
die **Front**en
frontal
der **Front**alangriff
der **Front**antrieb
die Häuser**front**
Schlechtwetter**front**

sie **fror**
→ **frier**en

der **Frost**
die **Fröst**e
das **Frost**schutzmittel
die Nacht**fröst**e
frösteln
frostig
→ **frier**en
(frös-teln)

die **Frucht** ❸
die **Frücht**e
das **Frucht**fleisch
der **Frucht**saft ❹
be**frucht**en
fruchtbar
fruchtig

❶ ***glad*** [glæd]

❷ ***Happy Christmas!*** ['hæpɪ 'krɪsməs]

❸ ***fruit*** [fruːt]

❹ ***fruit juice*** ['fruːt‿dʒuːs]

früh
früher
Montag **früh**
am **früh**esten
von **früh** bis spät ❶
der **Früh**aufsteher
der **Früh**ling ❷
das **Früh**stück* ❸
die **Früh**stückspause

einfügen
einge**füg**t
du **füg**st ein
etwas an**füg**en
die Bei**füg**ung

fühlen
ge**fühl**t
du **fühl**st
sich gut **fühl**en ❹
der **Fühl**er
→ das Ge**fühl**
fühlbar
ge**fühl**voll

er **fuhr**
→ **fahr**en

die **Fuhr**en
der **Fuhr**mann
→ **fahr**en

führen
ge**führ**t
du **führ**st
ent**führ**en
der **Führ**er ❺
die **Führ**ung
führend
ver**führ**erisch

füllen
ge**füll**t
du **füll**st
aus**füll**en
die **Füll**e
der **Füll**er
die **Füll**ung

das **Fundament**
die **Fundament**e
fundamental

fünf (5) ❻
die **Fünf**

* Lies dazu auch die Geschichte S. 378.

❶ ***from morning till night*** [frɒm ˈmɔːnɪŋ tɪl naɪt]
❷ ***spring*** [sprɪŋ]
❸ ***breakfast*** [ˈbrekfəst]
❹ ***feel good*** [fiːl gʊd]
❺ ***leader*** [ˈliːdə]
❻ ***five*** [faɪv]

das **Fünf**centstück
fünfzehn
fünfzig
halb **fünf**
fünfmal
der **fünf**te Mai

der **Funk**
der **Funk**e oder
der **Funk**en
der **Funk**turm
das **Funk**zeichen
funken
funkeln

die **Funktion**
die **Funktion**en
die **Funktion**sstörung
funktionieren
funktional

für
für mich
ein **für** alle Mal
füreinander
für und wider
das **Für** und Wider
das **Für**wort
(siehe S. 355)
fürs erste

fürchten
ge**fürcht**et
du **fürcht**est
be**fürcht**en
die **Furcht**
die **Furcht**losigkeit
furchtbar
fürchterlich
furchtsam

das **Furunkel**
(das Geschwür)
die **Furunkel**

der **Fuß** 1
die **Füß**e 2
der **Fuß**ball 3
der **Fuß**ballfan
der **Fuß**gänger
die **Fuß**note 4
zu **Fuß** 5
bar**fuß** 6

das **Futter**
die **Fütter**ung
das **Futter**mittel
füttern

1. ***foot*** [fʊt]
2. ***feet*** [fiːt]
3. ***football*** [ˈfʊtˌbɔːl]
amerikanisch: *soccer*
4. ***footnote*** [ˈfʊtˌnəʊt]
5. ***on foot*** [ɒn fʊt]
6. ***barefoot*** [ˈbeəˌfʊt]

er **gab** ⓐ
→ **geb**en

die **Gabel** ⓐ ❶
die **Gabel**n
die **Gabel**ung
die Stimm**gabel**
gabeln

gähnen ⓐ
ge**gähn**t
du **gähn**st
das **Gähn**en

die **Galaxie** △F ❷
(System aus Milliarden von Fixsternen)
die **Galax**ien
galaktisch

die **Galerie** △F
die **Galerie**n
der **Galer**ist

der **Galgen** ⓐ ❸
die **Galgen**
die **Galgen**frist
der **Galgen**humor

der **Galopp** △F
galoppieren

es **galt** ⓐ
→ **gelt**en

gameboy
(engl. Computerspielzeug)

der **Ganove** ⓞ
die **Ganove**n
der **Ganove**ntrick

ganz ⓐ ❹
ganz und gar
im **Ganz**en
gänzlich
aufs **Ganz**e gehen
im Großen und **Ganz**en
→ er**gänz**en

gar ⓐ
gar kochen
garen
das Fleisch ist **gar**

---

❶ ***fork*** [fɔːk]

❷ ***galaxy*** ['gæləksɪ]
Galaxy *or* ***Milky Way***
(Milchstraße)

❸ ***gallows*** ['gæləʊz]

❹ ***whole*** [həʊl]

gar ⓐ
gar kein
gar nicht ❶
gar nichts

die **Garage** Ⓕ
die **Garagen**
das **Garagentor**
die Tief**garage**

die **Garantie** Ⓕ
die **Garantien**
garantieren
garantiert

die **Garderobe** Ⓕ
die **Garderoben**
die **Garderobiere**
(Frau an der Garderobe)

die **Gardine** Ⓕ
(der Vorhang)
die **Gardinen**
die **Gardinenstange**

der **Garten** ⓐ ❷
die **Gärten** (ä-a)
der **Gärtner**
der Kinder**garten** ❸
gärtnern

das **Gas** (!)
die **Gase**
der **Gasherd**
das **Gaspedal**

die **Gasse** ⓐ
(enge Straße)
die **Gassen**
die Sack**gasse**

der **Gast** ⓐ
die **Gäste** (ä-a)
gastfreundlich
gastlich
(Gäs-te)

der **Gaumen** (au)
die **Gaumen**
die **Gaumenfreude**

die **Gebärde** ⓐ ❹
die **Gebärden**
sich **gebärden**
die **Gebärdensprache**

das **Gebäude** (äu-au) ❺
die **Gebäude**
der **Bau**
→ **bauen**

❶ ***not at all*** [nɒt æt ɔːl]

❷ ***garden*** ['gɑːdn]

❸ ***kindergarten*** ['kɪndəˌgɑːtn]
(nursery school)

❹ ***gesture*** ['dʒestʃə]

❺ ***building*** ['bɪldɪŋ]
Empire State ***Building*** *in New York*

geben (e)
gab
ge**geb**en
du **gib**st
ab**geb**en
[└→└─┘←┘]
aus**geb**en
frei**geb**en
nach**geb**en
→ an**geb**en
→ auf**geb**en
→ er**geb**en
er **gib**t
aber: er**gieb**ig
das Er**geb**nis
die **Gab**e

das Ge**birg**e (!) 1
die Ge**birg**e
ge**birg**ig
→ der **Berg**

die **Geburt** (u)
die **Geburt**en
der **Geburt**stag 2
3 das **Geburt**stagskind
[└─┘↔└─┘↔└─┘]
gebären (ä▸a)
geboren (geb.)
gebürtig

das Ge**büsch** (ü)
im Ge**büsch**
→ der **Busch**

das Ge**dächt**nis (ä▸a)
ge**dach**t
→ **denk**en

der Ge**dank**e (a)
die Ge**dank**en
der Ge**denk**tag
ge**denk**en
ge**dank**lich
→ **denk**en

das Ge**dräng**el (ä▸a)
der An**drang**
drängeln
ge**dräng**elt
du **dräng**elst

die Ge**duld** (!)
sich ge**duld**en
dulden
ge**duld**ig

die **Gefahr** (a) 4
die **Gefahr**en
gefährden (ä▸a)
gefährlich

1 ***mountains*** ['maʊntɪns]

2 ***birthday*** ['bɜːθdeɪ]
*Happy **Birthday!***
(Alles Gute zum Geburtstag!)

3 ***birthday** boy / girl*

4 ***danger*** ['deɪndʒə]

gefallen (a)
gefiel
gefallen
du gefällst mir (ä-a)
gefällig
der Gefallen
→ fallen

das **Gefühl** (ü) 1
die Gefühle
gefühlsmäßig
gefühlvoll
→ fühlen

gegen (e)
der Gegensatz
der Gegenstand
die Gegenwart
(als Fachwort siehe S. 356)
gegenseitig
gegenüber
das Gegenteil
der Gegner
gegnerisch
→ begegnen
→ entgegen

die **Gegend** (e)
die Gegenden

das **Gehalt** (a)
die Gehälter (ä-a)
die Gehaltsstufe
die Gehaltszahlung
gehaltvoll
→ halten

geheim (ei)
streng geheim 2
insgeheim
verheimlichen
geheim halten
das Geheimnis
die Geheimtür
→ das Heim

gehen (e) 3
ging
gegangen
du gehst
wie geht es dir? 4
ausgehen
der Gang
(Bewegungsart und der Weg)
→ der Ausgang
→ der Eingang
der Gehweg
begehbar

1 ***feeling*** ['fiːlɪŋ]
2 ***top secret*** [tɒp 'siːkrɪt]
3 ***walk*** [wɔːk]; ***Walkman***
4 ***How are you?*** [haʊ ɑː juː]

A B C D E F G H I J K L M N O P Q R S T U V W X Y Z

gehören* ⓞ
→ **hör**en
hörig
ge**hör**ig
unge**hör**ig
→ der Ange**hör**ige
das Ge**hör**
der Ge**hor**sam
ge**horch**en

die **Geige** (ei)
die **Geig**en
die **Geig**enbauerin
der **Geig**envirtuose
geigen

der **Geist** (ei)
die **Geist**er
die **Geist**erbahn ❶
der **Geist**esblitz
geistig
geistvoll
be**geist**ern

der **Geiz** (ei)
der **Geiz**hals
geizen
geizig

* Lies dazu auch die Geschichte S. 379.

es **gelang** (a)
→ **geling**en

das Geländer (ä)
die Gel**änd**er
→ das **Land**

das **Gelenk** (F)
die **Gelenk**e
gelenkig
die **Gelenk**kapsel
→ **lenk**en

gelb ❷
gelblich
die **Gelbe** Karte *(Fußball)*

das **Geld** (e) ❸
die **Geld**er
der **Geld**schein
die **Geld**tasche
das Bar**geld** ❹
das Trink**geld** ❺
das Wechsel**geld** ❻
aber: unent**gelt**lich
→ **gelt**en

das **Gelee** (F)
die **Gelee**s
das Brombeer**gelee**

❶ ***ghost train*** [gəʊst treɪn]
❷ ***yellow*** ['jeləʊ]
❸ ***money*** ['mʌnɪ]
❹ ***cash*** [kæʃ]
❺ ***tip*** [tɪp]
❻ ***change*** [tʃeɪndʒ]

die **Gelegenheit** ⓔ
gelegen
gelegentlich
→ legen
→ liegen

gelingen*
gelang (!)
gelungen
es gelingt
das Gelingen
gelingend

gelten ⓔ
galt
gegolten
es gilt
die Geltung
geltend
das Entgelt (!)
entgelten
unentgeltlich
→ das Geld

gemein (ei)
gemeiner
am gemeinsten
gemeinsam
→ allgemein
die Gemeinschaft
das Gemeinschafts-
gefühl
die Gemeinde

das **Gemüse** ⓤ ❶
der Gemüsehändler
die Gemüsesuppe

gemütlich ⓤ ❷
gemütlicher
am gemütlichsten
die Gemütlichkeit
das Gemüt
→ der Mut

genau*
genauer
am genauesten
genauso
genau genommen
die Genauigkeit

der **Gendarm** ❸
(franz.: der Polizist)
die Gendarmen

die **Generation** (F) ❹
die Generationen

❶ ***vegetable*** ['vedʒtəbl]
❷ ***comfortable*** ['kʌmftəbl]
❸ ***policeman*** [pə'liːsmən]
❹ ***generation*** [ˌdʒenə'reɪʃn]

das **Genie**
die **Genie**s
genial

genießen*
genoss
genossen
du **genieß**t
der **Genuss**
genüsslich
(ge-nie-ßen)

der **Genosse**
die **Genoss**en
die **Genoss**enschaft

der **Genitiv**
(grammatikalisch: der 2. Fall; Wesfall)

er **genoss**
→ **genieß**en

* Lingt es dir, Nauigkeit zu nießen? Manche Wortstämme sind schon sehr alt. Sie haben ohne die Vorsilbe 'ge' keinen Sinn mehr. Sie sind in ihrer Bedeutung ganz eng mit der Vorsilbe verbunden. Mach doch mal die 'Sinnprobe' mit den 'ge'-Wörtern, die du hier findest.

genug
genügen
genügend
zur **Genüg**e

die **Geographie**
(die Erdkunde)
auch: die **Geograf**ie
geographisch

das **Gepäck*** (ä▸a) 1
der Ge**päck**träger
→ **pack**en

gerade (a) 2
geradeaus
für etwas **gerad**estehen
die **Gerad**e

das **Gerät** (ä)
die **Gerät**e
das Garten**gerät**

geraten
geriet
es ist gut **gerat**en
(gelungen)
in Gefahr **gerat**en

* Lies dazu auch die Geschichte S. 379.

1 ***luggage*** ['lʌgɪdʒ]

2 ***straight*** [streɪt]

das **Geräusch** (äu▸au)
die Ge**räusch**e
→ **rausch**en

gerecht (ẹ) 1
ge**recht**er
am ge**recht**esten
die Ge**recht**igkeit 2
[↳—↩↩]
→ das **Recht**
→ **richt**ig

das **Gericht** (i) *(Speise und Institution)*
die Ge**richt**e
das Linsenge**richt**
das Leibge**richt**
das Amtsge**richt**
[—↔↳—]
→ **richt**en

gern
lieber
am **lieb**sten
allzu **gern**
gernhaben

gesamt (d)
sämtliche (ä▸a)
insge**samt**

die Ge**samt**schule
→ **samme**ln

das **Geschäft** (ä▸a)
die Ge**schäft**e
ge**schäft**ig
ge**schäft**lich
→ be**schäft**igen
→ **schaff**en

geschehen (e)
es **geschah**
es ist **gescheh**en
es **geschieh**t
das **Gescheh**en
→ die **Geschicht**e

gescheit (ei) 3
gescheiter
am **gescheit**esten

das **Geschenk** (ẹ) 4
die Ge**schenk**e
[↳—↩]
→ **schenk**en

die **Geschichte** (i) 5
die **Geschicht**en
geschichtlich
→ **gescheh**en

1 ***fair*** [feə]; ***just*** [dʒʌst]

2 ***justice*** ['dʒʌstɪs]

3 ***clever*** ['klevə]

4 ***gift*** [gɪft]
present ['preznt]

5 ***history*** ['hɪstrɪ]
story ['stɔːrɪ]

es **geschieht** ⓘ
→ **gesche**h**en**

das **Geschirr** ⓘ
der **Geschirr**spüler

der **Geschmack** ⓐ
ge**schmack**voll
→ **schmeck**en

das **Geschöpf** ⓞ
die Ge**schöpf**e
der **Schöpf**er
→ **schöpf**en

das **Geschwätz** (ä▸a)
der **Schwätz**er
schwatzen
ge**schwätz**ig
[↳—↲]

geschwind ⓘ
ge**schwind**er
am ge**schwind**esten
die Ge**schwind**igkeit ❶
→ ver**schwind**en
schwinden

die **Geschwister** ⓘ ❷
→ die **Schwester**

die **Gesellschaft** (F)
die **Gesell**schaften
der **Geselle**
gesellig
gesellschaftlich

das **Gesetz** ⓔ
die Ge**setz**e
ge**setz**lich
→ **setz**en

das **Gesicht** ⓘ ❸
die Ge**sicht**er
die Ein**sicht**
die Vor**sicht**
ange**sicht**s
[↳↳—↲]
zuver**sicht**lich
gute → **Sicht**
→ **seh**en

das **Gespenst** (!)
die **Gespenst**er
die **Gespenst**er-
geschichte ❹
gespenstisch

das **Gespräch** (ä▸a) ❺
die Ge**spräch**e
→ **sprech**en

❶ ***speed*** [spiːd]

❷ ***brother(s) and sister(s)***
['brʌðəs ænd 'sɪstəs]

❸ ***face*** [feɪs]
face *to* ***face*** (Auge in Auge)

❹ ***ghost*** *story* [gəʊst]

❺ ***talk*** [tɔːk]; ***talk*** *show;*
small ***talk***

die **Gestalt** (a)
die **Gestalten**
die **Gestaltung**
etwas **gestalten**

das **Geständnis** (ä▸a)
die **Geständnisse**
gestehen
er hat **gestanden**
geständig
→ **stehen**

gestern (e) 1
vor**gestern**
gestern Abend
der **gestrige** Abend
(ges-tern)

gesund* (!)
gesünder
am **gesündesten**
gesunden
die **Gesundheit**
gesundheitlich

das **Getreide*** (ei)
das **Getreidefeld**
die **Getreidemühle**
der **Getreidespeicher**

die **Gewalt** (a)
die **Gewalten**
gewaltig

er **gewann** (a)
→ **gewinnen**

das **Gewicht** (i) 2
die **Gewichte**
das **Gewichtheben** 3
gewichten
gewichtig
→ **wichtig**
→ **wiegen**
→ die **Waage**

gewinnen (i) 4
gewann
gewonnen
du **gewinnst**
der **Gewinn**
der **Gewinner** 5

* Ist Treide unsund?
Manche Wortstämme sind schon sehr alt. Sie haben ohne die Vorsilbe 'ge' keinen Sinn mehr. Sie sind in ihrer Bedeutung ganz eng mit der Vorsilbe verbunden. Mach doch mal die 'Sinnprobe' mit den 'ge'-Wörtern, die du hier findest.

1 ***yesterday*** ['jestədɪ]
yesterday *was today tomorrow*

2 ***weight*** [weɪt]

3 ***weightlifting*** ['weɪtˌlɪftɪŋ]

4 ***win*** [wɪn]

5 ***winner*** ['wɪnə]

das **Gewissen** ⓘ
die Ge**wiss**heit
ge**wiss**enhaft
ge**wiss**
→ **wiss**en

das **Gewitter** ⓘ ❶
die Ge**witter**
die **Witter**ung
→ das **Wetter**

die **Gewohn**heit ⓞ
die **Gewohn**heiten
gewöhnen
gewöhnlich

das **Gewürz** ⓤ ❷
die Ge**würz**e
die Ge**würz**mischung
die **Würz**e
würzen
ge**würz**t
→ die **Wurz**el

das **Ghetto**
(ital.: abgegrenzter Stadtteil)
auch: das **Getto**
die **Ghetto**s
die **Ghetto**isierung

du **gib**st ⓘ
→ **geb**en

gierig ⓘ
gieriger
am **gier**igsten
die **Gier**
die Neu**gier**
die Neu**gier**de

gießen ⓘ
goss
ge**goss**en
du **gieß**t
ein**gieß**en
die **Gieß**erei
die **Gieß**kanne
das Blei**gieß**en
die **Goss**e
der **Guss**
der Aus**guss**

das **Gift** ⓘ ❸
die **Gift**e
ver**gift**en
giftig
die Ver**gift**ung

❶ ***thunderstorm*** [ˈθʌndəˌstɔːm]

❷ ***spice*** [spaɪs]

❸ ***poison*** [ˈpɔɪzn]
gift = das Geschenk!

der **Gigant**
die **Giganten**
gigantisch

es **gilt**
→ **gelten**

sie **ging**
→ **gehen**

der **Gipfel**
die **Gipfel**
gipfeln

die **Girlande**
die **Girlanden**

die **Gitarre**
die **Gitarren**
Gitarre spielen 1
die **Gitarristin**
die E-**Gitarre**
die Konzert**gitarre**

das **Gitter**
die **Gitter**
ver**gittern**
ver**gittert**
die **Gitter**stäbe

glänzen (ä-a)
ge**glänzt**
du **glänzt**
der **Glanz**
glänzend

das **Glas** 2
die **Gläser** (ä-a)
gläsern
glasig

glatt
glatter
am **glattesten**
glätten (ä-a)
die **Glätte**
das **Glatteis**

die **Glatze**
die **Glatzen**
der **Glatzkopf**
glatzköpfig

glauben (au)
ge**glaubt**
du **glaubst**
der **Glaube**
der Aber**glaube**
gläubig (äu-au)

1 *play the **guitar*** [gɪtaː]

2 ***glass*** [glaːs];
*two **glasses** of milk*
glasses (Brille); *my **glasses** are broken* (meine Brille ist kaputt)

gleich (ei)
gleichen
gleichzeitig

die **Gleich**ung
→ ver**gleich**en

das **Gleis**
oder: das **Geleis** (!)
die **Gleis**e
ent**gleis**en

gleiten (ei)
glitt
ge**glitt**en
du **gleit**est

das **Glied** (!)
die **Glied**er
die **Glied**erung

gliedern

er **glitt** (i)
→ **gleit**en

der **Globus** (o)
(die Erdkugel)
die **Glob**usse
auch: die **Glob**en

die **Glocke** (o)
die **Glock**en
die **Glock**enblume
der **Glöck**ner

das **Glück** (ü)
Glück haben 1
der **Glück**sbringer
das **Glück**skind 2

das Un**glück**
glücken
be**glück**en
verun**glück**en
glücklich 3
(glück-lich)

glühen (ü)
ge**glüh**t
es **glüh**t
die **Glut**

das **Gold** (o) 4
ver**gold**en
golden
goldig

1 ***be lucky*** ['lʌkɪ]

2 ***darling of fortune*** ['dɑːlɪŋ ɒv 'fɔːtʃən]

3 ***happy*** ['hæpɪ]
Happy *New Year!*

4 ***gold*** [gəʊld]; ***gold*** *medal*

Golf (o)
Golf spielen
golfen

der **Gong** (o)
die **Gong**s
der **Gong**schlag
gongen

gönnen (ö)
ge**gönnt**
du **gönn**st
der **Gönn**er

er **goss** (o)
→ **gieß**en

der **Gott** (o)
die **Gött**er
die **Gött**erspeise
göttlich

graben (a)
grub
ge**grab**en
du **gräb**st (ä▸a)
aus**grab**en
→ um**grab**en
das **Grab**

der **Grab**en
die Aus**grab**ung
→ die **Grub**e

der **Grad** (a)
(hitzefrei bei 27 °, ein Winkel von 75 °)
die **Grad**e

das **Gramm** (g) (a)
1.000 **g** sind ein
→ Kilo**gramm**

die **Grammatik** (F)
(die Sprachlehre)
die **grammatisch**e Form

das **Gras** (a)
die **Gräs**er (ä▸a)
grasen

gratulieren (F)
(jmdm. Glück wünschen)
gratuliert
du **gratul**ierst
die **Gratul**ation ①

grau (au) ②
die **grau**e Wand

① ***congratulations*** [kənˌgrætʃʊˈleɪʃnz]

② ***grey*** [greɪ]

greifen (ei)
griff
ge**griff**en
du **greif**st
→ be**greif**en
der **Griff**
griffig

die **Grenze** (ẹ)
die **Grenz**en
der **Grenz**zaun
be**grenz**en

er **griff** (!)
→ **greif**en

groß (o̲) ❶
größer
am **größ**ten
die **Größ**e
Großbritannien ❷
die **Groß**en und die Kleinen
Groß und Klein
die **Groß**eltern
die **Groß**mutter ❸
der **Groß**vater ❹
Namen **groß**schreiben
nicht so **groß** schreiben
ver**größ**ern

sie **grub** (u̲)
→ **grab**en

die **Grube** (u̲)
die **Grub**en
→ **grab**en

grün (ü̲) ❺
grünen
(z.B.: der Baum grünt)
die **Grün**en
(Partei)

der **Grund** (ụ)
die **Gründ**e
gründen
be**gründ**en
gründlich
grundsätzlich

die **Gruppe** (ụ)
die **Grupp**en
die **Grupp**enarbeit
gruppieren

❶ ***big*** [bɪg]; ***great*** [greɪt]

❷ ***Great Britain*** [ˌgreɪtˈbrɪtn]

❸ ***grandmother*** [ˈgrænˌmʌðə]
granny [ˈgrænɪ] (Oma)

❹ ***grandfather*** [ˈgrænˌfɑːðə]
grandpa [ˈgrænˌpɑː] (Opa)

❺ ***green*** [griːn]

grüßen ⓤ
ge**grüß**t
du **grüß**t
be**grüß**en
die Be**grüß**ung
[↳⎵↵]
der **Gruß**
die **Grüß**e
Grüß dich! ❶

gucken ⓤ
auch: → **kuck**en
ge**guck**t
Was **guck**st du so?
ab**guck**en
der Aus**guck**
das **Guck**loch

der **Gugelhupf** ⓤ
(Kuchen)

das/der **Gulasch** ⓤ
die **Gulasch**suppe

der/das **Gummi** ⓤ
die **Gummi**s
der/das Kau**gummi**
der Radier**gummi**
[⎵⎵]
das **Gummi**band

die **Gunst** ⓤ
be**günst**igen
[↳⎵↵↵]
günstig
→ **gönn**en

die **Gurgel** ⓤ
die **Gurgel**n
gurgeln
[⎵↵]

die **Gurke** ⓤ
die **Gurk**en
der **Gurk**ensalat

gut ⓤ ❷
besser
am **besten**
das **Gut**
Alles **Gut**e!
Guten Morgen! ❸
die **Güt**e
gütig
gut aussehend

das **Gymnasium** Ⓐ ❹
die **Gymnasi**en
der **Gymnasi**ast
aufs **Gymnasi**um gehen

❶ ***hello!*** [hə'ləʊ]; ***hi!*** [haɪ]
❷ ***good*** [gʊd]
❸ ***Good** morning!*
❹ ***grammar school*** ['græməˌskuːl] *(am.: high school)* (gymnasium = Turnhalle)

das **Haar** ⓐ ❶
die **Haar**e
sie hat blondes **Haar** ❷
das **Här**chen (ä▸a)
haaren
be**haar**t
haarig

haben ⓐ
hatte
ge**hab**t
du **hast**
sie **hätt**e (ä▸a)
habgierig
das **Hab** und Gut
das Gut**hab**en

der **Hafen** ⓐ ❸
die **Häfen** (ä▸a)
die **Hafen**stadt
der Flug**hafen** ❹

die **Haft** ⓐ
der **Häft**ling (ä▸a)
die **Haft**ung
haften
haftbar

der **Hahn**
die **Hähn**e (ä▸a)
der Wasser**hahn**
ein halbes **Hähn**chen ❺

der **Hak**en ⓐ
die **Hak**en
das **Häk**chen (ä▸a)
der Angel**hak**en
ab**hak**en
häkeln
fest**hak**en

halb ⓐ
halbieren
ein **halb**es Hähnchen ❺
die **Halb**zeit (!)
→ die **Hälf**te (ä▸a)

er **half** ⓐ
→ **helf**en

❶ ***hair*** [heə]

❷ *she has got blonde **hair***

❸ ***harbour*** [ˈhɑːbə]
port [pɔːt]

❹ ***airport*** [ˈeəˌpɔːt]

❺ ***half a chicken*** [hɑːf ə ˈtʃɪkɪn]

die **Hälfte** (ä-a)
die beiden **Hälft**en
→ **halb**

die **Halle** (a)
die **Hall**en
die Turn**halle**
das **Hall**enturnier

hallen
ge**hall**t
der **Hall**

Halloween 1
(der Abend vor Allerheiligen)

das **Halogenlicht** (e)

der **Hals** (a) 2
die **Häls**e (ä-a)
die **Hals**kette

halten (a)
hielt
ge**halt**en
du **hält**st (ä-a)
ent**halt**en
bein**halt**en
→ be**halt**en

der **Halt**
die **Halt**ung
die Tier**halt**ung
die **Halt**estelle
der In**halt**
die Unter**halt**ung

der **Halunke** (u)
die **Halunk**en

der **Hammer** (a)
die **Hämmer** (ä-a)
hämmern

die **Hand** (a) 3
die **Händ**e (ä-a)
der **Hand**el
der **Händ**ler
die **Hand**lung
→ die Be**hand**lung
das **Hand**tuch (!)
handlich 4
handgreiflich
handeln
ver**hand**eln

das **Handy**
(deutsches Wort; auf Englisch heißt handy· geschickt, handlich)
die **Handy**s

1 *"All **Hallows'** Even"*
(October 31)

2 ***neck*** [nek]
*be **neck** and **neck***
(bei Rennen: Kopf an Kopf liegen)

3 ***hand*** [hænd];

4 ***handy*** ['hændɪ]

A B C D E F G **H** I J K L M N O P Q R S T U V W X Y Z

hängen (ä‣a)
hing
ge**hang**en
es **häng**t
auf**häng**en
er **häng**te etwas auf
aufge**häng**t
der **Hang**
der An**häng**er
(Schmuck und Autoanhänger)
→ der Vor**hang**

harmlos (a) ❶
harmloser
am **harmlos**esten
ver**harmlos**en
[↳⎵↵]

hart (a)
härter (ä‣a)
am **härt**esten
(er)**härt**en
die Ab**härt**ung
[↳⎵↵]
die **Härt**e

du **hast** (a)
er **hat**
er **hatt**e
→ **hab**en

die **Hast** (a)
hasten
hastig

hauchen (au)
ge**haucht**
du **hauch**st
der **Hauch**
der Luft**hauch**

hauen (au)
ge**hau**en
du **hau**st

der **Haufen** (au)
die **Haufen**
an**häuf**en (äu‣au)
häufig

das **Haupt** (au)
die **Häupt**er (äu‣au)
der **Haupt**bahnhof ❷
die **Haupt**straße ❸
der **Häupt**ling
die **Haupt**stadt ❹
→ be**haupt**en

das **Haus** (!)
die **Häus**er (äu‣au)
die **Haus**aufgabe ❺

❶ ***harmless*** ['hɑːmləs]

❷ ***main station*** [meɪn‿'steɪʃn]

❸ ***mainstreet*** ['meɪnˌstriːt]

❹ ***capital*** ['kæpɪtl]

❺ ***homework*** ['həʊmˌwɜːk]

nach **Hause**
zu **Haus**e sein
aber: das Zu**hause**
häuslich

die **Haut**
die **Häut**e (äu›au)
häuten
hautnah

heben (ẹ)
hob
ge**hob**en
du **heb**st
hoch**heb**en
hochge**hob**en
der **Heb**el
der Wagen**heb**er
der **Hub**schrauber ❶
er**heb**end

die **Heck**e (ẹ)
die **Heck**en

das **Heft*** (ẹ) ❷
die **Heft**e
heften

heftig (ẹ)
heftiger
am **heft**igsten
die **Heft**igkeit

heil (ei)
heilig
heilen
ge**heil**t
der **Heil**igabend
die **Heil**ung

das **Heim** (ei)
die **Heim**e
die **Heim**at
heimfahren
heimkommen
heimzahlen
heimisch
da**heim**
heimlich
→ ge**heim**

heiraten (ei) ❸
ge**heirat**et
du **heirat**est
ver**heirat**et
die **Heirat**

* Lies dazu auch die Geschichte S. 380.

❶ ***helicopter*** ['helɪˌkɒptə]

❷ ***exercise book*** ['eksəsaɪz bʊk]

❸ ***marry*** ['mærɪ] *or get* ***married****;* *just* ***married***

heiser (ei)
heiserer
am **heiser**sten
die **Heiser**keit

heiß (ei)
heißer
am **heiß**esten
ein **heiß**er Tipp ❶

heißen (ei)
hieß
ge**heiß**en
du **heiß**t

heiter (ei)
heiterer
am **heiter**sten
die **Heiter**keit
auf**heiter**n
er**heiter**n

heizen (ei)
ge**heiz**t
du **heiz**t
der **Heiz**er

die **Heiz**ung
heizbar

die **Hektik** (F)
hektisch

der **Held** (!) ❷
die **Held**en
heldenhaft

helfen (e)
half
ge**holf**en
du **hilf**st
→ die **Hilf**e

der **Helikopter** (F)
(der Hubschrauber)
die **Helikopter**

hell (e)
heller
am **hell**sten
hellblau
er**hell**en
die **Hell**igkeit

das **Hemd** (!) ❸
die **Hemd**en

❶ *a **hot** tip* [hɒt]
❷ ***hero*** ['hɪərəʊ]
❸ ***shirt*** [ʃɜːt]
*T-**shirt**, sweat**shirt***

das Nacht**hemd**
hemdsärmelig

hemmen ⓔ
ge**hemm**t
du **hemm**st
das **Hemm**nis
die **Hemm**ung
└┘←┘
hemmungslos

her ⓔ
herab
heran
herauf
heraus
herein
herüber
herum
herunter
herkommen
└┘└┘←┘
herauskommen
(he-raus)

die **Herberge** ⓔ
die **Herberg**en
die Jugend**herberg**e
be**herberg**en
be**herberg**t

der **Herbst** (!) ❶
die **Herbst**blumen
└┘└┘←┘
herbstlich

der **Herd** (!)
die **Herd**e
der Elektro**herd**

die **Herde** ⓔ
die **Herd**en
die Schaf**herde**

der **Herr** ⓔ ❷
die **Herr**en
die **Herr**enbekleidung
die **Herr**lichkeit
die **Herr**schaft
herrlich*
herrschaftlich
└┘←┘←┘
herrsch**en**
→ be**herrsch**en

die **Herstellung** ⓔ
der Her**stell**er
her**stell**en
wiederher**stell**en
→ **stell**en

* Lies dazu auch die Geschichte S. 375.

❶ ***autumn*** [ˈɔːtəm]

❷ ***Mr.*** *X* [ˈmɪstə]
*dear **Mr.** X* (Briefanrede)

das **Herz** ⓔ ❶
die **Herz**en
der/die **Herz**allerliebste
herzhaft
herzlich

herzliche Grüße
be**herz**t

hetzen ⓔ
ge**hetz**t
du **hetz**t
die **Hetz**e

das **Heu**
(getrocknetes Gras)
die **Heu**schrecke

heucheln
ge**heuchel**t
du **heuchel**st
die **Heuchel**ei
heuchlerisch

heulen
ge**heul**t
er **heul**t
das **Heul**en
der **Heul**er
(junger Seehund)
heulend

heute ❷
heute Abend
heute früh
der **heut**ige Tag
heutzutage

die **Hex**e ⓔ ❸
die **Hex**en
hexen
ver**hex**en
ver**hex**t

sie **hielt** ⓘ
→ **halt**en

hier ⓘ
hierher
hiermit
hierbleiben, aber:
hier bleiben

die **Hieroglyph**en ⚠F
(Schriftzeichen, z. B. ägyptische, s. S. 374)

er **hieß** ⓘ
→ **heiß**en

die **Hilf**e ⓘ ❹
die **Hilf**en
die Erste **Hilf**e ❺

❶ ***heart*** [hɑːt]; *sweet**heart*** (Anrede: Schatz)

❷ ***today*** [təˈdeɪ]

❸ ***witch*** [wɪtʃ]

❹ ***help*** [help]

❺ ***first aid*** [fɜːst eɪd]

hilfreich
hilfsbereit
→ helfen

du hilfst
→ helfen

der Himmel ⓘ ❶
die Himmel
anhimmeln
himmelblau
himmlisch
[␣↵]

hin ⓘ
hinab
hinauf
hinaus
hinein
hinüber
hinunter
hinfallen
hinausgehen
hin und her laufen

das Hindernis ⓘ
[␣↵]
die Hindernisse
hinderlich
→ verhindern

hinfallen ⓐ
→ fallen

es hing ⓘ
→ hängen

hinten ⓘ
hinter
hinterher
hintereinander
hinterherlaufen
der Hintern

das Hirn ⓘ ❷
die Hirne
das Gehirn

der Hirte ⓘ
die Hirten

der Hit ❸
(engl.)
die Hits
die Hitparade (Charts)
in der Hitparade ❹

die Hitze ⓘ
die Hitzewelle
hitzefrei
hitzig

❶ ***sky*** [skaɪ]
***sky**scraper* (Wolkenkratzer)
heaven ['hevn]
*thank **heaven*** (Gott sei Dank)

❷ ***brain*** [breɪn]; ***brain**storm*

❸ ***hit*** [hɪt]
(Schlager, Treffer, Knüller)

❹ *in the **charts*** [tʃɑːts]

sie **hob**
→ **heb**en

das **Hobby** 1
(engl.)
die **Hobby**s

hoch 2
höher
am **höch**sten
hohe Töne
höchstens
er**höh**en
→ die **Höh**e
der **Hoch**sprung
die **Hoch**zeit
(früher: die Hochzeit)
die **Hoch**zeiten

hocken
ge**hock**t
du **hock**st
die **Hock**e
der **Hock**er
(ho-cken)
der Nest**hock**er

der **Hoden**
die **Hoden**

der **Hof** 3
die **Höf**e
→ **höf**lich

hoffen
ge**hoff**t
du **hoff**st
die **Hoff**nung 4
hoffentlich
unver**hoff**t

höflich
höflicher
am **höf**lichsten
die **Höf**lichkeit
→ der **Hof**

die **Höhe**
die **Höh**en
das **Hoch**
→ **hoch**

hohl
aus**höhl**en
die **Höhl**e
die **Höhl**ung

holen
ge**hol**t
du **hol**st

1 ***hobby*** ['hɒbɪ] (Liebhaberei, Freizeitbeschäftigung)

2 ***high*** [haɪ]
***high**lights*

3 ***farm*** [fɑːm] (Bauernhof)

4 ***hope*** [həʊp]

ab**hol**en
aus**hol**en
heraus**hol**en
→ sich er**hol**en
→ die Wieder**hol**ung

holpern
ge**holper**t
der Wagen **holper**t
holprig

das **Holz**
die **Hölz**er
ab**holz**en
hölzern
holzig

der **Honig** 1
der **Honig**kuchen
honigfarben

hören
ge**hör**t
du **hör**st
zu**hör**en
auf**hör**en
→ ge**hör**en
der **Hör**er

das Ge**hör**
hörig
uner**hör**t
horchen
ge**horch**en
der Ge**hor**sam

der **Horizont**
die **Horizont**e
horizontal

das **Horn**
die **Hörn**er
das Ein**horn**
das **Horn**konzert

die **Hose**
die **Hos**en
die **Hos**entasche

das **Hotel**
die **Hotel**s

hübsch 2
hübscher
am **hübsch**esten

der **Hub**schrauber
→ **heb**en

1 ***honey*** ['hʌnɪ]
Honey (Kosewort)

2 ***nice*** *price* [naɪs]
pretty *girl* ['prɪtɪ]
good-looking *woman*
[ˌgʊd'lʊkɪŋ]

die **Hülle** (ü)
die **Hüll**en
die Ent**hüll**ung
ver**hüll**en
unver**hüll**t

die **Hülse** (ü)
die **Hüls**en
die **Hüls**enfrüchte

der **Humor** (o)
der **Humor**ist
humorvoll
humoristisch

hundert (u)
zwei**hundert**
der **Hundert**jährige
das Jahr**hundert**

der **Hunger** (u)
Hunger haben ①
hungern
hungrig sein

die **Hupe** (u)
die **Hup**en
hupen

hüpfen (ü)
ge**hüpf**t
du **hüpf**st
der Gras**hüpf**er

husten (u)
ge**hust**et
du **hust**est
der **Hust**en

der **Hut** (u) ②
die **Hüt**e
der Schlapp**hut**
der Zucker**hut**
die **Hut**
auf der **Hut** sein
hüten ③
be**hüt**en
be**hüt**et

die **Hütte** (ü)
die **Hütt**en
die Block**hütte**

die **Hygiene** (F)
(die Gesundheits-pflege)
hygienisch
(sauber)

① *be **hungry*** ['hʌŋgrɪ]
② ***hat*** [hæt]
③ ***guard*** [gɑːd]
*body**guard***

ich ⓘ ❶
ich und du
ichbezogen

das **Ich**
die **Ich**-Form
→ **ego**istisch

die **Idee** ⚠F ❷
die **Ideen**
eine **Idee** haben
ideenreich
ideal

ihn ⓘ
ihm
er trifft **ihn**
ihm gehört das Buch

ihr ⓘ
ihrem Bruder
ihren Eltern
sie liest **ihr** Buch
Geht **ihr** nach Hause?

illegal ⚠F
(nicht erlaubt, verboten)
→ **legal**

die **Illustrierte** ⚠F
(die Zeitschrift)
die **Illustr**ation
illustrieren
illustriert

im ⓘ
(= in de**m**)
im Kreis sitzen
im Allgemeinen
im Großen und Ganzen

der **Imbiss** ⓘ ❸
(kleine Mahlzeit)
die Im**bisse**
die Im**biss**bude ❹

die **Imitation** ⚠F
die **Imitation**en
imitieren
(nachahmen)

der **Imker** ⓘ
(Bienenzüchter)
die **Imker**

❶ ***I*** [aɪ]; ***I*** *am glad;* ***I****'m sorry;* ***I*** *am what* ***I*** *am*

❷ ***idea*** [aɪ'dɪə]

❸ ***snack*** [snæk]

❹ ***snack bar*** [snæk‿bɑː]

A B C D E F G H I J K L M N O P Q R S T U V W X Y Z

immer ⓘ
immer mehr
immer wieder
immerhin

der **Immigrant** Ⓕ
(Einwanderer)
die Im**migrant**en
die Im**migrat**ion
im**migr**ieren

impfen ⓘ
ge**impft**
du **impf**st
Impfung
der **Impf**stoff
der **Impf**pass
(imp-fen)

der **Import** Ⓕ ❶
(die Einfuhr von Waren)
die Im**port**e
der Im**port**eur
im**port**ieren
der Ex**port**
(die Ausfuhr von Waren)

in ⓘ
in einer Stadt wohnen
in den Ferien
in zwei Stunden
inzwischen
ins (**in** das)
insgesamt
die **In**haberin
der **In**halt
der **In**sasse
be**in**halten

der **Indianer** Ⓕ ❷
die **Indianer** *
der **Indian**erhäuptling
der **Indio**
indianisch

die **Industrie** Ⓕ
die **Industri**en
der **Industrie**arbeiter
industrialisieren

die **Infektion** Ⓕ
(Ansteckung)
der **Infekt**
sich **infiz**ieren

der **Infinitiv** Ⓕ
(Grundform = Wir-Form des Verbs)

* Lies dazu auch die Geschichte S. 380.

❶ ***import*** [ˈɪmpɔːt]

❷ ***Native American*** [ˈneɪtɪv əˈmerɪkən]

die **Inform**ation
(die Nachricht, die Auskunft)
die **Inform**ationen
der **Inform**atiker
informieren
informativ

der **Ingenieur**
(franz.)
die **Ingenieur**e
die **Ingenieur**in

Inline-Skating 1

innen
von **innen**
nach **innen**
der **Innen**minister
innerhalb
innerlich
er**inner**n

das **Insekt**
(Gliedertier mit sechs Beinen)
die **Insekt**en

die **Insel** 2
die **Insel**n

der **Insel**bewohner

der **Instinkt**
(angeborene Verhaltensweise)
die **Instinkt**e
instinktiv

das **Instrument**
die **Instrument**e
instrumental

die **Integr**ation
die **Integr**ationen
integrieren
die **Integr**ationsklasse

intelligent
(klug)
intelligenter
am **intelligent**esten
die **Intelligenz**

das **Interesse**
die **Interess**en
das Des**interesse**

1 ***inline skating*** [ɪnlaɪn skeɪtɪŋ]

2 ***island*** ['aɪlənd]

interessieren
interessant
un**interess**ant
(In-te-res-se)

das **Internat** (F)
die **Inter**nate

❶ **inter**national (F)
(zwischenstaatlich, auf mehrere Länder bezogen)

das **Inter**net (F) ❷
das **Inter**net-Café ❸

interpretieren (F)
(deuten, erklären, auslegen)
interpretiert
du **inter**pretierst
der **Inter**pret
die **Inter**pretation

das **Inter**view
(engl.: die Befragung, wörtl.: Zwischenblick)
die **Inter**views
jemanden **inter**viewen

irgend (!)
irgendeiner ❹
irgendetwas
irgendjemand
irgendwann ❺
irgendwo

der **Irr**tum (!)
die **Irr**tümer
sich **irr**en
umher**irr**en
er hat sich ver**irr**t
irrtümlich

der **Islam** (F)
(von Mohammed Anfang des siebten Jahrhunderts begründete Religion)
islamisch

du **isst** (!)
→ **essen**

sie **ist** (!)
ich **bin**
du **bist**
→ **sein**
sie **ist** klasse
aber: sie **isst** ein Brötchen

❶ ***international*** [ˌɪntəˈnæʃnəl]

❷ ***Internet*** [ˌɪntəˈnet]
*surf the **web*** [web]
*(the World-Wide **Web**)*

❸ ***cybercafé*** [ˈsaɪbə‿ˈkæfeɪ]

❹ ***someone*** [ˈsʌmˌwʌn]
somebody [ˈsʌmbədɪ]

❺ ***sometime*** [ˈsʌmˌtaɪm]

ja ⓐ
ja doch
Ja sagen ❶
nun **ja**
mit **Ja** stimmen
die **Ja**stimme
be**ja**hen
jawohl

die **Jacht** (F)
(Schiff, Segelboot)
auch: → die **Yacht**
die **Jacht**en

die **Jacke** ⓐ ❷
die **Jacke**n
die Wind**jacke**
das **Jacke**tt

jagen ⓐ
ge**jag**t (!)
du **jag**st
nach**jag**en
ver**jag**en

der **Jäg**er (ä▸a)
der Düsen**jäg**er
die **Jag**d

das **Jahr** ⓐ
die **Jahr**e
das **Jahr**hundert
das **Jahr**tausend
die vier **Jahr**eszeiten ❸
das Schul**jahr**
jährlich (ä▸a)
jahrein – **jahr**aus
ver**jähr**en

jammern ⓐ
ge**jammer**t
du **jammer**st
be**jammer**n
das Ge**jammer**
jämmerlich (ä▸a)

der **Januar** ⓐ ❹
(der erste Monat des Jahres)

jauchzen
ge**jauchz**t
du **jauchz**t

❶ *say **yes*** [jes]

❷ ***jacket*** ['dʒækɪt]
*life **jacket*** (Schwimmweste)

❸ *the four **seasons*** ['siːznz]

❹ ***January*** ['dʒænjʊərɪ]

der **Jauchz**er
auch: der **Juchz**er

der **Jazz**
(engl. Musikstil)
jazzen
die **Jazz**band ❶
⌴⌴

je ⓔ
seit eh und **je**
jedoch
jemals
je nachdem
jeweils

die **Jeans**
(engl.)
kurz für: Blue**jeans**
eine **Jeans** kaufen ❷
die **Jeans**jacke
der **Jeans**stoff
(strapazierfähiges Baumwollgewebe)

jeder ⓔ
auf **jed**en Fall
jedenfalls
⌴↩⌴⌴↩
jeder Einzelne
jedes Mal

jedermann ❸
→ der **Mann**

jemand ⓘ
jemand anders
sonst **jemand**
irgend**jemand**

jener ⓔ
jene
jenes
an **jen**em Tag
jenseits des Weges
das **Jen**seits

jetzt ⓔ ❹
jetzt gleich
jetzt oder nie
Bist du **jetzt** zufrieden?
unser **jetz**iger Lehrer

der **Job** ⓞ
(engl.: Arbeit, Anstellung)
die **Job**s
einen **Job** haben oder ausüben
jobben
(salopp für arbeiten)

❶ ***jazz band*** [dʒæz‿bænd]
❷ *buy a pair of **jeans*** [dʒiːnz]
❸ ***everybody*** ['evrɪˌbɒdɪ]
everyone ['evrɪˌwʌn]
❹ ***now*** [naʊ]

das **Jogging**
(engl.: Dauerlauf)
die **Jogg**erin
der **Jogg**inganzug ❶
joggen

der **Joghurt**
(Sauermilch)
auch: **Jogurt**
der **Joghurt**becher
der Frucht**joghurt**

jubeln
ge**jubel**t
du **jubel**st
der **Jubel**
das **Jubil**äum
der **Jubil**ar
jubilieren
(Ju-bi-lä-um)

jucken
ge**juck**t
es **juck**t dich
das **Juck**pulver
der **Juck**reiz

die **Jugend** ❷
die **Jugend**lichen

der **Jugend**freund
die **Jugend**herberge
die **Jugend**liebe
jugendlich

→ **jung**

der **Juli** ❸
(der siebente Monat des Jahres)

jung ❹
jünger
am **jüng**sten
der **jüng**ere Bruder
ver**jüng**en
für Alt und **Jung**
das **Jung**e
der **Jüng**er
die **Jung**engruppe

die **Jung**frau ❺
der **Jung**geselle
die Meer**jung**frau
jüngst
blut**jung**
→ die **Jugend**

der **Juni** ❻
(der sechste Monat des Jahres)

❶ ***jogging** suit* [ˈdʒɒgɪŋ]
❷ ***youth*** [juːθ]
❸ ***July*** [dʒuːˈlaɪ]
❹ ***young*** [jʌŋ]
❺ ♍ ***Virgo*** [ˈvɜːgəʊ]: *August 24 - September 23*
❻ ***June*** [dʒuːn]

das **Kabel** ⓐ
die **Kabel**
das **Kabel**fernsehen (1)

die **Kachel** ⓐ
die **Kacheln**
die **Kachel**wand
eine Wand **kacheln**

der **Kaffee** △F
die **Kaffee**bohne
kaffeebraun

der **Käfig** (ä)
die **Käfig**e
der Vogel**käfig**
(der/das Vogelbauer)

kahl ⓐ
kahler
am **kahl**sten
kahlköpfig
kahl scheren

der **Kahn** ⓐ
(offenes flaches Boot)
die **Kähne** (ä→a)
eine **Kahn**fahrt

der **Kaiser** (2)
die **Kaiser**in (3)
der **Kaiser**schnitt
(Geburtshilfe durch Operation)
kaiserlich

der **Kakao** △F
die **Kakao**bohne
das **Kakao**pulver (4)
(Bestandteil der Schokolade)
jmdn. durch den **Kakao** ziehen
(jemanden verspotten, ihn lächerlich machen)

der **Kaktus** △F
die **Kakteen**

der **Kalender** △F (5)
die **Kalender**
das **Kalender**blatt
der Advents**kalender**

(1) ***cable television*** [keɪbl'telɪviʒn]
(2) ***emperor*** ['empərə]
(3) ***empress*** ['emprɪs]
(4) ***cocoa** powder* ['kəʊkəʊ]
(5) ***calendar*** ['kælɪndə]

kalt (1)
kälter
am **kält**esten
→ sich er**kält**en
die **Kält**e (1)
die Er**kält**ung

er **kam**
→ **komm**en

die **Kamera**
(lat.: der Raum, heute: der Fotoapparat)
die Video**kamera** (2)
→ die **Kammer**

der **Kamerad**
die **Kamerad**in
die **Kamerad**schaft
(die Freundschaft)
kamerad-
schaftlich
→ die **Kammer**

der **Kamin**
(Rauchfang, Schornstein)
dic **Kamin**e
der **Kamin**feger
das **Kamin**feuer

der **Kamm**
die **Kämm**e
der Gebirgs**kamm**
kämmen
ge**kämm**t

die **Kammer**
die **Kammer**n
→ die **Kamera**
→ der **Kamerad**

kämpfen (3)
ge**kämpf**t
du **kämpf**st
der **Kampf** (3)
die **Kämpf**e
(Kämp-fe)
kampflos

der **Kanal**
die **Kanäl**e
kanalisieren
die **Kanal**isation
(Rohrleitung für Abwässer)
der Fernseh**kanal** (4)

die **Kanne**
die **Kann**en
die Milch**kanne**
das **Känn**chen

(1) ***cold*** [kəʊld]
(2) *video* ***camera*** [ˈkæmərə]
(3) ***fight*** [faɪt] (sounds like "light")
(4) *television* ***channel*** [ˈtʃænl]

du **kannst** ⓐ
→ **könn**en

sie **kannte** ⓐ
→ **kenn**en

der **Kanon** ⚠F
(Musikstück mit versetzten Einsätzen)
die **Kanon**s
einen dreistimmigen **Kanon** singen

die **Kante** ⓐ
die **Kant**en
die Bahnsteig**kant**e
kantig
⌴↵
ver**kant**et
hoch**kant**
etwas auf die hohe **Kant**e legen
(sparen)

das **Kanu** ⚠F
(leichtes Boot)
die **Kanu**s
auch **Kajak** oder **Kanadier**
der **Kanut**e
(Sportler, der Kanu fährt)

der **Kanzler** ⓐ ❶
der Bundes**kanzler**
(Regierungschef)
die **Kanzel**
die **Kanzl**ei
⌴↵
jmdn. ab**kanzel**n

die **Kapelle** ⚠F
(kleine Kirche)
die **Kapell**en

der **Kapitän** ⚠F ❷
(der Schiffsführer)
die **Kapitän**e
der Flug**kapitän**
⌴⌴

das **Kapitel** ⚠F
die **Kapitel**
das zweite **Kapitel** eines Buches
die **Kapitel**-überschrift

kaputt ⚠F ❸
(zerbrochen)
kaputtgehen ❹
kaputtmachen ❹
sich **kaputt**lachen
(sehr lachen)

❶ ***chancellor*** [ˈtʃɑːnsələ]
❷ ***captain*** [ˈkæptɪn]
❸ ***broken*** [ˈbrəʊkən]
❹ ***break*** [breɪk]

A B C D E F G H I J K L M N O P Q R S T U V W X Y Z

die **Kapuze** (u) (F)
die **Kapuzen**

kariert (F)
das **kariert**e Papier
das **Karo**
(Viereck)
die **Karo**s
das **Karo**ass

die **Karosserie** (F)
(Wagenoberbau)
die **Karosserien**

die **Karotte** (o)
(Möhre)
die **Karotten**

der **Karren** (a)
die **Karren**
auch: die **Karre**
die Kinder**karre**
der Schub**karren**

die **Karte** (a)
die **Kart**en
die **Kart**ei
die Fahr**karte**
die Land**karte**

die **Kartoffel** (o) ❶
die **Kartoffel**n
der **Kartoffel**brei
die **Kartoffel**suppe
die Brat**kartoffel**n ❷

der **Karton**
(franz.: Pappe oder Pappschachtel)
die **Karton**s
der Falt**karton**

das **Karussell** (F) ❸
(Kreisbahn)
die **Karussell**s oder
die **Karussell**e

der **Käse** (ä)
das **Käse**brötchen ❹
die **Käse**sorten
ein Drei**käse**hoch
(kleiner Junge)
das **Käse**blatt
(niveaulose Zeitung)
käsig

der **Kasper** (a)
auch: der/das **Kasper**le
die **Kasper**
herum**kasper**n

❶ ***potato*** [pə'teɪtəʊ]

❷ ***fried potatoes*** [fraɪd pə'teɪtəʊs]

❸ ***merry-go-round*** ['merɪgəʊˌraʊnd]

❹ ***cheeseburger*** ['tʃiːzˌbɜːgə]

die **Kasse** (a)
die **Kass**en
die **Kass**iererin
kassieren

die **Kassette** (F)
die **Kassette**n
der **Kassette**n-
recorder

die **Kastanie** (F)
die **Kastanie**n

der **Kasten** (a)
die **Kästen** (ä-a)
der Brief**kasten** 1

die **Katastrophe** (F)
(das Unglück)
die **Katastroph**en
katastrophal

katholisch (F)
(kath.)
der **Kathol**ik

kauen
ge**kau**t
du **kau**st

der Wieder**käuer** (äu-au)
der/das **Kau**gummi 2
→ der/das Gummi

kaufen (au)
ge**kauf**t
du **kauf**st
→ ein**kauf**en
der **Käufer** (äu-au) 3
der **Kauf**mann

→ der Ver**käufer**

kaum
(fast nicht)

der **Kebab** (F)
(Döner Kebab, oder Kebap: türk. Gericht)

der **Kegel** (e)
die **Kegel**
die **Kegel**bahn 4
kegeln
kegelförmig

die **Kehle** (e)
die **Kehl**en
der **Kehl**kopf

1 ***letterbox*** ['letəbɒks]

2 ***chewing gum*** ['tʃuːɪŋ‿gʌm]

3 ***the customer*** ['kʌstəmə]

4 ***bowling alley*** ['bəʊlɪŋˌælɪ]

kehren (e̱)
(fegen)
ge**kehr**t
du **kehr**st
aus**kehr**en
der/das **Kehr**icht

kehren (e̱)
(drehen, sich kümmern)
um**kehr**en
umge**kehr**t
be**kehr**en
[↳⌴↲]
kehrtmachen
die **Kehr**e
die **Kehr**seite
die Rück**kehr**

kein (ei)
keine
keiner
keinen
keins
keinerlei
keineswegs

der **Keks** (e̱) (1)
die **Keks**e
der Butter**keks**
die **Keks**dose

der **Keller** (ẹ)
die **Keller**
der Wein**keller**
unter**keller**n
[↳⌴↲]
das **Keller**gewölbe

der **Kellner** (ẹ) (2)
die **Kellner**
die **Kellner**in (3)
kellnern

kennen (ẹ) (4)
kannte
ge**kann**t
du **kenn**st
kennen lernen
kennen gelernt
be**kann**t
→ er**kenn**en
die **Kenn**tnis (5)
das **Kenn**zeichen
[⌴⌴]
der Be**kann**te
die Be**kann**tschaft

der **Kerker** (ẹ)
die **Kerker**
der **Kerker**meister
ein**kerker**n

(1) ***biscuit*** ['bɪskɪt]
(2) ***waiter*** ['weɪtə]
(3) ***waitress*** ['weɪtrɪs]
(4) ***know*** [nəʊ]
(5) *the* ***know-how*** [nəʊhaʊ]
knowledge ['nɒlɪdʒ]
(Sachkenntnis)

der **Kern** ⓔ
die **Kern**e
die **Kern**energie
die **Kern**kraft
das **Kern**kraftwerk (KKW)
die **Kern**waffen
ent**kern**en
kerngesund
kernig

die **Kerze** ⓔ *(Turnübung, Lichtquelle und Zünder)*
die **Kerz**en
das **Kerz**enlicht (1)
die Zünd**kerze**
kerzengerade

der **Kessel** ⓔ
die **Kessel**
ein**kessel**n

der/das **Ketschup**/**Ketchup** Ⓕ (2)

die **Kett**e ⓔ
die **Kett**en
die Perlen**kett**e
die **Kett**enreaktion
an**kett**en

keuchen
ge**keuch**t
du **keuch**st
der **Keuch**husten

das **Keyboard** (3) *(engl.: Tastatur und Instrument)*

kichern ⓘ
ge**kicher**t
du **kicher**st
das Ge**kicher** (Ge-ki-cher)
die **Kicher**erbse

der **Kiel** ⓘ *(Teil von Schiffen und von Federn)*
die **Kiel**e
der Feder**kiel**
kieloben

die **Kieme** ⓘ
die **Kiem**en
die **Kiem**enatmung

(1) ***candle light*** ['kændl]
(2) ***ketchup*** ['ketʃəp]
(3) ***key*** [kiː] (Schlüssel)
board [bɔːd] (Brett)

das **Kilo**gramm (F)
1 **kg** sind 1.000
→ Gramm
das **Kilo**
das **Kilo**byte (KB)
der **Kilo**meter
1 **km** sind 1.000
→ Meter
der **Kilo**meterzähler
kilometerweit
viele **Kilo**meter weit

das **Kind** (!) ❶
die **Kind**er ❷
kindisch
kindlich
das Glücks**kind**
der **Kind**ergarten ❸
die **Kind**heit

das **Kino** (F) ❹
die **Kino**s
die **Kino**karte
das **Kino**programm

der **Kiosk** (F)
die **Kiosk**e
der Zeitungs**kiosk**

kippen (!)
ge**kipp**t
du **kipp**st
das **Kipp**fenster

die **Kirche** (!)
die **Kirch**en
die **Kirch**englocke
kirchlich

die **Kirsche** (!)
die **Kirsch**en
die Sauer**kirsche**
die **Kirsch**blüte
kirschrot

das **Kissen** (!)
die **Kissen**
der **Kissen**bezug

die **Kiste** (!)
die **Kist**en
kistenweise
(Kis-te)

der **Kitsch** (!)
kitschig
(geschmacklos)

❶ ***child*** [tʃaɪld]; ***kid*** [kɪd]

❷ ***children*** [ˈtʃɪldrən]

❸ ***kindergarten*** [ˈkɪndəˌgɑːtn]

❹ ***cinema*** [ˈsɪnɪmə]
pictures [ˈpɪktʃəz]
movie theatre [ˈmuːvɪ ˈθɪətə]

A B C D E F G H I J **K** L M N O P Q R S T U V W X Y Z

kitzeln ⓘ ❶
ge**kitzel**t
du **kitzel**st
kitzlig
der Nerven**kitzel**

klagen ⓐ
ge**klag**t
du **klag**st
kläglich ⓐ▸ⓐ

die **Klammer** ⓐ
die **Klamm**ern
klammern
→ **klemm**en

es **klang** ⓐ
→ **kling**en

die **Klappe** ⓐ
die **Klapp**en
der **Klapp**sitz
klappen
klapprig

klar ⓐ
jmdm. etwas **klar**machen
im **Klar**en sein

klären ⓐ▸ⓐ
etwas auf**klär**en
→ er**klär**en
die **Klar**heit
die **Klär**ung
die **Klar**sichtfolie

die **Klasse** ⓐ
die **Klass**en
die **Klass**enkasse
das **Klass**enzimmer ❷

klatschen ⓐ
ge**klatsch**t
du **klatsch**st
der **Klatsch**
in die Hände **klatsch**en ❸
klatschnass

klauen (au) ❹
ge**klau**t
du **klau**st

die **Klaue** (au)
(die Pfote)
die **Klau**en

❶ ***tickle*** ['tɪkl]
❷ ***classroom*** ['klɑːsˌruːm]
❸ ***clap*** *hands* [klæp]
❹ ***nick*** *things* [nɪk]

das **Klavier** ⚠F ❶
die **Klavier**e
das **Klavier**konzert
Klavier spielen

kleben ⓔ
ge**kleb**t
du **kleb**st
ein**kleben**

die **Kleb**e
der **Kleb**stoff
klebrig

der **Klecks** ⓔ
die **Kleck**se
klecksen
(kleck-sen)
kleckern

der **Klee** ⓔ
das **Klee**blatt
der Glücks**klee** ❷

das **Kleid** ❸
die **Kleid**er
das **Kleid**chen
die **Kleid**ung ❹
die Be**kleid**ung

kleiden
ver**kleid**en
kleidsam

klein ⓔⓘ ❺
kleiner
am **klein**sten
kleinlich
ver**klein**ern
Wörter **klein**schreiben
aber: **klein** schreiben
(kleiner als ...)
der **Klein**e
die **Klein**igkeit

im **Klein**en wie
im Großen
bis ins **Klein**ste

klemmen ⓔ
ge**klemm**t
du **klemm**st
die **Klemme**
die Haar**klemme**
ab**klemmen**
→ die **Klamm**er

die **Klette** ⓔ
die **Klett**en
der **Klett**verschluss

❶ ***piano*** [pɪ'ænəʊ]

❷ ***four-leaf clover*** ['fɔːliːf 'kləʊvə]

❸ ***dress*** [dres]

❹ ***clothes*** [kləʊðz]

❺ ***small*** [smɔːl]
little ['lɪtl]
short [ʃɔːt]

klettern ⓔ
ge**klettert**
du **kletter**st
er**klettern**
der **Kletter**er
die **Kletter**pflanze

das **Klima** ⓘ
die **Klima**s/
die **Klima**ta
die **Klima**anlage

klingen ⓘ
klang
ge**klung**en
es **kling**t
klingeln
an**kling**en
der **Klang**
der An**klang**
der Nach**klang**
die **Kling**el

das **Klo** ⓞ ❶
(das WC)
die **Klo**s
die **Klo**brille
das **Klosett**

klopfen ⓞ ❷
ge**klopf**t
du **klopf**st
an**klopf**en
das Herz**klopfen** ❸

der **Klotz** ⓞ
die **Klötz**e
der Holz**klotz**
klotzig

klug ⓘ ❹
klüger
am **klüg**sten
die **Klug**heit
un**klug**

knabbern ⓐ
ge**knabber**t
du **knabber**st
an**knabbern**
die **Knabber**ei

knacken ⓐ
ge**knack**t
du **knack**st
der Nuss**knack**er
das **Knäck**ebrot (ä▸a)

❶ ***loo*** [luː]
WC (to say: double-u-c)

❷ ***knock*** [nɒk]

❸ ***pounding*** *of the heart* [paʊndɪŋ]

❹ ***clever*** ['klevə]

knallen ⓐ
ge**knall**t
du **knall**st
der **Knall**
die **Knall**erei
knallig
␣↵

knapp ⓐ
knapper
am **knapp**sten
die **Knapp**heit
sich etwas ab**knaps**en

der **Knebel** ⓔ
die **Knebel**
knebeln

kneifen (ei)
kniff
ge**kniff**en
du **kneif**st
sich etwas ver**kneif**en
der **Kniff**
knifflig

die **Knete** ⓔ
(salopp für Geld und formbares Material)
die **Knet**masse
kneten

knicken ⓘ
ge**knick**t
du **knick**st etwas
der **Knick**
der **Knick**s
(kni-cken)

das **Knie** ⓘ ❶
die **Knie**
auf beiden **Knie**n
die **Knie**beuge ❷
nieder**kni**en

er **kniff** ⓘ
→ **kneif**en

der **Knirps** ⓘ
die **Knirps**e

der **Knochen** ⓞ ❸
die **Knoch**en
der **Knöch**el
knochig
knöchern

knock out oder ❹
der **Knockout**, **K. o.**
(kampfunfähig beim Boxen)
ich bin völlig **k. o.**
(abgeschlagen, müde)

---

❶ ***knee*** [niː]

❷ ***knee-bend*** [niː bend]

❸ ***bone*** [bəʊn]

❹ ***knockout*** [ˈnɒkˌaʊt]; ***k. o.***

der **Knopf** [1]
die **Knöpf**e
das **Knopf**loch
der **Knopf**druck
auf- und zu**knöpf**en

die **Knospe**
die **Knosp**en
knospen
knospig
in **Knosp**e stehen

der **Knoten**
(Maßstab für Geschwindigkeit auf dem Wasser und Verbindung zweier Bänder)
die **Knot**en
knoten
ver**knot**en
zusammen**knot**en

das **Know-how** [2]
(engl.: Fachwissen, Erfahrung haben)
Know-how haben

knurren
ge**knurr**t
du **knurr**st
das Ge**knurr**
knurrig

kochen [3]
ge**koch**t
du **koch**st
köcheln
die **Köch**in [3]
das **Koch**buch [4]
kochend heiß
kochfertig

der **Koffer**
die **Koffer**
der **Koffer**raum

der **Kohl**
der Blumen**kohl**
der **Kohl**kopf
jemanden ver**kohl**en
(≈ veräppeln)

die **Kohle**
(Brennstoff und salopp für Geld)
die **Kohl**en
das **Kohl**ebergwerk
die **Kohl**ensäure
ver**kohl**en

[1] ***the button*** ['bʌtn]
[2] ***know-how*** ['nəʊhaʊ]
[3] ***cook*** [kʊk]
[4] ***cookery book*** ['kʊkərɪ bʊk]

der **Kollege**
die **Kolleg**en
die **Kolleg**innen
kollegial
(Kol-le-gin-nen)

kombinieren
kombiniert
du **kombin**ierst
die **Kombin**ation
der **Kombi**
die **Kombi**zange

der **Komet**
(griech.: Schweifstern)
die **Komet**enbahn
kometenhaft

komisch 1
komischer
am **komisch**sten
die **Komik**
der **Komik**er
komischerweise

das **Komma**
die **Komma**ta
die **Komma**regeln

kommen 2
kam
ge**komm**en
du **komm**st
komm her!
an**komm**en
wieder**komm**en
Will**komm**en! 3
→ be**komm**en
das Ab**komm**en
die An**kunft**
→ **künft**ig
→ die Zu**kunft**

der **Kommissar**
die **Kommissar**in
das **Kommissar**iat

die **Kommission**
(der Ausschuss)
die **Kommission**en
(Kom-mis-si-on)

die **Kommunikation**
(die Verständigung)
kommunikativ
kommunizieren

der **Kompass** 4
die **Kompass**e
die **Kompass**nadel

1 ***funny*** [ˈfʌnɪ]
2 ***come*** [kʌm]
3 ***Welcome!*** [ˈwelkəm]
4 **compass** [ˈkʌmpəs]

der **Komplize** (F)
die **Komplizen**

die **Konferenz** (F)
(die Sitzung, die Tagung)
die **Konferenzen**
die **Konferenzschaltung**
die **Schulkonferenz**
konferieren

die **Konfirmation** (F)
der **Konfirmand**
die **Konfirmandin**
sie wird **konfirmiert**

die **Konfitüre** (F)
die **Konfitüren**
die **Erdbeerkonfitüre**

der **Konflikt** (F)
die **Konflikte**
konfliktfrei

der **Kongress** (F)
(die Zusammenkunft)
die **Kongresse**
der **Weltkongress**

der **König** (ö) (!) 1
die **Könige**
die **Königin** 2
königlich 3

der **Konjunktiv** (F)
(die Möglichkeitsform)

die **Konkurrenz** (F)
(der Wettbewerb)
die **Konkurrenzen**
der **Konkurrent**
(der Mitbewerber)
konkurrieren

können (ö)
konnte
gekonnt
du **kannst** lesen 4
der **Könner**
→ die **Kunst**

der **Konsonant** (F)
(siehe S. 357)
die **Konsonanten**

die **Kontrolle** (F)
(die Überprüfung)
die **Kontrollen**
der **Kontrolleur**
kontrollieren

1 ***king*** [kɪŋ]
2 ***queen*** [kwiːn]
3 ***royal*** ['rɔɪəl]
4 *you are **able** to read* ['eɪbl]

sich **konzentrieren** (F)
konzentriert
du konzentrierst dich
die Konzentration ❶

das **Konzert** (e)
die Konzerte

der **Kopf** (o) ❷
die Köpfe
das Kopfkissen

der **Korb** (!)
die Körbe
der Korbball ❸

der **Korken** (o)
die Korken
entkorken
verkorken

das **Korn** (o)
die Körner
körnig

der **Körper** (ö) ❹
die Körper
körperlich

korrekt (F)
korrigieren
die Korrektur

kosten (o)
gekostet
es kostet
die Kosten
die Verkostung

das **Kostüm** (F)
die Kostüme
das Kostümfest
die Kostümprobe
kostümieren

der **Krach** (a)
krachen
sich verkrachen
krächzen (ä-a)

die **Kraft** (a)
die Kräfte (ä-a)
kräftig

der **Kran*** (a)
die Kräne (ä-a)

* Lies dazu auch die Geschichte S. 380.

❶ ***concentration*** [ˌkɒnsnˈtreɪʃn]

❷ ***head*** [hed]

❸ ***netball*** [ˈnetˌbɔːl]

❹ ***body*** [ˈbɒdɪ]
***body** guard* (Leibwächter)

krank (a)
der **Krank**e
das **Krank**enhaus ❶
die **Krank**heit
jmdn. **krank**schreiben

der **Kranz** (a)
die **Kränz**e (ä▸a)
der Advents**kranz**
be**kränz**en

kratzen (a)
ge**kratzt**
du **kratzt**
der **Kratz**er
(krat-zen)

das **Kraut** (au)
die **Kräut**er (äu▸au)
das Un**kraut**

die **Kreid**e (ei)
bunte Tafel**kreid**en
an**kreid**en
kreidebleich

der **Kreis** (!)
die **Kreis**e
der Freundes**kreis** ❷
der Morgen**kreis**
ein**kreis**en
kreisrund

das **Kreuz** (eu)
(Symbol und Rücken)
die **Kreuz**e
das **Kreuz**worträtsel ❸
die **Kreuz**ung ❹
kreuzen
(Kreu-zung)

kriechen (i)
kroch
ge**kroch**en
du **kriech**st

der **Krieg** (i) ❺
die **Krieg**e
der **Krieg**er
sich be**krieg**en
kriegerisch

kriegen (i)
(bekommen)
ge**kriegt**
du **krieg**st
ab**krieg**en
heraus**krieg**en
zu**krieg**en

❶ ***hospital*** ['hɒspɪtl]
❷ ***circle** of friends* ['sɜːkl]
❸ ***cross**-word puzzle* ['krɒs]
❹ ***cross**roads* ['krɒsrəʊdz]
*keep your fingers **crossed***
(Daumendrücken)
❺ ***war*** [wɔː]; *"Star**wars**"*

der **Krimi** (F) (1)
die **Krimi**s
der **Kriminal**film
der **Kriminal**roman

der **Kristall** (ạ)
die **Kristall**e
die **Kristall**schale

die **Kritik** (F)
die **Krit**iken
der **Krit**iker
kritisieren
kritisch

er **kroch** (o̲)
→ **kriech**en

die **Krone** (o̲)
die **Kron**en
die **Krön**ung
krönen

krumm (ụ)
die **Krümm**ung

die **Küche** (ụ̈) (2)
die **Küch**en

der **Kuchen** (u̲) (3)
die **Kuchen**

kucken (ụ)
→ **guck**en

die **Kugel** (u̲)
die **Kugel**n
der **Kugel**schreiber
kugeln
kugelig
kugelrund

kühl (ü̲)
kühler
am **kühl**sten
aus**kühl**en
die Ab**kühl**ung
die **Kühl**e
der **Kühl**schrank (4)

sich **kümmern** (ụ̈)
ge**kümmert**
du **kümmer**st dich
be**kümmert** sein
kümmerlich
der **Kummer** (5)
(Sorge)

(1) ***thriller*** [θrɪlə]
(2) ***kitchen*** ['kɪtʃɪn]
(3) ***cake*** [keɪk] (auch Torte)
(4) ***refrigerator*** [rɪ'frɪdʒəˌreɪtə]
kurz: ***fridge*** [frɪdʒ]
(5) ***trouble*** ['trʌbl]

künftig (ü)
zu**künftig**
die Aus**kunft** (1)
die Zu**kunft** (2)
→ **kommen**

die **Kunst** (ü) (3)
die **Künst**e
der **Künst**ler (4)
künstlerisch
künstlich
ge**künst**elt
→ **können**

der **Kurs** (ü)
(Lehrgang, Richtung, Währungsverhältnis)
die **Kurs**e
der **Kurs**us
der Töpfer**kurs**
die **Kurs**abweichung
der Wechsel**kurs**

die **Kurve** (ü)
die **Kurv**en
die Rechts**kurve**
kurven
kurvig

kurz (ü) (5)
kürzer
am **kürz**esten
kürzlich
kürzen
die **Kürz**e
→ die Ab**kürz**ung
kurztreten

küssen (ü) (6)
ge**küss**t
du **küss**t
der **Kuss** (6)
der Gutenacht**kuss**

die **Küste** (ü)
die **Küst**en
die **Küst**enwache
die Steil**küste**

die **Kutsche** (ü)
die **Kutsch**en
der **Kutsch**er
kutschieren

(1) ***information*** [ˌɪnfəˈmeɪʃn]
(2) ***future*** [ˈfjuːtʃə]
(3) ***art*** [ɑːt]
(4) ***artist*** [ˈɑːtɪst]
(5) ***short*** [ʃɔːt]
(6) ***kiss*** [kɪs]

lachen ⓐ
ge**lach**t
du **lach**st
lächeln (ä-a) ❶
an**läch**eln
→ aus**lach**en
das **Läch**eln
das **Lach**en
ein **Lach**erfolg
die **Lach**falten
das Ge**läch**ter
lächerlich

die **Lache** ⓐ
die **Lach**en
der Regen bildet
eine **Lache**
die Wasser**lache**

der **Laden** ⓐ ❷
die **Läd**en (ä-a)

laden
lud
ge**lad**en
du **läd**st
ein Gewehr **lad**en
ein Auto be**lad**en
jmdn. ein**lad**en ❸
→ die Ein**lad**ung

er **lag** ⓐ
→ **lieg**en

das **Lager** ⓐ ❹
die **Lager**
das **Lager**feuer
lagern
→ **lieg**en

lähmen (ä-a)
ge**lähm**t
die **Lähm**ung
lahm
lahmlegen

der **Laib**
die **Laib**e
der Brot**laib**
aber: → der **Leib**

❶ ***smile*** ☺ [smaɪl]
❷ ***shop*** [ʃɒp]
❸ ***invite*** [ɪnˈvaɪt]
❹ ***camp*** [kæmp]

der **Laie**
(kein Fachmann)
die **Laie**n
das **Laie**nspiel
→ der **Amateur**

die **Lampe** ⓐ
die **Lamp**en
der **Lamp**enschirm
die Taschen**lamp**e

das **Land** ⓐ ➊
die **Länd**er ⓐ
das Heimat**land**
die **Land**schaft
die **Land**straße ➋
die **Land**wirtschaft

→ der Aus**länd**er
das Ge**länd**e
das Ge**länd**er
landen
ländlich

lang ⓐ
länger ⓐ
am **läng**sten
die **Läng**e
lange ➌
langsam ➍

langweilig
länglich
ver**läng**ern
→ ver**lang**en

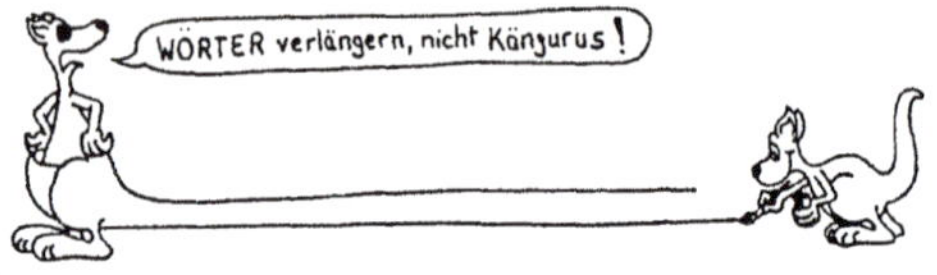

die **Lanze** ⓐ
(eine Stichwaffe)
die **Lanz**en

der **Lappen** ⓐ
(das Tuch)
die **Lapp**en
das Ohr**läpp**chen ⓐ
über**lapp**en

der **Laptop**
(engl.: kleiner Computer)
die **Laptop**s

der **Lärm** ⓐ
lärmen
→ **alarm**ieren
(siehe S. 370)

sie **las** ⓐ
→ **les**en

➊ ***country*** ['kʌntrɪ]
➋ ***country road*** ['kʌntrɪ rəʊd]
➌ ***long time*** [lɒŋ taɪm]
➍ ***slow*** [sləʊ]

lassen (a)
ließ
ge**lassen**
du **lässt** (ä‣a)
lass das!
lasst das!
→ an**lassen**
→ ver**lassen**
der Er**lass**
die Ent**lass**ung

die **Last** (a)
die **Last**en
der/das **Last**er ❶
*(LKW= **L**ast**k**raft-**w**agen und schlechte Angewohnheit)*
die **Last**er
lästern (ä‣a)
(über jmdn. abfällig reden)
die Über**last**ung
be**last**en
lästig

die **Laterne** (e)
die **Laterne**n
der **Laterne**numzug
die Straßen**laterne**

das **Laub** (!)
das Herbst**laub**
der **Laub**baum
die **Laub**säge
(Säge für dünnes Holz)

laufen ❷
lief
ge**lauf**en
du **läuf**st (äu‣au)
laufen lernen
weg**lauf**en
der **Lauf**
der **Läuf**er
der Marathon**läuf**er
laufend
ge**läuf**ig

der **Laut**
die **Laut**e
(siehe S. 356)
der Selbst**laut**
(der Vokal)
der Um**laut**
(siehe S. 358)
das Ge**läut** (äu‣au)
lauten
läuten
laut

❶ ***truck*** [trʌk]

❷ ***walk*** [wɔːk]
run [rʌn]

die **Lawine** ⚠F
die **Lawine**n
die **Lawine**ngefahr
lawinenartig

leben ⓔ ❶
ge**leb**t
du **leb**st
das **Leb**en ❷
zu **Leb**zeiten
→ das Er**leb**nis
lebendig
leblos (!)

lecker ⓔ
leckerer
am **leck**ersten
lecken
der **Leck**erbissen
(le-cker)

das **Leder** ⓔ
die **Leder**jacke
ledern

ledig ⓔ ❸
(nicht verheiratet)
der **ledig**e Mann
→ er**ledig**en

leer ⓔ
ent**leer**en
ent**leer**t
du ent**leer**st
die **Leer**ung
leerlaufen

legal ⚠F
(dem Gesetz entsprechend)
il**legal**
die **Legal**ität

legen ⓔ ❹
ge**leg**t (!)
du **leg**st
aus**leg**en
hin**leg**en
→ **lieg**en
→ über**leg**en
das Ge**leg**e
→ die Ge**leg**enheit
ent**leg**en

der **Lehm**
der **Lehm**boden
lehmig

❶ ***live*** [lɪv]
❷ ***life*** [laɪf]
❸ ***single*** ['sɪŋgl]
❹ ***put*** [pʊt]

die **Lehne** (e)
die Lehnen
lehnen
gelehnt
du lehnst

der **Lehrer** (e) (1)
die Lehrer
die Lehrerin (1)
die Lehrerinnen
(Leh-re-rin-nen)
die Lehre
der Lehrling
lehren
du lehrst
gelehrt
gelehrig

der **Leib** (!)
(der Körper)
die Leiber
das leibliche Wohl
aber: → der Laib

leicht (ei) (2)
leichter
am leichtesten
erleichtert
die Leichtigkeit

leiden
litt
gelitten
→ beleidigen
das Leid (!)
das Mitleid
es tut mir leid (3)
ich bin es leid
leider
leidend
leidlich
leidtun

leihen (ei)
lieh
geliehen
du leihst
entleihen
verleihen
die Ausleihe

die **Leine** (ei)
die Leinen
die Hundeleine
die Wäscheleine

leise (ei) (4)
leiser
am leisesten

(1) ***teacher*** ['tiːtʃə]

(2) ***light*** [laɪt] (auch: Licht)
*Cola **light***

(3) ***I'm sorry*** [aɪm 'sɒrɪ]

(4) ***quiet*** ['kwaɪət]

die **Leiste** (ei)
die **Leist**en
die Gardinen**leiste**

leisten (ei)
ge**leist**et
du **leist**est
die **Leist**ung

die **Leiter**
die **Leiter**n
die Hühner**leiter**

der **Leiter**
die **Leit**er
die **Leit**erin
die **Leit**planke
die **Leit**ung
der Schul**leit**er
leiten
du **leit**est
an**leit**en
weiter**leit**en

lenken (e)
ge**lenk**t
du **lenk**st
der **Lenk**er
das Ge**lenk**
die Ab**lenk**ung
ge**lenk**ig

lernen (e) 1
ge**lern**t
du **lern**st
ver**lern**en
auswendig **lern**en
kennen **lern**en
das **Lern**en 2
beim **Lern**en
das **Lern**ziel

lesen (e) 3
las
ge**les**en
du **lies**t
lies!

beim **Les**en
der **Les**er 4
das **Les**ebuch 4
die **Les**eratte
die Vor**les**ung
leserlich schreiben

1 ***learn*** [lɜːn]
learn*ing by doing*

2 ***study*** [ˈstʌdɪ]; ***learning***

3 ***read*** [riːd]
Reading is fun*damental.*

4 ***reader*** [ˈriːdə]

letzte ⓔ
letzter
letztes
letzte Minute ❶
zum **letzt**en Mal
zu**letzt**
zu guter **Letzt**
der/die/das **Letzt**e

leuchten ⓔⓤ
ge**leucht**et
es **leucht**et
die Be**leucht**ung
der **Leucht**er
→ das **Licht**

leugnen
(abstreiten)
ge**leugn**et
du **leugn**est

die **Leut**e ⓔⓤ
(Mehrzahlwort)
die Kauf**leut**e
leutselig
(plump vertraulich)

das **Lexik**on
die **Lexik**a
das Tier**lexik**on

das **Licht** ⓘ ❷
die **Licht**er
die **Licht**ung
Licht machen
der **Licht**schalter
be**licht**en
be**licht**et
→ **leucht**en

lieben ⓘ ❸
ge**lieb**t
du **lieb**st
lieb haben
ver**lieb**en

die **Lieb**e ❸
der **Lieb**esbrief ❹
der **Lieb**ling ❺
die Vor**lieb**e
lieb
be**lieb**ig
be**lieb**t

das **Lied** ⓘ ❻
die **Lied**er
das **Lied**erbuch

sie **lief** ⓘ
→ **lauf**en

❶ ***last minute*** [lɑːst ˈmɪnɪt]
❷ ***light*** [laɪt] (auch: leicht)
❸ ***love*** [lʌv]
❹ ***love letter*** [lʌv ˈletə]
❺ ***darling*** [ˈdɑːlɪŋ]
❻ ***song*** [sɒŋ]

liefern ⓘ
ge**liefer**t
du **liefer**st
der **Liefer**ant
die Über**liefer**ung
ausge**liefer**t

liegen ⓘ
lag (!)
ge**leg**en
du **lieg**st
liegen lassen
→ **leg**en
herum**lieg**en
zurück**lieg**en
die **Lieg**e
der **Lieg**estuhl ❶

→ das **Lag**er
→ die Ge**leg**enheit

er **lieh** ⓘ
→ **leih**en

sie **ließ** ⓘ
→ **lass**en

du **liest** ⓘ
→ **les**en

der **Lift** ⓘ
(der Fahrstuhl)
die **Lift**e / **Lift**s
der Sessel**lift**
liften
(die Haut straffen)

die **Liga** ⓘ ❷
die **Lig**en
die Ober**lig**a

lila Ⓕ
(violett)

die **Limonade** Ⓕ
die **Limonade**n

lindern ⓘ
ge**linder**t
du **linder**st
die **Linder**ung

das **Lineal** ⓘ
die **Lineal**e
das Kurven**lineal**
linear

❶ ***deck chair*** [dek tʃeə]

❷ *Championship **league*** [li:g] (Meisterliga)

die **linea**re Gleichung
(eindimensional)
die **Linie**
die **Linie**n
ein un**lini**(i)erter
Schreibblock

links ⓘ
linksherum
der **Link**shänder
[⌴↔⌴↩]
die **link**e Seite ❶
links außen
spielen
der **Link**saußen

der **Link**
(engl.: Verbindung im Internet)
die **Link**s

die **Lippe** ⓘ
die **Lippe**n
der **Lippe**nstift ❷
die Unter**lippe**

lispeln ⓘ
ge**lispel**t
lispelst du?

die **List** ⓘ
listig
über**list**en
über**list**et
du über**list**est jmdn.

die **Liste** ⓘ
die **Liste**n
die Wahl**liste**n
die Wörter**liste**
[⌴↩⌴]
(Lis-te)

der/das **Liter** Ⓕ
(1 l Milch)
die **Liter**
ein halber/s **Liter**
literweise

die **Literat**ur Ⓕ
der **Literat**
literarisch

er **litt** ⓘ
→ **leid**en

loben ⓞ
ge**lob**t
du **lob**st
das **Lob**

❶ *on the **left*** [left]
*on the **left**-hand side*

❷ ***lipstick*** [ˈlɪpˌstɪk]

das **Loch** 1
die **Löch**er
der **Loch**er
lochen

die **Locke**
die **Lock**en
der **Lock**enkopf
lockig

locken
ge**lock**t
du **lock**st
die Ver**lock**ung
der **Lock**vogel

locker
lockerer
am **locker**sten
lockern
die **Locker**ung
die Auf**locker**ung

der **Löffel** 2
die **Löffel**
(Teil vom Besteck und Ohren des Hasen
der Ess**löffel**
löffeln

er **log**
→ **lüg**en

die **Logik**
die **Log**iken
logisch denken 3
(folgerichtig denken)

sich **lohnen**
es hat sich ge**lohn**t
der **Lohn**
→ be**lohn**en

die **Lokomotive** 4
die **Lokomotive**n
kurz: die **Lok**
die Dampf**lokomotive**

los
losgehen
loslassen
los sein
→ **lös**en

das **Los**
die **Los**e
die **Los**ung
losen
ver**los**en

1 ***hole*** [həʊl]

2 ***spoon*** [spuːn]
*a **spoon**ful of salt*
(ein Löffel voll Salz)

3 ***logical*** ['lɒdʒɪkl]

4 ***locomotive*** [ˌləʊkə'məʊtɪv]

löschen
ge**lösch**t
du **lösch**st
das **Lösch**blatt

lösen
ge**lös**t
du **lös**t
die **Lös**ung
→ **los**

die **Lücke**
die **Lück**en
die Park**lück**e
die Zahn**lück**e
lückenhaft

sie **lud**
→ **lad**en

die **Luft** (1)
die Be**lüft**ung
die **Lüft**e
der **Luft**ballon (2)
die **Luft**post (3)
lüften
ge**lüft**et
luftig

lügen
log
ge**log**en
du **lüg**st
an**lüg**en
die **Lüg**e
der **Lüg**ner

die **Lunge**
die **Lung**en
die **Lung**en-
entzündung
lungenkrank

die **Lupe**
die **Lup**en
die Zeit**lup**e
ein **lup**enreines Alibi

lustig
lustiger
am **lust**igsten
be**lust**igen
die **Lust**

der **Lutscher** (4)
die **Lutsch**er
lutschen
ge**lutsch**t

(1) ***air*** [eə]; ***airport*** (Flugplatz)
(2) ***balloon*** [bə'luːn]
(3) ***airmail*** ['eəmeɪl]
(4) ***lollipop*** ['lɒlɪpop]; ***lolly***

A B C D E F G H I J K L M N O P Q R S T U V W X Y Z

machen (a) 1
ge**mach**t
du **mach**st
auf**mach**en

die **Macht** (a)
die **Mächt**e (ä-a)
mächtig
eigen**mächt**ig
machtlos

das **Mäd**chen (ä-a)
die **Mäd**chen
das **Mäd**el
die **Magd**

du **mag**st (a)
→ **mög**en

mähen (ä)
ge**mäh**t
du **mäh**st
der Rasen**mäh**er

mahlen (a)
ge**mahl**en
du **mahl**st
Korn **mahl**en
→ das **Mehl**
→ die **Mühl**e
aber: → **mal**en

mahnen (a)
ge**mahn**t
du **mahn**st
er**mahn**en
die **Mahn**ung
die Er**mahn**ung

der **Mai** (F) 2
(der fünfte Monat des Jahres)
das **Mai**glöckchen
der **Mai**käfer

der **Mais** (F)
der **Mais**kolben
der **Mais**anbau
maisgelb

die **Makkaroni** (F)
(Plural)

1 ***make*** [meɪk]
Make *the best of it!*
Jeans ***made*** *in Germany.*
[meɪd]

2 ***May*** [meɪ]
May *Day* (der 1. Mai)

mal ⓐ
ein**mal**
kein**mal**
noch ein**mal**
noch**mal**s
jedes**mal**
zehn**mal**
10-**mal**
dies**mal**
dieses **Mal**
nächstes **Mal**
einige **Mal**e

malen ⓐ
ge**mal**t
du **mal**st
an**mal**en
Bilder **malen**
der **Mal**er
die **Mal**erei
das Ge**mäl**de (ä▸a)
aber: → **mahlen**

die **Mama** ⓐ
die **Mam**i

man ⓐ
wie **man** weiß
aber: → der **Mann**

manche ⓐ
manchmal
aber: **manch**es Mal

die **Manege** (F)
(die Bühne im Zirkus)
die **Manege**n

der **Mann** ⓐ ❶
die **Männ**er (ä▸a)
die **Mann**schaft ❷
männlich
aber: → **man**

manipulieren (F)
(in unrechter Absicht an etwas arbeiten)
manipuliert
die **Mani**pulation

der **Mantel** ⓐ ❸
die **Mäntel** (ä▸a)

die **Mappe** ⓐ
die **Mappe**n
die Schul**mappe** ❹

❶ ***man*** [mæn]
❷ ***team*** [tiːm]; ***crew*** [kruː]
❸ ***coat*** [kəʊt]
❹ ***school bag*** ['skuːl‿bæg]

der **Marathon** (F)
(Lauf über ca. 42 km)
die **Marathon**s
der **Marathon**lauf

das **Märchen** (ä)
die **Märchen**
die **Mär**
märchenhaft

die **Margarine** (F)
die Pflanzen**margarine**

die **Mark** (a)
(ehem. dt. Geldeinheit)
zwei **Mark**
das **Mark**stück
→ **Cent**
→ **Euro**

das **Mark** (a)
(weiches Gewebe in Knochen)
es geht durch **Mark** und Bein
(es ist durchdringend)

die **Marke** (a)
die **Mark**en
das **Mark**enzeichen

markieren
(kennzeichnen)
markiert

der **Markt** (a)
die **Märkte** (ä▸a)
der Super**markt** ❶
der Welt**markt**
ver**markt**en

die **Marmelade** (F) ❷
die **Marmelade**n
die Kirsch**marmelade**

marschieren (a)
marschiert
du **marsch**ierst
der/die **Marsch**
das **Marsch**land
die **Marsch**musik

der **März** (F) ❸
(der dritte Monat des Jahres)

die **Maschine** (F) ❹
die **Maschin**en
die Kaffee**maschine**
maschinell

❶ ***supermarket*** [ˈsuːpəˌmɑːkɪt]

❷ ***jam*** [dʒæm]
marmalade [ˈmɑːməˌleɪd]
(besonders Orangenmarmelade)

❸ ***March*** [mɑːtʃ]

❹ ***machine*** [məˈʃiːn]

A B C D E F G H I J K L **M** N O P Q R S T U V W X Y Z

das **Maß** (a)
die **Maß**e
der **Maß**stab
mäßig (ä-a)
→ **messen**

er **maß** (a)
→ **messen**

die **Maske** (a)
die **Mask**en
die Gesichts**maske**
maskiert

die **Masse** (a)
die **Mass**en
die Menschen**masse**
(die Menschenmenge)
die Kleb(e)**masse**
massenhaft
massig
massiv

das **Material** (F)
die **Material**ien
das Bastel**material**

1 die **Mathematik** (F)
kurz: **Mathe** 2

der **Mathematik**-
unterricht
mathematisch
aber: → die **Matte**

die **Matratze** (F)
die **Matratze**n
die Federkern**matratze**
die Luft**matratze** 3

der **Matrose** (o)
(der Seemann)
die **Matrose**n
der **Matrose**nanzug
der Leicht**matrose**

die **Matte** (a)
die **Matte**n
die Fuß**matte**
die Hänge**matte**
aber: → die **Mathematik**

die **Mauer** (au) 4
die **Mauer**n
der **Maur**er
das Ge**mäuer** (äu-au)
mauern
zu**mauer**n

1 ***mathematics*** [ˌmæθəˈmætɪks]

2 ***maths*** [mæθs]

3 ***air mattress*** [ˈeəˈmætrɪs]

4 ***wall*** [wɔːl]

A B C D E F G H I J K L M N O P Q R S T U V W X Y Z

das **Maul** (au) ❶
die **Mäul**er (äu‣au)
der **Maul**korb
maulen
(mürrisch sein)

die **Maut** (F)
(Wegezoll)
die **Maut**plakette

die **Medaille** (F)
die **Medaille**n
die Silber**medaille**
das **Medaillon**
(Schmuck)

meditieren (F)
(in Gedanken vertiefen)
meditiert
du **medit**ierst
die **Medit**ation

die **Medizin** (F)
die **Medizin**erin
der **Medizin**mann
das **Medik**ament
medizinisch

das **Meer** (e) ❷
die **Meer**e
die **Meer**estiere
das Lichter**meer**

das **Mehl** (e)
die **Mehl**speise
mehlig
→ **mahl**en
→ die **Mühl**e

mehr (e)
mehrere
die **Mehr**heit
die Ver**mehr**ung
→ **viel**

die **Meile** (ei)
(ein Längenmaß)
die **Meile**n
der **Meile**nstein

mein (ei)
mein Fahrrad
❸ **mein** Name ist …
meine Tasche

meinen (ei)
ge**mein**t
du **mein**st
die **Mein**ung

❶ ***mouth*** [maʊθ]

❷ ***sea*** [siː]; ***ocean*** ['əʊʃn]

❸ ***my*** *name is …* [maɪ]
I am…

meist (ei)
meistens
am **meist**en
die **meist**en
→ **viel**

der **Meister** (ei) 1
die **Meister**
die **Meister**schaft 2
meistern
meisterhaft

melden (ẹ)
ge**meld**et
du **meld**est
an**meld**en
die **Meld**ung

melken (ẹ)
molk/**melk**te
ge**molk**en/ge**melk**t
du **melk**st
Kühe **melk**en
die **Molk**e
die **Molk**erei

die **Melod**ie (F)
die **Melod**ien
melodisch

die **Memoir**en (F)
(Lebenserinnerungen)

die **Meng**e (ẹ)
die **Meng**en
die **Meng**enlehre
eine Un**meng**e

der **Mensch** (ẹ)
die **Mensch**en 3
der Ur**mensch**
die **Mensch**heit
menschlich 4

merken (ẹ)
ge**merk**t
du **merk**st
be**merk**en
die Be**merk**ung
merkwürdig
→ die Auf**merk**samkeit

die **Mess**e (ẹ)
die **Mess**en
die Frankfurter
Buch**messe**
die Schiffs**messe**
(Speiseraum auf Schiffen)

1 ***master*** ['mɑːstə]; ***champion*** ['tʃæmpɪən]

2 ***championship*** ['tʃæmpɪənʃɪp]

3 ***people*** ['piːpl]

4 ***human*** ['hjuːmən]

A B C D E F G H I J K L M N O P Q R S T U V W X Y Z

messen ⓔ
maß
ge**messen**
du **misst**
aus**messen**
der Durch**messer**
die **Mess**latte
die **Mess**ung
→ das **Maß**

das **Messer** ⓔ ❶
die **Messer** ❷
das Taschen**messer**
messerscharf

das **Metall** ⓐ
die **Metall**e
das Edel**metall**
metallisch

der/das **Meter** Ⓕ
die **Meter**
1 **m** sind 100 cm
das **Meter**maß
der/das Tacho**meter**
das Thermo**meter**
meterhoch
→ der Zenti**meter**

die **Methode** Ⓕ
(das Verfahren)
die **Method**en
methodisch

der **Metzger** ⓔ
die **Metz**ger
die **Metz**gerei

mich ⓘ
ich freue **mich** ❸
→ **ich**

die **Miene** ⓘ
eine ernste **Miene** aufsetzen
aber: → die **Mine**

mieten ⓘ
ge**miet**et
du **miet**est
ver**miet**en
die **Miet**e
der Unter**miet**er

das **Mikrofon** Ⓕ ❹
(lat.: micro = klein + fon = Ton: leise Töne laut machen)
auch: **Mikro**phon
die **Mikro**fone oder **Mikro**phone

❶ ***knife*** [naɪf]
❷ ***knives*** [naɪvz]
❸ ***I'm glad*** [aɪm glæd]
❹ ***microphone*** [ˈmaɪkrəˌfəʊn]

das **Mikro**skop ⚠F ❶
(lat.: micro = klein + griech.: skopein = betrachten: Gerät, das Winziges sichtbar macht)
die **Mikro**skope
mikroskopisch
mikroskopieren
mikroskopiert
du **mikro**skopierst

die **Milch** ⓘ
milchig
das Glas **Milch**
das **Milch**glas
(weißes Glas)
die **Milch**straße ❷

mild ⓘ
milder
am **mild**esten
mildern
die **Mild**e
(mil-des-ten)

⚠F der **Milli**meter (mm)
10 **mm** sind 1
→ Zentimeter
die **Milli**meter
das **Milli**meterpapier

die **Million** ⚠F
(1.000.000 = Mio. oder Mill.)
die **Million**en
der **Million**är

das **Milit**är ⚠F ❸
militärisch
die **Miliz**

mindestens ⓘ
(wenigstens)
die **Mindest**strafe

die **Mine** ⓘ
die **Min**en von Kugelschreibern
Minen räumen
(Sprengkörper)
eine **Mine** stilllegen
(Bergwerk)
aber: → die **Miene**

das **Mini**mum ⚠F
der **Mini**rock
mini
(klein)
minimal

der **Minister** ⚠F ❹
die **Minister**
die **Minister**in ❹

❶ ***microscope*** ['maɪkrəˌskəʊp]
❷ ***Milky Way*** [ˌmɪlkɪ'weɪ]
❸ ***military*** ['mɪlɪtərɪ]
❹ ***minister*** ['mɪnɪstə]

(1) die **Minute** (min.)
60 **min.** sind
1 → Stunde
die **Minut**en
in letzter **Minute** (2)

mir
du hilfst **mir**
→ **ich**

mischen
ge**mischt**
du **misch**st
ein**misch**en
die **Misch**ung

du **misst**
→ **mess**en

der **Mist**
der **Mist**haufen
aber: er **misst**
→ **mess**en

mit
miteinander (3)
mitbringen
die **Mit**schülerin (4)
der **Mit**spieler

das **Mitglied**
die **Mitglied**er

der **Mitlaut**
(siehe S. 357)
→ der **Laut**

der **Mittag**
(die **Mitt**e vom Tag)
am **Mittag**
heute **Mittag**
das **Mittag**essen (5)
zu **Mittag** essen
der Vor**mittag**
mittags
der Nach**mittag**
Montag**mittag**

die **Mitte**
die **Mitt**en
der **Mitt**ag
das **Mitt**el
der **Mitt**elpunkt
die **Mitt**ernacht
am **Mitt**woch (6)
mittelmäßig
mittendrin
mittwochs
(Mitt-woch)

(1) ***minute*** ['mɪnɪt]
(2) *at the last* ***minute***
(3) ***together*** [tə'geðə]
(4) ***schoolmate*** ['skuːlmeɪt]
(5) ***lunch*** [lʌntʃ]
(6) *on* ***Wednesday*** ['wenzdeɪ]

mixen ⓘ
gemixt
du mixt
der Mixer
die Mixtur

das **Möbel** ⓞ
die Möbel
möblieren

mobil ⚠F
(beweglich)
mobiler
am mobilsten
der Mobilfunk

er **mochte** ⓞ
→ mögen

die **Mode** ⚠F ❶
die Moden
das Model
das Modell
modernisieren
modisch
modern

der **Moder** ⓞ
(Fäulnis)
vermodern
vermodert

moderieren ⚠F
moderiert
du moderierst
der Moderator

mogeln ⓞ
gemogelt
du mogelst
die Mogelei

mögen ⓞ ❷
mochte
gemocht
du magst
ich möchte, dass ... ❷

möglich ⓞ ❸
möglichst
unmöglich

die Möglichkeit
ermöglichen

der **Moment** ⚠F ❹
(der Augenblick)
die Momente
die Moment-
aufnahme
momentan

❶ ***fashion*** ['fæʃn]

❷ ***like*** [laɪk]; *I'd **like**...*

❸ ***possible*** ['pɒsəbl]

❹ ***moment*** ['məʊmənt]

der **Monat** 1
die **Monat**e
monatlich

der **Mond** 2
die **Mond**e
der **Mond**schein
der Voll**mond**
mondsüchtig

der **Monitor**
die **Monitor**en

am **Montag** 3
die **Montag**e
montags

die **Montage**
(franz.: der Zusammenbau)
die **Mont**agen
der **Mont**eur
montieren
vor**mont**iert

das **Moor**
(das Sumpfgebiet)
die **Moor**e
moorig

das **Moos**
moosgrün

das **Moped**
die **Moped**s
das **Mofa**
*(**mo**torisiertes **Fa**hrrad)*

morgen 4
über**morgen**
ich komme **morgen**
morgen Mittag

der **Morgen**
am **Morgen**
des **Morgen**s
das **Morgen**rot
Guten **Morgen**! 5
heute **Morgen**
wir gingen **morgen**s los
er ging eines **Morgen**s los

der **Morgen**
(altes Feldmaß)
zwei **Morgen** Land

die **Moschee**
(mohammedanisches Gotteshaus)
die **Moschee**n

1 ***month*** [mʌnθ]

2 ***moon*** [muːn]

3 *on* ***Monday*** ['mʌndɪ]

4 ***tomorrow*** [tə'mɒrəʊ]

5 ***Good morning!*** [gʊd 'mɔːnɪŋ] (franz.: Bonjour!)

der **Moslem** (o) 1
die **Moslem**s

der **Motor** (o)
die **Motor**en
die **Motor**haube
das **Motor**rad 2
motorisiert sein

müde (ü) 3
müder
am **müd**esten
er**müd**en
die Er**müd**ung
die **Müd**igkeit
über**müd**et
uner**müd**lich

die **Mühe** (ü)
die **Müh**en
sich be**müh**en
be**müh**t
mühelos
mühsam
mühselig

die **Mühle** (ü)
(Windmühle zum Mehlmahlen und das Mühlespiel)
die **Mühl**en
die Pfeffer**mühle**
der **Müll**er
→ das **Mehl**
→ **mahl**en

der **Müll** (ü)
die **Müll**abfuhr
der Sonder**müll**

multiplizieren (F)
(malnehmen)
multipliziert
du **multipliz**ierst
die **Multiplikat**ion

der **Mund** (u) 4
die **Münd**er
die **Mund**art
die **Münd**ung
ge**mund**et
mündlich

1 ***Muslim*** [ˈmʊzlɪm]
2 ***motorbike*** [ˈməʊtəˌbaɪk]
3 ***tired*** [taɪəd]
4 ***mouth*** [maʊθ]

A B C D E F G H I J K L M N O P Q R S T U V W X Y Z

die **Münze** (ü)
die **Münz**en
die **Münz**sammlung

das **Mus** (u)
das Apfel**mus**
das **Müs**li

die **Muschel**
die **Muschel**n
die **Muschel**schale ❶
die Ohr**muschel**
die Telefon**muschel**

die **Musik** (i)
die **Musik**en
der **Musik**er
Musik machen
musizieren
musikalisch ❷

der **Muskel** (u)
die **Musk**eln
die **Musk**ulatur
muskulös

müssen (ü)
musste
ge**musst**
du **musst**
er **müss**te

der **Mut** (u)
die **Mut**probe
er**mut**igen
du er**mut**igst
er**mut**igt
mutig
→ ge**müt**lich

die **Mutter** (u) ❸
die **Mütter**
Schrauben und **Mutter**n
die **Mutti** ❹
das Stief**mütter**chen
be**mutter**n
mütterlich
(Mut-ter)

die **Mütze** (ü)
die **Mütz**en
die Pudel**mütze**
das **Mütz**chen
(Müt-ze)

❶ ***shell*** [ʃel] 
❷ ***musical*** ['mju:zɪkl]
❸ ***mother*** ['mʌðə]
❹ ***mum*** [mʌm]

der **Nabel** ⓐ
die **Nabel**
der Bauch**nabel**
die **Nabel**schnur
ab**nabel**n

nach ⓐ
nach Hause
nachdem
nachher
nachdenken
nachmachen

der **Nachbar** ⓐ
die **Nachbar**n
die **Nachbar**in
die **Nachbar**schaft
nachbarschaftlich
→ **nah**

der **Nach**mittag ⓐ
nachmittags
→ der **Mittag**

die **Nachricht** ⓐ ❶
die **Nachricht**en
be**nachricht**igen

nächste (ä▸a)
nächste Woche
der **nächst**e Ort
nächstens
→ der **Nachbar**
zu**nächst**
→ **nah**

die **Nacht** ⓐ ❷
die **Nächt**e (ä▸a)
über**nacht**en
nächtlich
nachts
eines **Nacht**s

die **Nadel** ⓐ
die **Nadel**n
die Näh**nadel**
die Tannen**nadel**
nadeln
der Baum **nadel**t

der **Nagel**
die **Nägel** (ä▸a)
nageln

❶ ***news*** [njuːz]
*text **message*** [ˈmesɪdʒ]
(SMS-Nachricht)

❷ ***night*** [naɪt]

nah ⓐ
näher ⓐ
am **näch**sten
bei**nah** oder
bei**nahe**
sich **näh**ern
die **Näh**e
nächster
→ **näch**ste
→ der **Nach**bar

nähen ⓐ
ge**näh**t
du **näh**st
die **Nah**t
das **Näh**garn

sie **nahm** ⓐ
→ **nehm**en

nähren ⓐ
ge**nähr**t
→ sich er**nähr**en
die **Nahr**ung
die **Nahr**ungsmittel

der **Name** ⓐ
die **Nam**en
der Spitz**name** 1
der Vor**name** 2
namentlich
nämlich
das **Nam**enwort
(siehe S. 357)

er **nannte** ⓐ
→ **nenn**en

die **Narbe** ⓐ
die **Narb**en
ver**narb**t

die **Narkose** ⓞ
(schlafähnlicher Zustand bei Operationen)
die **Narkos**en

naschen ⓐ
ge**nasch**t
du **nasch**st
die **Nasch**katze

die **Nase** ⓐ 3
die **Nas**en
das **Näs**chen ⓐ
naseweis
hoch**näs**ig 4
(Na-se, Näs-chen)

1 ***nickname*** [ˈnɪkˌneɪm]
2 ***first name*** [fɜːst‿neɪm]
3 ***nose*** [nəʊz]
4 ***snooty*** [ˈsnuːtɪ]

nass ⓐ
nasser
am **nass**esten
die **Näss**e (ä▸a)
durch**näss**en
du bist durch**nässt**

die **Nation** (F)
(das Staatsvolk)
die **Nation**en
die Vereinten **Nation**en (1)
(UNO)
die **Nation**alität
national

die **Natur** (F)
natürlich
[␣␣←]

der **Nebel** ⓔ
die **Nebel**
neblig

neben ⓔ
nebenan
nebeneinander-
sitzen
da**neben**
der **Neben**fluss
[␣␣]

der **Neffe** ⓔ
(ein Verwandter)
die **Neff**en

nehmen ⓔ
nahm
ge**nomm**en
du **nimm**st
ein**nehm**en
du **nahm**st ein
einge**nomm**en
→an**nehm**en
auseinander **nehm**en
teil**nehm**en (2)
→ weg**nehm**en
die An**nahme**
die Aus**nahme**
die Nach**nahme**
(eine Postsendung)
die Teil**nahme**
[␣␣␣←]

der **Neid** (!)
be**neid**en
neidisch

nein (ei)
ja oder **nein**
das **Nein**
ver**nein**en

(1) ***United Nations** (UN)*
[juːˈnaɪtɪd ˈneɪʃns]

(2) ***take part*** [teɪk pɑːt]
participate [pɑːˈtɪsɪˌpeɪt]

A B C D E F G H I J K L M **N** O P Q R S T U V W X Y Z

nennen ⓔ
nannte
ge**nann**t
du **nenn**st
be**nenn**en

der **Nerv** (!)
die **Nerv**en
die **Nerv**osität
jmdn. **nerv**en
nervös

das **Nest** ⓔ
die **Nest**er
nisten
die Vögel **nist**eten
sie haben ge**nist**et

nett ⓔ 1
netter
am **nett**esten
die **Nett**igkeit

das **Netz** ⓔ
die **Netz**e
das Spinnen**netz**
be**netz**en
(anfeuchten)
ver**netz**en

neu
neuer
am **neu**(e)sten
neulich
die **Neu**igkeit
Prosit **Neu**jahr! 2
neugierig
→ gierig

neun (9)
neunzehn 3
neunzig
halb **neun**
neunmal
der **neun**te Mai

neutral ⓐ
(unparteiisch)
die **Neutral**ität 4

nicht ⓘ 5
es macht **nicht**s

die **Nichte** ⓘ
(eine Verwandte)
die **Nicht**en

nicken ⓘ
ge**nick**t
du **nick**st
das Ge**nick**

1 ***nice*** [naɪs]

2 ***Happy New Year!*** [ˈhæpɪ‿njuː‿jɪə]

3 ***nineteen*** [naɪnˈtiːn]

4 ***neutrality*** [njuːˈtrælɪtɪ]

5 ***not*** [nɒt]

nie ⓘ ❶
nie mehr
niemals ❶

niemand ❷
das **Niemand**sland

niedlich ⓘ
niedlicher
am **niedlich**sten
ver**niedlich**en

niedrig ⓘ
niedriger
am **niedr**igsten
nieder
die **Nieder**lage

du **nimmst** ⓘ
→ **nehm**en

nirgends ⓘ
nirgendwo

noch
nochmals ❸
noch einmal
noch mehr

weder - **noch**
noch nie

das **Nomen**
(Wortart, die man in der deutschen Sprache mit großen Anfangsbuchstaben schreibt)
die **Nomen**
auch: das Substantiv (siehe S. 357)
das Pro**nomen**
(siehe S. 355)

der **Nominativ**
(Werfall)

der **Norden**
die **Nord**see ❹
nördlich

normal
un**normal**/
a**normal**
normalerweise
die **Norm**

die **Not**
die **Nöt**e
be**nöt**igen

❶ ***never*** ['nevə]
❷ ***nobody*** ['nəʊbədɪ]
❸ ***once more*** [wʌns mɔː]
❹ ***North Sea*** [ˌnɔːθ'siː]

nötig
notwendig

die **Note** ⓞ
(ein Tonzeichen)
die **Not**en
der **Not**enständer
die Fuß**note**
(Verweis auf eine Textstelle)
die Bank**note**
(ein Geldschein)
be**not**en
(zensieren)

notieren ⓞ
(aufschreiben)
notiert
du **not**ierst
die **Not**iz

der **November** Ⓕ ❶
(der elfte Monat des Jahres)

die **Nudel** ⓤ
die **Nudel**n
die **Nudel**suppe

die **Null** (0) ⓤ ❷
die **Null**en
null Grad

die **Nummer** ⓤ ❸
(Nr.)
die **Nummer**n
nummerieren

aber: **num**erisch

nun ⓤ
von **nun** an
(von jetzt an)

nur ⓤ ❹
nur wenig Zeit
nur zwei Euro

die **Nuss** ⓤ
die **Nüss**e
die Erd**nuss**

eine **Nuss** knacken
(ein Rätsel lösen)

nützlich ⓤ
nützlicher
am **nütz**lichsten
nutzen
nützen
→ be**nutz**en
der **Nutz**en
die **Nutz**pflanze
(nut-zen)

❶ ***November*** [nəʊ'vembə]
❷ ***zero*** ['zɪərəʊ]
❸ ***number*** ['nʌmbə]
❹ ***only*** ['əʊnlɪ]

ob
ob er kommt?

oben
obenauf
oben auf dem Schrank
von **oben**
der **Ober**arm

der **Ober** 1
die **Ober**
der **Ober**kellner

das **Objekt**
(der Gegenstand, gramm.: die Ergänzung)
die **Objekte**
objektiv
(unabhängig)

das **Obst** 2
die **Obst**sorten
der **Obst**saft
obwohl
obwohl er siegte, ...

oder
entweder ... **oder**
die **Oder**
(der Fluss zwischen Deutschland und Polen)

der **Ofen**
die **Öfen**

offen 3
öffentlich
offenbleiben
(Rechnung)
offen bleiben
(Tür)
öffnen 3
die **Offen**heit
die **Öffn**ung
(of-fen)
die Ver**öffen**tlichung

oft 4
öfter

ohne
die **Ohn**macht
ohnmächtig

1 ***waiter*** ['weɪtə]
2 ***fruit*** [fruːt]
3 ***open*** ['əʊpən]
4 ***often*** ['ɒfn]

das **Ohr**
die **Ohr**en
der **Ohr**ring

okay (o.k.)
(engl.: in Ordnung)
das **Okay**

die **Ökologie**
(die Lehre vom Haushalt der Natur)
ökologischer Anbau

die **Ökonomie**
(die Wirtschaftlichkeit)
ökonomisch

der **Oktober** 1
(der zehnte Monat des Jahres)

das **Öl**
die **Öl**e
ölen
ölig

die **Olive**
die **Olive**n
olivgrün

die **Olympiade**
die **Olymp**ischen Spiele 2
die **olymp**ische Disziplin

die **Oma** 3
die **Oma**s

der **Omnibus***
die **Omnibus**se

der **Onkel**
die **Onkel**

der **Opa** 4
die **Opa**s

die **Oper** 5
die **Oper**n
die **Oper**ette

operieren
jmd. wird **operi**ert
die **Oper**ation

das **Opfer**
die **Opfer**
opfern

* Lies dazu auch die Geschichte S. 374.

1 ***October*** [ɒk'təʊbə]

2 ***Olympic Games*** [ə'lɪmpɪk geɪms]

3 ***grandma*** ['grænmɑː]
granny ['grænɪ]

4 ***grandpa*** ['græn,pɑː]
granddad ['græn,dæd]

5 ***opera*** ['ɒprə]

die **Oppo**sition (F)
die **Oppo**sitionen

die **Optik** (Q)
(die Wissenschaft vom Licht)
die **Optik**en
optisch
(die äußere Wirkung)

optimal (F)
(bestmöglich)
die **optim**ale Lösung

optimistisch (F)
(zuversichtlich)
optimistischer
am **optimist**ischsten
der **Optimis**mus
der **Optimist**

die **Orange** (Q) ❶
(die Südfrucht)
die **Orange**n
der **Orange**nsaft
orange

das **Orchester** (F)
die **Orchester**
das Blas**orchester**
das Sinfonie**orchester**

ordnen (Q)
ge**ordn**et
du **ordn**est
ver**ordn**en
der **Ordn**er
die Abge**ordn**ete
die **Ordn**ung
in **Ordn**ung ❷
ordentlich

das **Organ** (a)
die **Organ**e
die **Organ**spende
organisch

die **Organis**ation (Q) ❸
organisieren ❹
organisiert
du **organis**ierst

der **Orgasm**us (F)
(der Höhepunkt der Lustempfindung)
die **Orgasm**en

die **Orgel** (Q)
die **Orgel**n
die **Orgel**pfeifen
die Kirchen**orgel**

❶ ***orange*** [ˈɒrɪndʒ]

❷ ***all right*** [ˌɔːlˈraɪt]
(auch: schon gut)

❸ ***organization*** [ˌɔːgənaɪˈzeɪʃn]

❹ ***organize*** [ˈɔːgəˌnaɪz]; ***arrange*** [əˈreɪndʒ]

A B C D E F G H I J K L M N O P Q R S T U V W X Y Z

der **Orient** (F)
(Vorder- und Mittelasien)
Märchen des **Orients**

sich **orientieren** (F)
er hat sich **orientiert**
du **orientierst** dich
die **Orientierung**
orientierungslos

das **Original** (F)
die **Originale**
original
(echt, einmalig)
originell
(eigenwillig)

der **Orkan** ⓐ
die **Orkane**
orkanartige Stürme

der **Ort** ⓞ
die **Orte**
die **Ortschaft**
orten

die **Orthographie** (F)
auch: **Orthografie**
orthografisch

der **Osten** ⓞ ❶
die **Ostsee** ❷
östlich
ostwärts

Ostern ⓞ
der **Osterbrauch**
das **Osterei**
das **Osterfest**

Österreich ⓞ
der **Österreicher**
die **Österreicherin**
österreichisch

der **Ozean** ⓞ ❸
die **Ozeane**
der Atlantische **Ozean**
(O-ze-an)

der/das **Ozon** (F)
(Form des Sauerstoffs)
das **Ozonloch**

❶ ***east*** [iːst]

❷ *the **Baltic Sea*** [ˈbɔːltɪk‿siː]

❸ ***ocean*** [ˈəʊʃn]
sea [siː]
*Pacific **Ocean*** (Stiller Ozean)

das **Paar** ⓐ
die **Paar**e
das Ehe**paar**
das Liebes**paar**
das **Paar** Schuhe ❶
die **Paar**ung
das **Pär**chen (ä‣a)
paaren
paarweise

paar ⓐ
ein **paar** Tage

packen ⓐ
ge**pack**t
du **pack**st
→ ein**pack**en
das **Päck**chen (ä‣a)
das **Pak**et
→ das Ge**päck**
die **Pack**ung
die Ver**pack**ung

das **Paddel** ⓐ
die **Paddel**
das **Paddel**boot
paddeln

der **Pakt** ⓐ
(ein Bündnis zwischen Staaten)
die **Pakt**e
Nichtangriffs**pakt**
paktieren

die **Pampelmuse** ⓤ
die **Pampelmuse**n

die **Panik** ⓐ
(Verwirrung)
in **panisch**er Angst

der **Papa** ⓐ ❷
der **Papi**

das **Papier** ⓘ ❸
die **Papier**e
das Klo**papier**
der **Papier**korb
die Wert**papier**e

❶ ***pair** of shoes* [peə]

❷ ***dad*** [dæd]; ***daddy*** ['dædɪ]

❸ ***paper*** ['peɪpə]
***paper**back* (Taschenbuch)

die **Pappe** ⓐ
die **Papp**en
der **Papp**karton

der **Paprika** (F)
die **Paprika**schote

der **Papst** ⓐ
die **Päpst**e
die **päpst**liche Würde

der **Paragraph** (F)
(Abschnitt in Gesetzen: §)
die **Paragraph**en

parallel (F)
die **Parallel**e

das **Parfum** (F)
die **Parfum**s
auch: das **Parfüm**
die **Parfüm**e
die **Parfüm**erie
parfümieren

parken ⓐ (1)
ge**park**t
du **park**st
der **Park**
der **Park**platz

das **Parlament** (F)
(die Volksvertretung)
die **Parlament**e
parlamentarisch

die **Partei** (F) (2)
die **Partei**en
der Un**partei**ische
(der Schiedsrichter)
parteilich

das **Partizip** (F)
(gramm.: das Mittelwort)
die **Partizip**ien

der **Partner** (F)
die **Partner**
die **Partner**innen
der Gesprächs**partner**
die **Partner**arbeit
der **Partner**look
partnerschaftlich

die **Party**
(engl.)
die **Party**s
die Geburtstags-**party** (3)

(1) ***park*** [pa:k]
***park** and ride* (das Auto parken und mit dem Bus weiterfahren)

(2) ***party*** ['pa:tɪ]
(politische Partei und Feier)

(3) *birthday **party***

der **Pass** (a) 1
(Ausweis und Gebirgsübergang)
die **Pässe** (ä-a)
der **Passagier**
der Schiffs**passagier**
die **Passage**
passieren
er **passiert**
die Grenze

passen (a)
ge**passt**
du **passt**
es **passt**
ver**passen**
→ auf**passen**
das **Passende**
un**passend**

passieren
passiert
mir **passiert** etwas

passiv (a)
passiver
am **passivsten**
das **Passiv**
(gramm.: die Leideform)

der **Pate** (a)
die **Paten**
das **Patenkind**
der **Patenonkel**
die **Patentante**
der Tauf**pate**
die **Patenschaft**

der **Patient** (F)
die **Patienten**
der Kassen**patient**

die **Pause** (au) 2
die **Pausen**
pausieren
pausenlos

der **Pavillon** (F)
(kleines Gebäude)
die **Pavillons**

das **Pech** (e) 3
Pech haben
der **Pechvogel**
pechschwarz

das **Pedal** (a)
die **Pedale**
das Brems**pedal**

1 ***pass*** [pɑːs]
passport [ˈpɑːspɔːt]

2 ***break*** [breɪk]

3 ***bad luck*** [bæd lʌk]

A B C D E F G H I J K L M N O P Q R S T U V W X Y Z

die **Pelle** ⓔ
die **Pellen**
die **Pellkartoffeln** ❶
die Wurst**pelle**
pellen

der **Pelz** ⓔ
die **Pelze**
der Kunst**pelz**
pelzig

das **Pendel** ⓔ
die **Pendel**
pendeln
der **Pendler**
der **Pendelverkehr**

die **Perfektion** ⚠F
perfekt
perfektionistisch
das **Perfekt**
(gramm.: abgeschlossene Handlung)

die **Person** ⚠F ❷
die **Personen**
das **Personal**
die **Persönlichkeit**
(un)**persönlich**

die **Perspektive** ⚠F
(Aussicht auf die Zukunft)
die **Perspektiven**

petzen ⓔ
ge**petzt**
du **petzt**
ver**petzen**

der **Pfad** ⓐ
(schmaler Weg)
die **Pfade**
der **Pfadfinder**

der **Pfahl** ⓐ
(der Pfosten)
die **Pfähle** ä▸a
der **Pfahlbau**

die **Pfanne** ⓐ
die **Pfannen**
die Brat**pfanne**
der **Pfannkuchen** ❸

der **Pfeffer** ⓔ ❹
der **Pfefferstreuer**
pfeffern
ge**pfefferte** Preise
(sehr hohe Preise)

❶ ***boiled potatoes** in their jackets* [ˈbɔɪld‿pəˈteɪtəʊs]

❷ ***person*** [ˈpɜːsn]

❸ ***pancake*** [pænˌkeɪk]

❹ ***pepper*** [ˈpepə]

pfeifen (ei)
pfiff
ge**pfiff**en

du **pfeif**st
jmdn. ver**pfeif**en
(jmdn. anzeigen)
die **Pfeif**e
der An**pfiff**
der **Pfiff**ikus
(ein schlauer Mensch)
pfiffig

Pfingsten (i)
der **Pfingst**ausflug
die **Pfingst**rose
(Pfings-ten)

der **Pfirsich** (i) ❶
die **Pfirsich**e

pflanzen (a)
ge**pflanzt**
Du **pflanzt**
die **Pflanze**. ❷
die Be**pflanz**ung
ein**pflanz**en
fort**pflanz**en
pflanzlich

das **Pflaster**
die **Pflaster**
das Straßen**pflaster**
das Heft**pflaster**
pflastern

die **Pflaume** (au) ❸
die **Pflaume**n
pflaumenweich

pflegen (e)
ge**pfleg**t
du **pfleg**st
ver**pfleg**en
die **Pfleg**e ❹
pflegeleicht
unge**pfleg**t

die **Pflicht** (i)
die **Pflicht**en
(sich) ver**pflicht**en
jmdm. ver**pflicht**et sein
(jmdm. etwas schuldig sein)

pflücken (ü)
ge**pflück**t
du **pflück**st
zer**pflück**en
der **Pflück**er

❶ ***peach*** [piːtʃ]

❷ *You **plant** the **plant**.* [plɑːnt]

❸ ***plum*** [plʌm]

❹ ***care*** [keə]

pflügen ⓤ
ge**pflüg**t
du **pflüg**st
der **Pflug**

die **Pforte** ⓞ
die **Pfort**en
die Garten**pfort**e
der **Pfört**ner

der **Pfosten** ⓞ
die **Pfosten**
der Tor**pfosten**
(Pfos-ten)

die **Pfote** ⓞ
die **Pfot**en
das **Pföt**chen
umg.: **Pfot**en waschen
(Hände waschen)
umg.: **Pfot**en weg! *der*
(nicht anfassen)

das **Pfund** (!) ❶
1 **Pfd.** sind
500 → Gramm
die **Pfund**e

die **Pfütze** ⓤ
die **Pfütz**en
die Regen**pfütze**

die **Philosophie** (F)
(die Wissenschaft von der Erkenntnis des Sinns des Lebens)
die **Philosophie**n
der **Philosoph**
philosophieren
philosophisch

die **Physik** (F)
der **Physik**unterricht
die **Physik**erin
physikalisch

picken ⓘ
ge**pick**t
du **pick**st
heraus**pick**en
die **Pick**e oder
der **Pick**el
(die Spitzhacke und Mitesser auf der Haut)

das **Picknick**
(franz.: Essen im Freien)
der **Picknick**korb
picknicken

der **Pilz** ⓘ ❷
die **Pilz**e

❶ ***pound*** [paʊnd]
(ein englisches Pfund = 453g)
£ (englische Währung)

❷ ***mushroom*** [ˈmʌʃrʊm]

der Fliegen**pilz**
der Atom**pilz**
Pilze sammeln

der **Pinsel** ⓘ
die **Pinsel**
der Rasier**pinsel**
pinseln

das **Plakat** Ⓕ
die **Plakat**e
das Film**plakat**
die **Plakett**e
plakatieren

der **Plan** ⓐ
die **Plän**e ⓐ▸ä
der Stunden**plan** ❶
planen
die **Plan**ung
planlos

der **Planet** ⓔ ❷
(der Himmelskörper)
die **Planet**en
das **Planet**arium

die **Plastik** Ⓕ
(Kunstwerk)
die **Plastik**en

das **Plastik**
(ein Kunststoff)
die **Plastik**tüte
(Plas-tik)
plastisch
(dreidimensional)

die **Platte** ⓐ
die **Platt**en
der **Platt**enspieler
platt
plätten ⓐ▸ä

der **Platz** ⓐ
die **Plätz**e ⓐ▸ä
das **Plätz**chen
die **Platz**karte
der Sitz**platz**
der Sport**platz** ❸
Platz nehmen ❹
platzieren
(Plät-ze)

platzen ⓐ
ge**platz**t
es **platz**t
zer**platz**en
der **Platz**regen
(heftiger Regen)

❶ ***timetable*** ['taɪmˌteɪbl]
❷ ***planet*** ['plænɪt]
❸ ***playing field*** ['pleɪŋ fiːld]
❹ *take a* ***seat*** [siːt]

A B C D E F G H I J K L M N O P Q R S T U V W X Y Z

plötzlich
(unerwartet)
ur**plötz**lich

der **Plural**
(gramm.: die Mehrzahl)
das Nomen steht
im **Plural**
(siehe S. 356)

der **Pneu**
(franz.: Luftreifen)
die **Pneus**
der Fahrrad**pneu**

die **Pointe**
(franz.: überraschender Höhepunkt in der Literatur und beim Witz)
die **Pointen**

die **Poesie**
(stimmungsvolle Dichtung)
das **Poesie**album
der **Poet**
poetisch

die **Politik**
der **Politik**er
die Außen**politik**
politisch

die **Polizei**
der **Polizist** 1
der **Polize**ieinsatz
der **Polize**ihund
polizeilich

das **Polster**
weiche **Polster**
die **Polster**möbel
die Schulter**polster**
das Sitz**polster**
polstern

die **Pommes**
auch: **Pommes Frites**
(franz.: in Fett gebackene Kartoffelstäbchen)

populär 2
(beliebt)
populärer
am **populär**sten
die **Popular**ität
der **Pop**star

1 ***police officer*** [pə'liːs 'ɒfɪsə]
policeman [pə'liːsmən]

2 ***popular*** ['pɒpjʊlə]

das **Portmonee**
(franz.: der Geldbeutel)
auch: das **Portemonnaie**
die **Portmonee**s

das **Porto** (F)
die **Porto**s
auch: **Porti**
das Brief**porto**
(Gebühr für Briefsendungen)
portofrei

die **Post** ❶
das **Post**amt ❷
der **Post**bote
das **Post**fach
die **Post**leitzahl
die **post**alische Anschrift

prahlen ⓐ
ge**prahl**t
du **prahl**st
die **Prahl**erei
der **Prahl**hans

praktisch (F)
praktischer
am **prakt**ischsten
praktizieren
das **Prakt**ikum
→ die **Praxis**

der **Präsident** (F) ❸
die **Präsident**en
die **Präsident**in
der Vize**präsident**

die **Praxis** (F)
die **Praxen**
die Arzt**praxis**
→ **prakt**isch

der **Preis** (!)
(als Pokal und zu bezahlen)
die **Preis**e
an**preis**en
→ **preis**en
preiswert

preisen (ei)
(jmdn. rühmen)
pries
ge**pries**en
du **preist** (an)
→ der **Preis**

❶ ***mail*** [meɪl]; ***mail****ing*

❷ ***post office*** ['pəʊstˌɒfɪs]

❸ ***president*** ['prezɪdənt]
Hello Mr. ***President****!*

pressen ⓔ
ge**press**t
du **press**t
aus**press**en
die **Press**e
(Zeitungen und Saftpresse)
der Er**press**er

der **Prinz** ⓘ ❶
die **Prinz**en
die **Prinz**essin
die **Prinz**essinnen
(Prin-zes-sin-nen)

das **Prinzip** Ⓕ
(der Grundsatz)
die **Prinzip**ien
prinzipiell

privat Ⓕ
privatisieren
das **Privat**haus

pro ⓞ
(für, je)
pro Kopf
pro Stück
pro Stunde
das **Pro** und Kontra
(das Für und Wider)

probieren Ⓕ ❷
probiert
du **probi**erst
aus**probi**eren

proben
er**prob**en
die **Probe**packung
die Theater**probe**
Probe fahren

das **Problem** Ⓕ ❸
die **Problem**e
problematisch

das **Produkt** Ⓕ
die **Produkt**e
die **Produkt**ion

produzieren

der **Professor** Ⓕ
die **Professor**en
die **Professor**in
(Pro-fes-so-rin-nen)
die **Profess**ur

das **Programm** Ⓕ ❹
die **Programm**e
programmieren

❶ ***prince*** [prɪns]
*the **Prince** of Wales*

❷ ***try*** [traɪ]

❸ ***problem*** ['prɒbləm]

❹ ***program*** ['prəʊgræ'm]

das **Projekt** Ⓕ
(ein Vorhaben)
die **Projekte**
die **Projektwoche**
das Schul**projekt**

das **Pronomen** Ⓕ
(siehe S. 355)
die **Pronomen**

der **Protest** Ⓕ
(der Widerspruch)
die **Proteste**
protestieren
protestantisch
(prot.)

das **Protokoll** Ⓕ
(die Mitschrift)
die **Protokolle**
protokollieren

das **Prozent** Ⓕ
(Zeichen: %)
die **Prozente**
die **Prozentrechnung**
prozentual

der **Prozess** Ⓕ
die **Prozesse**
prozessieren

die **Prüfung** ⓤ
die **Prüfungen**

der **Prüfer**
1 eine **Prüfung** ablegen
prüfen
über**prüfen**

die **Pubertät** Ⓕ
(Einsetzen der Geschlechtsreife)

das **Publikum** Ⓕ
die **Publikation**
(die Veröffentlichung)
publizieren
etwas **publik** machen
→ die Re**publik**

der **Pudding** Ⓕ
die **Puddings** oder
die **Puddinge**
das **Puddingpulver**
der Wackel**pudding** 2

der **Pullover** Ⓕ
die **Pullover**
der **Pulli**
der **Pullunder**
der Rollkragen**pullover**

1 *take an **exam*** [ɪg'zæm]

2 ***wobble pudding*** ['wɒblpʊdɪŋ]

das **Pulver** ⓤ
das Schieß**pulver**
der **Pulver**schnee
ver**pulver**n
pulverig

der **Punkt** ⓤ ❶
die **Punkt**e
der Doppel**punkt**
der **Punkt**richter
die Un**pünkt**lichkeit

punkten
punktiert
punktuell
pünktlich ❷

die **Puppe** ⓤ ❸
die **Pupp**en
die Hand**puppe**
der **Pupp**enwagen
das **Püpp**chen
sich ent**pupp**en als
(sich herausstellen als)

purzeln ⓤ
ge**purzel**t
du **purzel**st
der **Purzel**baum

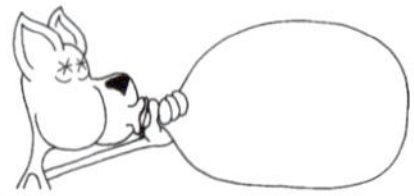

pusten ⓤ
ge**pust**et
du **pust**est
die **Pust**e
ihm geht die **Pust**e aus
(pus-ten)
die **Pust**eblume

putzen ⓤ
ge**putz**t
du **putz**t
der **Putz**
das **Putz**mittel
putzig

das **Puzzle**
(engl.: das Geduldspiel)
das **Puzzle**teil

der **Pyjama** Ⓕ
(der Schlafanzug)
die **Pyjama**s

die **Pyramide** Ⓕ
(ein geometrischer Körper aus Dreiecken und Königsgrabmal der Ägypter)
die **Pyramide**n

❶ ***point*** [pɔɪnt]
❷ ***on time*** [ɒn taɪm]
❸ ***doll*** [dɒl]
cocoon [kə'kuːn]

das **Quadrat**
die **Quadrat**e
der **Quader**
quadratisch

(sich) **quälen**
ge**quäl**t
du **quäl**st (dich)
die **Qual**
die Tier**quäl**erei

die **Qualität** ❶
(der Wert, die Güte)
die **Qualität**en
qualitativ

der **Qualm**
qualmen
ge**qualm**t
qualmst du?
(salopp: viel rauchen)
ver**qualm**t

die **Quantität** ❷
(die Menge, die Anzahl)
die **Quantität**en
quantitativ

der **Quark**
der **Quark**kuchen

das **Quartett**
(Kartenspiel und ein Stück für vier Musiker)
die **Quartett**e

das **Quartier**
(die Unterkunft und ein Stadtteil)
die **Quartier**e
(sich) ein**quartier**en

der **Quarz**
(ein Mineral)
die **Quarz**e
der Rosen**quarz**
die **Quarz**uhr

der **Quatsch**
(der Unsinn)
Quatsch machen
quatschen
(salopp: viel reden)

❶ ***quality*** ['kwɒlɪtɪ]   ❷ ***quantity*** ['kwɒntɪtɪ]

das **Quecksilber** ⓔ
(das Element / die Substanz im Thermometer)

quellen ⓔ
quoll
ge**quoll**en
es **quill**t
über**quell**en
die **Quell**e
die **Quell**en
die Literatur**quell**e
(Quel-le)

quer ⓔ
kreuz und **quer** 1
der **Quer**schnitt
→ über**quer**en
sich **quer**legen
(sich widersetzen)

quetschen ⓔ
ge**quetsch**t
du **quetsch**st
die **Quetsch**ung

quietschen ⓘ
ge**quietsch**t
du **quietsch**st
quietsch-vergnügt

es **quill**t ⓘ
→ **quell**en

das **Quintett** Ⓕ
(ein Stück für fünf Musiker)
die **Quintett**e

der **Quirl** Ⓕ
(ein Holzstab zum Mixen und ein lebhafter Mensch)
die **Quirl**e
quirlen
quirlig

die **Quitt**ung Ⓕ
die **Quitt**ungen
quittieren

das **Quiz** 2
(engl.: das Frage- und-Antwort-Spiel)
die **Quiz**frage
der **Quiz**master

es **quoll** ⓞ
→ **quell**en

8 Tipps von Otto Graf: S. 384 bis S. 391. Wer sie befolgt, hat gewonnen!

1 ***crisscross*** [ˈkrɪsˌkrɒs]
keep your fingers ***crossed***
(Daumen drücken)

2 ***quiz*** [kwɪz]

der **Rabatt** (F)
die **Rabatte**
das **Rabatt**gesetz

rächen (ä▸a)
ge**rächt**
du **räch**st
die **Rache**

das **Rad**
die **Räd**er (ä▸a)
das Fahr**rad**

der **Rad**fahrer
die **Rad**tour
Rad fahren
ich fahre **Rad**

das/der **Radar**
*(engl.: kurz für: **Ra**dio **d**etecting **a**nd **r**anging)*
das **Radar**gerät
der **Radar**schirm

radieren (F)
radiert
du **rad**ierst
aus**rad**ieren
der **Rad**iergummi

das **Radio** ⓐ ❶
die **Radio**s
Radio hören

der **Rahm** ⓐ
der Schlag**rahm**
rahmen
rahmig

der **Rahmen** ⓐ
die **Rahm**en
der Bilder**rahm**en
ein**rahm**en

die **Rakete** ⓔ ❷
die **Raket**en
die Mond**rakete**

die **Rallye**
(engl.: Wettrennen mit Autos auf schwierigen Strecken)
die **Rallye**s
die Fahrrad**rallye**
die Museums**rallye**

❶ ***radio*** [ˈreɪdɪəʊ]
radio *station*

❷ ***rocket*** [ˈrɒkɪt] (Raumfahrt)
missile [ˈmɪsaɪl] (Militär)

die **Rampe** ⓐ
die **Rampen**
die Lade**rampe**
das **Rampen**licht

der **Rand** ⓐ
die **Ränd**er (ä-a)
der Stadt**rand**
der Straßen**rand**
randlos
um**rand**en

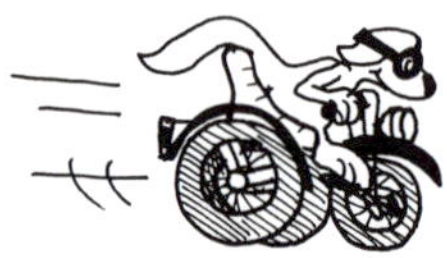

randalieren (F)
(Lärm machen)
randaliert
du **randal**ierst
die **Randal**e
der **Randal**ierer

er **rang** ⓐ
→ **ring**en

sie **rannte** ⓐ
→ **renn**en

der **Ranzen** ⓐ
die **Ranzen**
der Schul**ranzen**

rasch ⓐ
rascher
am **rasch**esten
→ über**rasch**en

rascheln ⓐ
ge**rasch**elt
es **rasch**elt

rasen ⓐ ❶
ge**rast**
du **rast**
die **Ras**erei
rasend

der **Rasen** ⓐ
die **Rasen**
der **Rasen**mäher

sich **ras**ieren ⓐ ❷
rasiert
er **ras**iert sich
der **Ras**ierapparat
die **Ras**ur

die **Rasse** ⓐ
die **Rass**en
die Hunde**rasse**
rassig

❶ ***rush** hour* [rʌʃ]
(Hauptverkehrszeit)

❷ ***shave*** [ʃeɪv]
*after **shave*** (Rasierwasser)

rasten (a)
ge**rast**et
du **rast**est
die **Rast**
die **Rast**stätte
eine **Rast** machen
rastlos

raten (a)
riet
ge**rat**en
du **rät**st (ä▸a)
er**rat**en
die Be**rat**ung
das **Rat**haus
der **Rat**schlag
ratlos
das **Rätsel** 1
rätselhaft

die **Ration** (F)
die **Ration**en
rationieren
(einteilen)
die Tages**ration**

rau (au)
rauer
am **rau**esten
auf**rau**en
der **Rau**reif
raubeinig

rauben (au)
ge**raub**t
du **raub**st
der **Raub**
der **Räub**er (äu▸au)
die **Räub**erbande
räuberisch

der **Rauch** (au)
die **Rauch**wolke
der Nicht**rauch**er 2
das **Rauch**verbot 3
rauchen
räuchern (äu▸au)

rauf (au)
*(= her**auf**)*
raufkommen

der **Raum** (au) 4
der Welt**raum**
räumen (äu▸au)

1 ***puzzle*** ['pʌzl]; ***riddle*** ['rɪdl]
enigma [ɪ'nɪgmə]

2 ***nonsmoker*** [ˌnɒn'sməʊkə]

3 ***no smoking!***

4 *bath**room*** [ruːm] (Bad)
*bed**room*** (Schlafzimmer)
*class**room*** (Klassenraum)

A B C D E F G H I J K L M N O P Q R S T U V W X Y Z

aufräumen
räumlich
geräumig

rauschen (au)
gerauscht
es rauscht
das Meeresrauschen
→ das Geräusch (äu‣au)

sich **räuspern** (äu‣au)
geräuspert
du räusperst dich
das Geräusper

real (F)
realer
am realsten
die Realität
die Realschule

die **Rebe** (e)
die Reben
der Rebstock
die Weinrebe

rechnen (e) ❶
gerechnet
du rechnest
die Rechnung
der Rechenweg
der Taschenrechner
das Kopfrechnen

das **Recht** (e) ❷
Recht haben
im Recht sein
die Rechtsanwältin
❸ die Rechtschreibung
sich rechtfertigen
rechtzeitig
→ gerecht
→ richtig

rechts (e)
die rechte Hand
der Rechtshänder
rechts außen
spielen

reden (e) ❹
geredet
du redest
anreden
jmdn. überreden
sich verabreden
die Rede
der Redner
redselig

❶ ***calculate*** ['kælkjʊleɪt]

❷ ***right*** [raɪt]

❸ ***orthography*** [ɔː'θɒgrəfiː]
spelling ['spelɪŋ]

❹ ***speak*** [spiːk]
talk [tɔːk]

die **Reform** △F
(Erneuerung)
die **Reform**en
die Schul**reform**
[⌴⌴]
reformieren
reformiert
(ref.)

der **Refrain**
(franz.: Kehrreim)
die **Refrain**s

das **Regal** (a̲)
die **Regal**e
das Bücher**regal**
der **Regal**boden

die **Regatta** (ạ)
die **Regatt**en
die Segel**regatt**a ❶

die **Regel** (e̲)
die **Regel**n
die Spiel**regel**
die **Regel**ung
[⌴↩]
regeln
ge**regel**t
regelmäßig
→ **reg**ieren

der **Regen** (e̲)
der **Regen**schirm
der **Regen**bogen ❷
der Schnee**regen**
regnen
regnerisch

regieren △F
regiert
du **reg**ierst
die **Reg**ierung ❸
[⌴↩↩]
die **Reg**ie
→ die **Regel**

reiben (ei)
rieb
ge**rieb**en
du **reib**st
die **Reib**e
die **Reib**erei
reibungslos
[⌴↩↔↩]

reich (ei) ❹
reicher
am **reich**sten
reichlich
be**reich**ern
der **Reich**tum

❶ ***regatta*** [rɪ'gætə]

❷ ***rainbow*** ['reɪnˌbəʊ]

❸ ***government*** ['gʌvənmənt]

❹ ***rich*** [rɪtʃ]

reichen (ei)
ge**reich**t
es **reich**t
aus**reich**en
→ der Be**reich**

reif (ei)
un**reif**
reifen
die **Reif**e
die **Reif**ung

der **Reif**en (ei)
die **Reif**en
die **Reif**enpanne
der Fahrrad**reif**en
be**reif**en

die **Reih**e (ei)
die **Reih**en
die **Reih**enfolge
auf**reih**en
reihenweise

der **Reim** (ei)
die **Reim**e
reimen
unge**reim**t
der Kinder**reim**

rein (ei)
*(= her**ein**)*
rein und raus
reingehen

rein (ei) (1)
reinlich
reinigen
ge**rein**igt
die **Rein**igung

der **Reis** (ei)
der Milch**reis** (2)
die **Reis**ernte

reisen (ei)
ge**reis**t
du **reis**t (!)
ver**reis**en
die **Reis**e
der **Reis**epass
die Welt**reis**e (3)

reißen (ei)
riss
ge**riss**en
du **reiß**t
→ zer**reiß**en

(1) ***clean*** [kliːn]
(2) ***rice pudding*** [raɪs ˈpʊdɪŋ]
(3) ***travel*** [ˈtrævl]
world tour [wɜːldtʊə]

der **Reiß**verschluss ➊
der **Reiß**zahn
→ der **Riss**
→ der Um**riss**

reiten (ei) ➋
ritt
ge**ritt**en
du **reit**est
der **Reit**er
der Aus**ritt**
der **Ritt**er
ritterlich

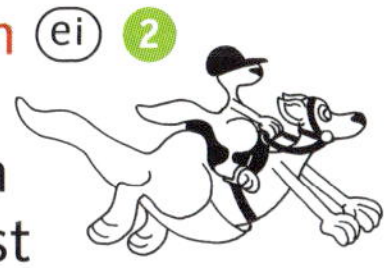

reizen (ei)
ge**reiz**t
du **reiz**t
der **Reiz**
der Juck**reiz**
reizend
reizvoll

die **Reklame** (F)
die Film**reklame**

der **Rekord** (F)
die **Rekord**e
der Welt**rekord**
rekordverdächtig

die **Religion** (F)
die **Religion**en
religiös

rennen (e)
rannte
ge**rann**t
du **renn**st
weg**renn**en
das Wett**renn**en
das **Renn**rad ➌

renovieren (F)
(erneuern)
renoviert
du **renov**ierst
die **Renov**ierung

die **Rente** (e)
die **Rent**en
der **Rent**ner
die **Rent**nerin

die **Reparatur** (F)
die **Reparatur**en
reparieren

der **Reporter** (F)
die **Report**er
die **Report**age

➊ ***zip*** [zɪp]

➋ ***ride*** [raɪd]; *park and* ***ride***
(das Auto parken und mit dem Bus weiterfahren)

➌ ***racing bicycle***
[ˈreɪsɪŋ ˈbaɪsɪkl]

A B C D E F G H I J K L M N O P Q R S T U V W X Y Z

die Republik (⚠F)
die Republiken
die Bundesrepublik ❶
→ das Publikum

die Reserve (⚠F)
die Reserven
reservieren

der Respekt (⚠F)
jmdn. respektieren
respektlos
respektvoll

der Rest ⓔ
die Reste
der Speiserest
restlos

das Restaurant
(franz.)
die Restaurants
das Gartenrestaurant

das Resultat (⚠F)
(das Ergebnis)
die Resultate
das Endresultat
resultieren

retten ⓔ ❷
gerettet
du rettest
die Rettung
der Rettungswagen

das Revier (⚠F)
die Reviere
das Polizeirevier
die Revierwache
der Revierförster

das Rezept (⚠F)
die Rezepte
das Kochrezept
ein Rezept
verschreiben

der Rhythmus (⚠F)
(regelmäßige Wiederholung natürlicher Abläufe, z. B. in der Musik)
die Rhythmen
der Herzrhythmus
rhythmisch

richten ⓘ
gerichtet
du richtest

❶ *Federal **Republic** of Germany (FRG)* [rɪˈpʌblɪk]

❷ ***save*** [seɪv]
***save** our souls (SOS)*

A B C D E F G H I J K L M N O P Q R S T U V W X Y Z

der Richter
die Richtung
das Gericht
→ berichten
→ richtig
→ der Unterricht
→ sich aufrichten

richtig ⓘ 1
berichtigen
die Berichtigung
→ richten
→ gerecht
→ das Recht

riechen ⓘ
roch
gerochen
du riechst gut
beriechen
der Geruch

sie **rief** ⓘ
→ rufen

der **Riegel**
die Riegel
abriegeln
verriegeln
der Schokoriegel

der **Riemen** ⓘ
die Riemen
der Schulterriemen

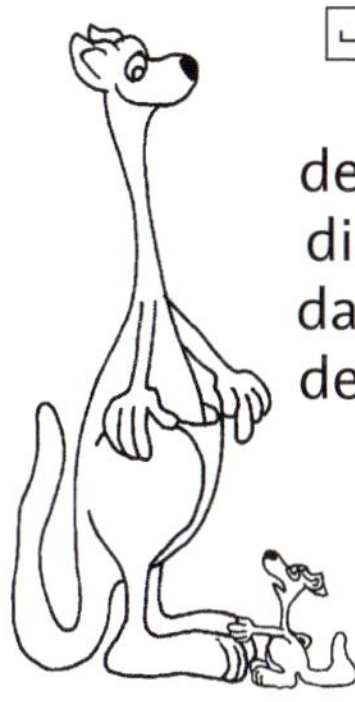

der **Riese** ⓘ 2
die Riesen
das Riesenrad
der Riesenslalom 3
riesig
riesengroß

er **riet** ⓘ
→ raten

die **Rinde** ⓘ
die Rinden
die Baumrinde

der **Ring** ⓘ
die Ringe
der Ringfinger
der Boxring
ringsherum

ringen ⓘ
rang
gerungen
du ringst

1 ***right*** [raɪt]
correct [kə'rekt]

2 ***giant*** ['dʒaɪənt]
***huge** appetite* [hjuːdʒ]
(Riesenappetit)

3 ***giant** slalom*

A B C D E F G H I J K L M N O P Q R S T U V W X Y Z

der **Ring**er
der **Ring**richter

die **Rippe** ⓘ
die **Ripp**en
das Ge**ripp**e
der **Ripp**enbruch

riskieren △F
riskiert
du **risk**ierst
das **Risiko** ❶
riskant
(ris-kie-ren)

der **Riss** ⓘ
die **Riss**e
rissig
→ **reiß**en/**riss**

sie **riss** ⓘ
→ **reiß**en

er **ritt** ⓘ
→ **reit**en

der **Rivale** ⓐ
die **Rival**en
rivalisieren
die **Rival**ität

der **Roboter** △F ❷
die **Robot**er
roboterhaft

es **roch** ⓞ
→ **riech**en

der **Rock** ⓞ
die **Röck**e
der **Rock**er
der **Rock** and Roll
(engl.)

rodeln ⓞ
ge**rodel**t
du **rodel**st
die **Rodel**bahn
der **Rodel**schlitten

roh ⓞ
das **roh**e Ei
die **Roh**kost
der **Roh**ling
(unbearbeitetes Werkstück und ein gefühlloser Mensch)

❶ ***risk*** [rɪsk]

❷ ***robot*** [ˈrəʊbɒt]

das Rohr
die **Rohr**e
die **Röhr**e
der **Rohr**bruch
das Fern**rohr**

rollen
ge**roll**t
du **roll**st
die **Roll**e
der **Roll**er ❶
der **Roll**laden
die **Roll**treppe
die Haupt**roll**e

der Roman
die **Roman**e
der Kriminal**roman** ❷

das Romani
*(Sprache der Sinti und **Roma**)*

die Rose
die **Ros**en
das **Ros**enbeet
die Wind**ros**e
rosa
rosé
rosig

die Rosine
(getrocknete Weintraube)
die **Rosin**en
das **Rosin**enbrot

der Rost
die **Rost**e
der **Rost**schutz
die **Rost**bratwurst
rosten
rostig
rostrot

rot ❸
er**röt**en
das Abend**rot**
der **Rot**kohl

der Rücken
die **Rück**en
die **Rück**sicht
der Hand**rück**en
der **Ruck**sack ❹
rücken
rückwärts
ver**rück**t
zu**rück**
(Rü-cken)

❶ ***scooter*** ['skuːtə]
*ride a **scooter***

❷ ***thriller*** ['θrɪlə]
whodun(n)it [huː'dʌnɪt]

❸ ***red*** [red]; ***red*** *roses*

❹ ***rucksack*** ['rʌkˌsæk]

das **Rudel** (u̲)
die **Rudel**
das Wolfs**rudel**

das **Ruder** (u̲)
die **Ruder**
das **Ruder**boot ①
rudern

rufen (u̲)
rief
ge**ruf**en
du **ruf**st
an**ruf**en
der An**ruf**beantworter
der Auf**ruf**
der **Ruf**
die **Ruf**nummer
→ der Be**ruf**

die **Ruhe** (u̲) ②
die Nacht**ruhe**
ruhen
be**ruh**igen
ruhig

der **Ruhm** (u̲)
rühmen
→ be**rühm**t

rühren (ü̲)
ge**rühr**t
du **rühr**st
→ be**rühr**en
die **Rühr**ung
das **Rühr**ei

rund (ụ)
rundlich
ab**rund**en
die **Rund**e
die **Rund**ung
die Stadt**rund**fahrt

der **Rüssel** (ụ̈)
die **Rüssel**
der Elefanten**rüssel**

rutschen (ụ)
ge**rutsch**t
du **rutsch**st
aus**rutsch**en
die **Rutsch**e
rutschig

① ***rowing boat*** ['rəʊɪŋ‿bəʊt]
rowboat

② ***silence*** ['saɪləns]
Quiet, please! (Ruhe, bitte!)

der **Saal** (a)
die **Säl**e

die **Saat** (a)
die **Saat**en
das **Saat**korn
→ **sä**en (ä-a)

die **Sache** (a)
die **Sach**en
die Ur**sach**e
die Spiel**sach**en ❶
sachlich
neben**säch**lich (ä-a)

der **Sack** (a)
die **Säck**e (ä-a)
der Mehl**sack**

säen (ä-a)
ge**sä**t
du **sä**st
→ die **Saat**

der **Saft** (a)
die **Säft**e (ä-a)
der Apfel**saft** ❷
ent**saft**en
↳—↵
saftig

sägen (ä)
ge**säg**t
du **säg**st
die **Säg**e
die **Säg**espäne
die Kreis**säg**e

sagen (a) ❸
ge**sag**t (!)
du **sag**st
die **Sag**e ❹
der An**sag**er
sagenhaft ❺

er **sah** (a)
→ **seh**en

die **Sahne** (a) ❻
die Schlag**sahne**
sahnig

❶ ***toys*** [tɔɪs]
❷ *apple* ***juice*** [dʒuːs]
❸ ***say*** [seɪ]
❹ ***legend*** ['ledʒənd]
❺ ***fantastic*** [fæn'tæstɪk]
❻ ***cream*** [kriːm]

A B C D E F G H I J K L M N O P Q R S T U V W X Y Z

die **Saite**
die **Saiten**
das **Saiteninstrument**
aber: → die **Seite**

der **Salat** ⓐ ❶
die **Salate**
der Obst**salat**
das **Salat**besteck

das **Salz** ⓐ ❷
die **Salze**
das **Salz**wasser
salzen
salzig

der **Samen** oder
der **Same** ⓐ
die **Samen**
die Blumen**samen**

sammeln ⓐ
ge**sammelt**
du **sammelst**
die **Samml**ung
→ die Ver**samml**ung ❸
zu**sammen**
→ ge**samt**
sämtlich ⓐ-ⓐ

der **Sams**tag ⓐ ❹
die **Sams**tage
das **Sams**
(Titelheld in einem Kinderbuch)
samstags
(Sams-tag)
→ der **Sonn**abend

der **Sand**
(Einzahlwort)
der **Sand**kasten
der Wüsten**sand**
sandig

sie **sand**te ⓐ
→ **send**en
(= schicken)

sanft ⓐ
sanfter
am **sanft**esten
sanftmütig

er **sang** ⓐ
→ **sing**en

es **sank** ⓐ
→ **sink**en

❶ ***salad*** ['sæləd]
❷ ***salt*** [sɔːlt]
❸ ***meeting*** ['miːtɪŋ]
❹ ***Saturday*** ['sætədeɪ]

sie **saß** (a)
→ **sitz**en

der **Satellit** (a) 1
(der Himmelskörper, die Raumsonde)
die **Satellit**en
der Wetter**satellit**
(Sa-tel-lit)

satt (a)
sättigen (ä▸a)
der Nimmer**satt**

der **Sattel** (a) 2
die **Sättel** (ä▸a)
der Reit**sattel**
der **Sattel**schlepper
der **Sattl**er
(ein Beruf)
satteln

der **Satz** (a)
die **Sätze** (ä▸a)
der Ab**satz**
das **Satz**zeichen
(siehe S. 358)

der Haupt**satz**
ein **Satz** Briefmarken
→ der Auf**satz**
→ **setz**en

sauber (au) 3
sauberer
am **sauber**sten
säubern (äu▸au)
die **Sauber**keit

sauer (au)
saurer
am **sauer**sten
ver**sauer**n
das **Sauer**kraut 4
der **Sauer**stoff

die **Säur**e (äu▸au)
die Zitronen**säure**
säuerlich

saugen (au)
ge**saug**t (!)
du **saug**st
der **Säug**ling (äu▸au)
das **Säug**etier
der Staub**saug**er

1 ***satellite*** ['sætəˌlaɪt]
2 ***saddle*** ['sædl]
3 ***clean*** [kliːn]
4 ***sauerkraut*** ['saʊəˌkraʊt]

A B C D E F G H I J K L M N O P Q R S T U V W X Y Z

die **Säule**
die **Säul**en
die Tank**säule**
die Litfaß**säule**
(Reklamesäule, erfunden von Buchdrucker Ernst Litfaß)

der **Saum** (au)
die **Säume** (äu▸au)
der Rock**saum**
säumen
→ ver**säumen**

sausen (au)
ge**saus**t
du **saust** um die Ecke
säuseln (äu▸au)
das Ohren**sausen**

das **Saxophon**
auch: das **Saxofon**
der **Saxophon**ist

das **Schach** (a)
Schach! ❶
das **Schach**brett
der **Schach**spieler
Schach spielen
❷ jmdn. **schach**matt setzen

die **Schachtel** (a) ❸
die **Schachtel**n
Streichholz**schachtel** ❹
␣␣␣

der **Schacht** (a)
die **Schächte** (ä▸a)
der Fahrstuhl**schacht**
␣␣␣
ein Loch aus**schacht**en

schaden (a)
ge**schad**et
du **schad**est
schädigen (ä▸a)
der **Schad**en
→ die Ent**schäd**igung
der **Schäd**ling
schadhaft
schädlich
schade!

der **Schädel** (ä)
die **Schädel**
der Dick**schädel**
der **Schädel**bruch

schaffen (a)
schuf
ge**schaff**en

❶ ***check!*** [tʃek]

❷ ***checkmate** someone* [ˈtʃekˌmeɪt]

❸ ***box*** [bɒks]

❹ ***matchbox*** [ˈmætʃˌbɒks]

du **schaff**st
(ein Kunstwerk)
schaffte
ge**schaff**t
(eine Prüfung)
ab**schaff**en
→ be**schäf**tigen (ä▸a)
→ das Ge**schäf**t
→ der **Schaff**ner

der **Schaffner** ⓐ
(Zugbegleiter)
die **Schaffn**er
→ **schaff**en

der **Schal** ⓐ
die **Schal**s
der Woll**schal**

die **Schale** ⓐ
(die Hülle, die Haut und die Schüssel)
die **Schal**en
die Kartoffel**schale**
die Glas**schale**
schälen (ä▸a)
ver**schal**en

der **Schall** ⓐ [1]
die **Schall**mauer
die **Schall**platte [2]
der Ultra**schall**
schallen
es **schall**t laut
schalldämpfend

schalten ⓐ
ge**schalt**et
du **schalt**est
der **Schalt**er
die **Schalt**ung
das **Schalt**jahr
der Post**schalt**er [3]

sich **schämen** (ä▸a)
ge**schäm**t
du **schäm**st dich
die **Scham**

die **Schanze** ⓐ
die **Schanz**en
die Sprung**schanze**

scharf ⓐ
schärfer (ä▸a)
am **schärf**sten
schärfen
ent**schärf**en
die **Schärf**e

[1] ***sound*** [saʊnd]
***sound**track* (Filmmusik)
***sound**card* (PC: Soundkarte)

[2] ***record*** [ˈrekɔːd]
record [rɪˈkɔːd]
(aufnehmen, aufzeichnen)

[3] ***counter*** [ˈkaʊntə]

der **Schatten**
die **Schatten**
das **Schattenspiel**
der Lid**schatten**
be**schatten**
schattig
(Schat-ten)

der **Schatz** (ä) 1
die **Schätze** (ä-a)
das **Schätzchen**
die **Schatzsuche**
der Wort**schatz** 2
(Schät-ze, Schätz-chen)

schätzen (ä)
ge**schätzt**
du **schätzt**
die **Schätzung**
ab**schätzen**
ver**schätzen**
jmdn. hoch **schätzen**
die Länge **schätzen**

schauen (au)
ge**schaut**
du **schaust**
die **Schau** 3

der **Schauspieler** 4
der Zu**schauer**
an**schaulich**

der **Schauer**
die **Schauer**
der Regen**schauer**
die **Schauer**-geschichte 5
schauerlich

die **Schaufel**
die **Schaufeln**
der **Schaufelbagger**
schaufeln

schaukeln
ge**schaukelt**
du **schaukelst**
die **Schaukel** 6
das **Schaukelpferd**

schäumen (äu-au)
ge**schäumt**
es **schäumt**
der **Schaum**
der **Schaumgummi**
schaumig

1 ***treasure*** ['treʒə] ***sweetheart*** ['swi:tˌhɑ:t]
2 ***vocabulary*** [və'kæbjʊlərɪ]
3 ***show*** [ʃəʊ]; ***showtime***
4 ***actor*** ['æktə]
5 ***horror story*** ['hɒrə'stɔ:rɪ]
6 ***swing*** [swɪŋ]

A B C D E F G H I J K L M N O P Q R S T U V W X Y Z

der **Scheck** (F) (1)
die **Scheck**s
der Euro**scheck**

die **Scheibe** (ei)
die **Scheib**en
die **Scheibe** Brot
die Fenster**scheibe**

scheiden (ei)
schied (!)
ge**schied**en
du **scheid**est
be**scheid**en
die **Scheid**e
die **Scheid**ung
der **Schieds**richter

→ ent**scheid**en
→ der Ab**schied**
→ der Unter**schied**
→ Be**scheid** sagen
→ ver**schied**en

scheinen (2)
schien
ge**schien**en
der **Schein** (3)
der Geld**schein**

der Sonnen**schein**
der **Schein**werfer
scheinbar

schenken (ẹ) (4)
ge**schenk**t
du **schenk**st
be**schenk**en
→ das Ge**schenk** (5)

die **Scherbe** (ẹ)
die **Scherb**en
die Glas**scherbe**

die **Schere** (ẹ)
die **Scher**en
die **Schur**
die **Schur**wolle

der **Scherz** (ẹ)
die **Scherz**e
der **Scherz**artikel
der April**scherz** (6)
scherzen
scherzhaft

die **Scheu** (eu)
das **Scheu**sal
scheuen

(1) ***cheque*** [tʃek]
(2) ***shine*** [ʃaɪn]
(3) ***light*** [laɪt]; ***note*** [nəʊt]
(4) ***give*** [gɪv]
(5) ***gift*** [gɪft]
Gift = poison ['pɔɪzn]
(6) *April fool* ***joke*** [dʒəʊk]

scheu
(schüchtern)
ab**scheu**lich
scheußlich
(ekelhaft)
→ der/die Ab**scheu**

der **Schi** ⓘ
die **Schi**er
auch: → der **Ski**
Schi fahren

die **Schicht** ⓘ
die **Schicht**en
die Fett**schicht**
die Nacht**schicht**
der **Schicht**dienst
auf**schicht**en

schick ⓘ 1
(franz.: chic)
schicker
am **schick**sten
der **Schick**

schicken ⓘ 2
ge**schick**t
du **schick**st
die Ge**schick**lichkeit
das **Schick**sal

schieben ⓘ
schob
ge**schob**en
du **schieb**st
an**schieb**en
ver**schieb**en
die **Schieb**ung
der **Schubs**
→ die **Schub**lade

er **schied** ⓘ
→ **scheid**en

schief ⓘ
schiefer
am **schief**sten
es ist **schief**gegangen
sich **schief**lachen
(heftig lachen)
wind**schief**
der **Schief**e Turm
von Pisa 3

sie **schien** ⓘ
→ **schein**en

die **Schiene** ⓘ
die **Schien**en
die Eisenbahn**schiene*** 4

* Lies dazu auch die Geschichte S. 376

1 ***smart*** [smɑːt]

2 ***send*** [send]

3 *the **Leaning** Tower of Pisa* [ˈliːnɪŋ]

4 ***railway rail*** [ˈreɪlˌweɪ‿reɪl]

das **Schien**bein
schienen

schießen
schoss
ge**schoss**en
du **schieß**t
die **Schieß**bude
das Ge**schoss**
→ der **Schuss**

das **Schiff**
die **Schiff**e
das Segel**schiff** 1
die **Schiff**fahrt
um**schiff**en
ver**schiff**en
(Schif-fe,
Schiff-fahrt)

das **Schild**
die **Schild**er
das Nummern**schild**
aus**schild**ern
der **Schild**
(Schutzschild)
die **Schild**e
die **Schild**kröte 2

das **Schilf**
(Sumpfpflanze)
das **Schilf**rohr
schilfgrün

der **Schimmel**
(weißes Pferd und Pilz)
die **Schimmel**
schimmeln
ver**schimmel**n
schimmelig

schimpfen
ge**schimpf**t
du **schimpf**st
das **Schimpf**wort
(schimp-fen)

der **Schirm** 3
die **Schirm**e
der Bild**schirm** 4
der Regen**schirm**
die **Schirm**mütze
ab**schirm**en

schlafen
schlief
ge**schlaf**en
du **schläf**st ä▸a

1 ***sailing ship*** ['seɪlɪŋ‿ʃɪp]
2 ***turtle*** ['tɜːtl]
3 ***umbrella*** [ʌm'brelə]
4 ***monitor*** ['mɒnɪtə]

ausschlafen
Siebenschläfer *(Säugetier und Tag, der laut Bauernregel über das Wetter entscheidet)*
schläfrig

schlagen ⓐ ❶
schlug
geschlagen
schlägst du? ä-a
der Schlag
der Schlager ❷
das Schlagzeug
unschlagbar
→ der Vorschlag

schlank ⓐ
schlanker
am schlankesten

schlau (au) ❸
schlauer
am schlauesten
der Schlaukopf

der Schlauch (au)
die Schläuche (äu-au)
der Gummischlauch
das Schlauchboot

schlecht ⓔ ❹
schlechter
am schlechtesten
mir ist schlecht
nichts Schlechtes
verschlechtern
jmdn. schlechtmachen

schleichen (ei)
schlich
geschlichen
du schleichst
anschleichen
der Schleichweg
jmdm. auf die Schliche kommen

der Schleier (ei)
die Schleier
der Brautschleier
verschleiern

die Schleife (ei)
die Schleifen
eine Schleife binden

schleifen (ei)
schliff
geschliffen
du schleifst
abschleifen

❶ ***hit*** [hɪt]

❷ ***pop song*** ['pɒp‿sɒŋ]

❸ ***clever*** ['klevə]
smart [smɑːt]

❹ ***bad*** [bæd]
*not **bad**!* (nicht schlecht!)

das **Schleif**papier
Schlittschuh**schliff**

schleppen ⓔ
ge**schlepp**t
du **schlepp**st
ab**schlepp**en
der Sattel**schlepp**er

die **Schleuder** (eu)
die **Schleuder**n
die Wäsche**schleuder**
die Stein**schleuder**
schleudern
ver**schleuder**n

sie **schlich** ⓘ
→ **schleich**en

er **schlief** ⓘ
→ **schlaf**en

schließen ⓘ 1
schloss
ge**schloss**en
du **schließ**t
ab**schließ**en
ver**schließ**en
das **Schließ**fach
der **Schlüssel** 2

der Ver**schluss**
schließlich
→ be**schließ**en
→ sich ent**schließ**en
→ das **Schloss**
→ der **Schluss**

sie **schliff** ⓘ
→ **schleif**en

schlimm ⓘ
schlimmer
am **schlimm**sten
schlimmstenfalls
ver**schlimm**ern
etwas **Schlimm**es

die **Schling**e ⓘ
die **Schling**en
die **Schling**pflanze
schlingen
ver**schling**en

der **Schlitt**en ⓘ
die **Schlitt**en
der Pferde**schlitt**en
der **Schlitt**schuh 3
schlittern

1 ***shut*** [ʃʌt]

2 ***key*** [kiː]

3 *ice **skate*** [skeɪt]
(auch: Schlittschuh laufen)

das **Schloss** (o) (1)
die **Schlöss**er
der **Schloss**herr
das Tür**schloss** (2)
der **Schlüss**el
ent**schlüss**eln
ver**schlüss**eln
→ **schließ**en
→ der **Schluss**

er **schloss** (o)
→ **schließ**en

schlucken (u)
ge**schluck**t

du **schluck**st
ver**schluck**en
der **Schluck**
der **Schluck**auf (3)
der Feuer**schluck**er
(schlu-cken)

sie **schlug** (u)
→ **schlag**en

schlüpfen (ü)
ge**schlüpf**t
du **schlüpf**st
unter**schlüpf**en
der **Schlüpf**er
das **Schlupf**loch

der **Schluss** (u) (4)
die **Schlüss**e
schlüssig
→ **schließ**en
→ sich ent**schließ**en
→ das **Schloss**

schmal (a)
schmaler
am **schmal**sten
die **Schmal**spur
schmälern (ä▸a)

schmecken (e) (5)
ge**schmeck**t
es **schmeck**t
ab**schmeck**en
der Ge**schmack**
schmackhaft

schmeicheln (ei)
ge**schmeich**elt
du **schmeich**elst

(1) ***castle*** ['kɑːsl]
palace ['pælɪs]

(2) ***lock*** [lɒk]

(3) ***hiccups*** ['hɪkʌps]

(4) ***end*** [end]
finally ['faɪnəlɪ] (zum Schluss)

(5) ***taste*** [teɪst]

sich ein**schmeich**eln
die **Schmeich**elei
schmeichelhaft

schmelzen (ẹ)
schmolz
ge**schmolz**en
es **schmilz**t
die Schnee**schmelz**e
der Zahn**schmelz**
das **Schmalz**
schmalzig

der **Schmerz** (ẹ) 1
die **Schmerz**en
2 die **Schmerz**tablette
der Abschieds**schmerz**
schmerzen
schmerzhaft
schmerzlich

schmieren (i̱)
ge**schmier**t
du **schmier**st
ein**schmier**en
das **Schmier**öl
die **Schmier**erei
schmierig

es **schmilzt** (ị)
→ **schmelz**en

die **Schminke** (ị)
der **Schmink**kasten
schminken
ab**schmink**en
unge**schmink**t

es **schmolz** (ọ)
→ **schmelz**en

schmücken (ụ̈) 3
ge**schmück**t
du **schmück**st
aus**schmück**en
der **Schmuck**

schmuggeln (ụ) 4
ge**schmuggel**t
schmuggelst du?
die **Schmuggel**ei
der **Schmuggl**er

schmusen (u̱)
ge**schmus**t
du **schmus**t
das **Schmus**etier
ver**schmus**t

1 ***pain*** [peɪn]
2 ***painkiller*** ['peɪnˌkɪlə]
3 ***decorate*** ['dekəˌreɪt]
4 ***smuggle*** ['smʌgl]

der **Schmutz** (ụ)
der **Schmutz**fink
die Luftver**schmutz**ung
ver**schmutz**en
schmutzig ❶

der **Schnabel** (a̱)
die **Schnäbel** (ä‣a)
schnäbeln

schnallen (ạ)
ge**schnall**t
du **schnall**st
an**schnall**en
fest**schnall**en
die **Schnall**en

schnappen (ạ)
ge**schnapp**t
du **schnapp**st
über**schnapp**en
der **Schnapp**schuss
das **Schnäpp**chen (ä‣a)

schnarchen (ạ)
ge**schnarch**t
du **schnarch**st
der **Schnarch**er

die **Schnauz**e (au)
die **Schnauz**en
der **Schnauz**bart
sich **schnäuz**en (äu‣au)

der **Schnee** (e̱) ❷
der **Schnee**mann
→ **schnei**en

schneiden (ei)
schnitt
ge**schnitt**en
du **schneid**est
ab**schneid**en
die **Schneid**e
der **Schneid**er
→ der **Schnitt**
→ der Durch**schnitt**
der Haar**schnitt** ❸
schneidig
schnittig

schneien (ei)
ge**schnei**t
es **schnei**t
→ der **Schnee**

schnell (ẹ) ❹
schneller
am **schnell**sten

❶ ***dirty*** ['dɜːtɪ]

❷ ***snow*** [snəʊ]
***snow** white* (Schneewittchen)

❸ *hair**cut*** [kʌt]

❹ ***fast*** [fɑːst]

blitz**schnell**
die **Schnell**igkeit
⎵←←
die Strom**schnelle**

der **Schnitt** ⓘ
die **Schnitt**e
→ **schneid**en

er **schnitt** ⓘ
→ **schneid**en

der **Schnorchel** ⓞ 1
die **Schnorchel**
schnorcheln 1

der **Schnupfen** ⓤ
der Heu**schnupf**en
ver**schnupft**

schnuppern ⓤ
ge**schnuppert**
du **schnupper**st
be**schnuppern**
die **Schnupper**preise

die **Schnur** ⓤ
die **Schnür**e
der **Schnür**senkel
schnüren

schnurren ⓤ
ge**schnurrt**
du **schnurr**st
das **Schnurr**haar

sie **schob** ⓞ
→ **schieb**en

der **Schock** ⓞ 2
die **Schock**s
der Kälte**schock**
der **Schock**er
schocken
schockieren
⎵←←

die **Schokolade** ⓐ 3
die Kinder**schokolade**
die **Schokolad**entorte
der **Schoko**riegel

schon ⓞ
schön, dass du
schon da bist
wenn **schon**,
denn **schon**

schön ⓞ 4
schöner
am **schön**sten

1 ***snorkel*** ['snɔːkl]

2 ***shock*** [ʃɒk]
*That's **shocking!*** ['ʃɒkɪŋ]

3 ***chocolate*** ['tʃɒklət]

4 ***pretty*** *(woman)* ['prɪtɪ]
handsome *(man)* ['hænsəm]

wunder**schön**
etwas **Schön**es
sich **schön** machen
schönschreiben
ver**schön**ern
die **Schön**heit

schonen (o)
ge**schon**t
du **schon**st
ver**schon**en
die **Schon**ung
die **Schon**zeit
der Bildschirm**schon**er ①

schöpfen (ö)
ge**schöpf**t
du **schöpf**st
er**schöpf**en
die **Schöpf**ung
→ das Ge**schöpf**

der **Schoß** (o)
die **Schoß**e
das **Schoß**hündchen

sie **schoss** (o)
→ **schieß**en

schräg (!) (ä)
schräger
am **schräg**sten
der **Schräg**strich
die Dach**schräg**e

die **Schramme** (a)
die **Schramm**en
zer**schramm**te Knie

der **Schrank** (a)
die **Schränk**e (ä-a)
das Nacht**schränk**chen
die **Schrank**tür
der Kühl**schrank** ②

die **Schranke** (a)
die **Schrank**en
der **Schrank**enwärter
schrankenlos
be**schränk**t (ä-a)
→ be**schränk**en

die **Schraube** (au)
die **Schraub**en
der **Schraub**endreher
schrauben
fest**schraub**en

① ***screen saver***
[skriːn seɪvə]

② ***refrigerator***
[rɪˈfrɪdʒəˌreɪtə]
kurz: ***fridge*** [frɪdʒ]

schrecklich (e)
schrecklicher
am **schreck**lichsten
schreckhaft
schrecken
→ er**schreck**en
der **Schreck**
der **Schreck**en
die Heu**schreck**e

jmdm. einen **Schreck**en einjagen

schreiben (ei)
schrieb
ge**schrieb**en
du **schreib**st
ab**schreib**en
vor**schreib**en

in **Schreib**schrift **schreib**en
1 **schreib**geschützt
→ die An**schrift**
→ die Be**schreib**ung
→ die Vor**schrift**

→ die **Schrift**

schreien
schrie (!)
ge**schrie**n
du **schrei**st
der **Schrei**
die **Schrei**e

er **schrieb** (i) (!)
→ **schreib**en

die **Schrift** (i)
die **Schrift**en
der **Schrift**steller 2
schriftlich
→ die Be**schrift**ung
→ **schreib**en

der **Schritt** (i)
die **Schritt**e
schreiten
fort**schritt**lich

der **Schrott** (o)
ver**schrott**en
der **Schrott**platz
schrottreif

die **Schub**lade (!)
die **Schub**laden
→ **schieb**en

1 ***write**-protected (Computer)* [raɪt]

2 ***author*** ['ɔːθə]
writer ['raɪtə]

schüchtern
schüchterner
am schüchternsten
verschüchtert
die Schüchternheit

sie schuf
→ schaffen

schuften
(salopp: hart arbeiten)
geschuftet
du schuftest
die Schufterei

der Schuh
die Schuhe ❶
die Schuhgröße
der Handschuh

die Schuld
daran Schuld haben
aber: schuld sein
die Geldschulden
schulden
beschuldigen
schuldig
→ entschuldigen

die Schule ❷
die Schulen
die Grundschule
der Schüler
die Schülerin
der Schulhof
das Schuljahr
der Schulleiter ❸
die Schulleiterin ❹
umschulen
schulisch

die Schulter
die Schultern
das Schulterblatt
schultern
breitschultrig

schummeln
geschummelt
schummelst du?
die Schummelei

die Schuppe
die Schuppen
die Fischschuppe
das Schuppen-
shampoo
schuppig

❶ ***shoes*** [ʃuːs]
boots [buːts] (Stiefel)

❷ ***school*** [skuːl]

❸ ***headmaster***
[ˌhedˈmɑːstə]

❹ ***headmistress***
[ˌhedˈmɪstrɪs]

A B C D E F G H I J K L M N O P Q R S T U V W X Y Z

die **Schürze** (ü̥)
die **Schürzen**

der **Schuss** (ụ) 1
die **Schüsse**
→ **schießen**

die **Schüssel** (ü̥)
die **Schüsseln**

schütteln (ü̥)
ge**schüttel**t
du **schüttel**st
der **Schüttel**frost

schütten (ü̥)
ge**schütt**et
du **schütt**est
der **Schutt**
der **Schutt**haufen
aufge**schütt**et

schützen (ü̥)
ge**schütz**t
du **schütz**t
be**schütz**en
der Natur**schutz**
der **Schutz**
der **Schütz**e 2
schutzbedürftig

schwach (ạ)
schwächer (ä▸a)
am **schwäch**sten
schwächlich
die **Schwäch**e

der **Schwamm** (ạ)
die **Schwämme** (ä▸a)

er **schwamm**
→ **schwimmen**

die **Schwang**erschaft
die **Schwang**er-
schaften
die **Schwang**ere
schwanger

der **Schwanz** (ạ)
die **Schwänze** (ä▸a)
der Pferde**schwanz** 3

4 **schwärm**en (ä▸a)
ge**schwärm**t
du **schwärm**st
der **Schwarm**
der Vogel**schwarm**
schwärmerisch

1 ***shot*** [ʃɒt]

2 ***Sagittarius*** [ˌsædʒɪˈteərɪəs]*: November 22 - December 21*

3 ***ponytail*** [pəʊnɪ‿teɪl] (Frisur)

4 ***swarm*** [swɔːm] (Insekten)
rave about [reɪv əˈbaʊt] (begeistert sein)

schwarz ⓐ ❶
pech**schwarz**
an**schwärz**en (ä▸a)
die Drucker**schwärz**e
schwarzfahren

schwatzen ⓐ
ge**schwatzt**
du **schwatzt**
das Ge**schwätz** (ä▸a)
der **Schwätz**er
ge**schwätz**ig
[↳↲↩]

schweben ⓔ
ge**schweb**t
du **schweb**st
in Gefahr **schweb**en
die **Schweb**ebahn
der **Schweb**ebalken

schweigen (ei)
schwieg
ge**schwieg**en
du **schweig**st
das Still**schweig**en
[⌴⌴↩]
die Ver**schwieg**enheit
ver**schwieg**en
schweigsam

schwer ⓔ
schwerer
am **schwer**sten
es ist ihm **schwer**gefallen
blei**schwer**
schwerhörig
schwierig
→ be**schwer**en
die **Schwer**elosigkeit
[⌴↩⌴↩↩]
die Be**schwer**de

das **Schwert** ⓔ
die **Schwert**er
der **Schwert**fisch

die **Schwester** ⓔ ❷
die **Schwester**n
die Kranken**schwester** ❸
die Zwillings**schwester** ❹ [⌴↔⌴]
schwesterlich
die Ge**schwister**

er **schwieg** ⓘ
→ **schweig**en

schwimmen ⓘ
schwamm
ge**schwomm**en
du **schwimm**st

❶ ***black*** [blæk]
❷ ***sister*** ['sɪstə]
❸ ***nurse*** [nɜːs]
❹ ***twin sister*** [twɪn'sɪstə]

① das **Schwimm**becken
der **Schwimm**er
der Frei**schwimmer**

schwindeln ⓘ
ge**schwindel**t
du **schwindel**st
be**schwindeln**
der **Schwindel**
der **Schwindl**er
schwindelig
schwindelfrei

schwitzen ⓘ
ge**schwitzt**
du **schwitzt**
der **Schweiß**
(schwit-zen)

schwören ⓞ
schwor
ge**schwor**en
du **schwör**st
die Ver**schwör**ung
der **Schwur**

sechs (6) ⓔ ②
sechzehn
sechzig
halb **sechs**
der **sechs**te
sechsmal
der **Sechs**er im Lotto

der **See** ⓔ ③
die **See**n
die **See** ④
(= das Meer)
der **See**hund
die **See**rose

die **Seele** ⓔ
die **Seel**en
seelenruhig
seelisch
mutter**seel**enallein

das **Segel** ⓔ
die **Segel**
das **Segel**boot

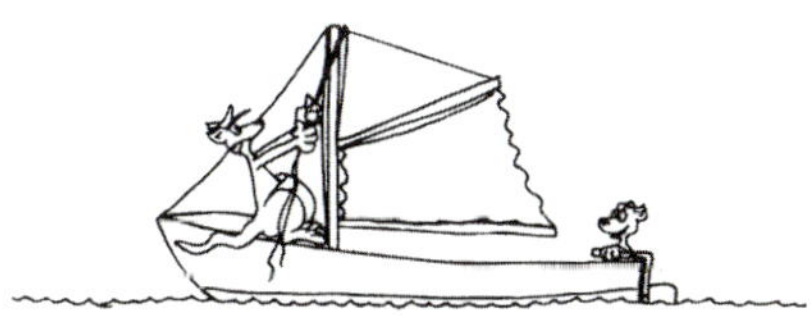

das Groß**segel**

① ***swimming pool*** ['swimɪŋ‿puːl]
② ***six*** [sɪks]
③ ***lake*** [leɪk]
④ ***sea*** [siː]

der **Segl**er ❶
um**segel**n

segnen (e)
ge**segn**et
der **Segen**

sehen (e) ❷
sah
ge**seh**en
du **sieh**st
aus**seh**en
das Aus**seh**en
[↳—↵]
→ fern**seh**en
❸ die **Seh**enswürdigkeit
→ aus Ver**seh**en
das Wieder**seh**en
die An**sicht**
→ die Auf**sicht**
die Ein**sicht**
→ be**sicht**igen
→ die Ab**sicht**
→ das Ge**sicht**
→ die **Sicht**
→ die Vor**sicht**

sich **sehnen** (e)
ge**sehn**t
du **sehn**st dich

die **Sehn**sucht
sehnsüchtig

sehr (e)
zu **sehr**
sehr gut

ihr **seid** (!)
→ **sein**

die **Seide** (ei)
das **Seid**enkleid
die Fallschirm**seide**
seiden
*(= aus **Seide**)*
seidig

die **Seife** (ei) ❹
die **Seif**en
die **Seif**enblase
ein**seif**en
seifig
[—↵]

das **Seil** (ei)
die **Seil**e
das Spring**seil**
die **Seil**bahn
seilspringen
ab**seil**en

❶ ***sailor*** [ˈseɪlə]

❷ ***see*** [siː]

❸ ***sight*** [saɪt]
*go **sight**seeing* (besichtigen)

❹ ***soap*** [səʊp]; ***soap** opera*
(Seifenoper im TV)

sein (ei)
war
gewesen
ehrlich **sein**
ich **bin** 1
Du **bist**
zu Hause **gewesen.**
er **ist**
ich **war**
du **warst**
er **war**
wir **sind**
wir **waren**
ihr **seid**
ihr **wart**
sie **sind**
sie **waren**
Sei mutig!
Seid mutig!
aber: **seit** gestern
(Zeit)
das **Sein**
das Da**sein**

sein (ei)
sein Bruder
seine Schwester
das **Seine**
seinetwegen

seit (ei)
seit gestern
seitdem

die **Seite** (ei) 2
die **Seit**en
die **Seit**enstraße 3
die **Seit**enzahl 4
die Rück**seite**
seitlich

beider**seit**s
seitenverkehrt
→ be**seit**igen
aber: → die **Sai**te

der **Sekretär** (F)
(der Schreiber und der Schreibtisch)
die **Sekretär**e
die **Sekretär**in
das **Sekretar**iat

die **Sekunde** (F)
die **Sekund**en
der **Sekund**enzeiger 5

selber (e)
der**selb**e
die**selb**en

1 ***I am (I'm)*** [aɪ æm]
2 ***page*** [peɪdʒ] (vom Buch)
3 ***side street*** [saɪd‿striːt]]
4 ***page number*** [peɪdʒ'nʌmbə]
5 ***second-hand*** [sekənd‿hænd]

selbst
selbstlos
selbständig
auch: **selb**stständig
selbsttätig
selbstverständlich
das **Selb**stbewusstsein
der **Selb**stlaut
(Vokal, siehe S. 358)

selten ⓔ
seltener
am **selten**sten
die **Selten**heit
seltsam
␣␣↵

senden ⓔ ❶
(= schicken)
sandte
ge**sand**t
du **send**est
→ ab**sen**den
die Brief**send**ung
der Ab**send**er ❷
der Ge**sand**te
senden
per Funk **send**en
sendete
ge**send**et
du **send**est

der **Send**er
die Rundfunk**send**ung ❸
␣␣␣␣↵

der **Senf** ⓔ
die **Senf**tube
senffarben

senken ⓔ
ge**senk**t
du **senk**st
ver**senk**en
senkrecht

die **Sensation** Ⓕ
die **Sensation**en
sensationell

der **September** Ⓕ ❹
(der neunte Monat des Jahres)

die **Serie** Ⓕ ❺
die **Serie**n
die Krimi**serie**

der **Sessel** ⓔ
die **Sessel**
der Ohren**sessel**
der **Sessel**lift ❻
␣␣␣

❶ ***send*** [send]; ***post*** [pəʊst] ***mail*** [meɪl]
❷ ***sender*** ['sendə]
❸ ***programme*** ['prəʊgræm]
❹ ***September*** [sep'tembə]
❺ ***series*** ['sɪəriːz]
❻ ***chair lift*** ['tʃeəlɪft]

sich **setz**en (e)
ge**setz**t
du **setz**t dich
ab**setz**en
→ **sitz**en
→ der Auf**satz**
→ das Ge**setz**
→ der **Satz**

die **Seuch**e (eu)
die **Seuch**en
die Rinder**seuch**e
ver**seuch**t

seufzen (eu)
ge**seufz**t
du **seufz**t
der **Seufz**er
der Stoß**seufz**er

sich (i)
sich hinsetzen
ich setze **mich**

sicher (i) 1 2
sicherer
am **sicher**sten
sicherlich
sichern 2
die **Sicher**heit

die **Sicht** (i)
die An**sicht**
die Ein**sicht**
→ die Ab**sicht**
→ das Ge**sicht**
→ die Vor**sicht**
sichten
→ be**sicht**igen
→ **seh**en

sie (i)
sie hilft **ihr**
sie helfen

das **Sieb** (i)
die **Sieb**e
das Tee**sieb**
sieben

sieben (7) (i) 3
siebzehn
siebzig
halb **sieb**en 4
der **sieb**te
siebenmal
der **Sieb**enschläfer
(Säugetier und Tag, der laut Bauernregel über das Wetter entscheidet)

1 ***safe*** [seɪf]
2 ***secure*** [sɪˈkjʊə]
3 ***seven*** [ˈsevn]
4 ***half past six***

das **Siegel** ⓘ
die **Siegel**
be**siegel**n
ver**siegel**t
das Amts**siegel**

siegen ⓘ
ge**sieg**t
du **sieg**st
be**siegen**
der **Sieg**
der **Sieg**er ❶
der Heim**sieg**
siegreich

du **siehst** ⓘ
→ **sehen**

das **Signal** (F)
(das Zeichen)
die **Signal**e
das Licht**signal**
signalisieren

die **Silbe** ⓘ
die **Silbe**n
das **Silbe**nrätsel
die Vor**silbe**
(siehe S. 358)
ein**silb**ig

das **Silber** ⓘ ❷
silbern
silbrig
ver**silber**n

Silvester ❸
(letzter Tag des Jahres)
der **Silvester**scherz

wir **sind** ⓘ
→ **sein**

singen ⓘ ❹
sang
ge**sung**en
du **sing**st
vor**singen**
der Ge**sang**
der **Säng**er (ä→a)

der **Singular** (F)
(die Einzahl)
das Nomen steht
im **Singular**
(siehe S. 355)

sinken ⓘ
sank
ge**sunk**en

❶ ***winner*** ['wɪnə]

❷ ***silver*** ['sɪlvə]; ***silver*** *medal*

❸ ***New Year's Eve***
[njuː‿jɪəs‿iːv]

❹ ***sing*** [sɪŋ]

es **sink**t
ver**sink**en
ver**senk**en
das ver**sunk**ene Schiff

der **Sinn** ⓘ ①
die **Sinn**e
der Spür**sinn**
die **Sinn**esorgane
die Be**sinn**ung
sich be**sinn**en
scharf**sinn**ig
sinnvoll
wahn**sinn**ig
un**sinn**ig

die **Sirene** ⓔ
die **Siren**en
das **Siren**engeheul

der **Sirup** (F)
die **Sirup**e
der Himbeer**sirup**

die **Situation** (F)
(der Zustand)
die **Situation**en
situationsbedingt

sitzen ⓘ ②
saß
ge**sess**en
du **sitz**t
sitzen lassen
→ be**sitz**en
gegenüber**sitz**en
→ **setzen**
der **Sitz**
die **Sitz**ung
sitzend
(sit-zen)

der **Skandal** (F)
die **Skandal**e
skandalös

das **Skateboard** ③
(engl.: Rollerbrett)
die **Skateboard**s
das **Skateboard**fahren
skaten

das **Skelett** ⓔ
die **Skelett**e

der **Ski** ⓘ
auch: → der **Schi**
die **Ski**er

① ***sense*** [sens]

② ***sit*** [sɪt]

③ ***skateboard*** [ˈskeɪtˌbɔːd]
skating [skeɪtɪŋ]
inline ***skates*** (in einer Linie)

das **Ski**fliegen
der **Ski**stiefel
❶ **Ski** laufen / fahren

die **Skizze** ⓘ
(der Entwurf)
die **Skizz**en
skizzieren

der **Smog**
*(engl. aus **sm**oke (Rauch) und **fog** (Nebel); starke Luftverschmutzung)*
der **Smog**alarm ❷

so ⓞ
so etwas
so dass
auch: **so**dass
so was
sofort
sogar
so genannt
(sog.)
bleib, **so**lang(e) du willst
er sucht schon **so** lange
so viel
sowie
sowieso
sowohl
genau**so**

die **Socke** ⓞ
die **Sock**en
sich auf die **Sock**en machen
(sich schnell auf den Weg machen)
das **Söck**chen
die Woll**socke**

das **Sofa** ⓞ
die **Sofa**s

die **Software** ❸

die **Sohle** ⓞ
die **Sohl**en
die Schuh**sohle**
be**sohl**en

der **Sohn** ⓞ ❹
die **Söhn**e
der Enkel**sohn** ❺

der **Soldat** (F)
die **Soldat**en

sollen ⓞ
ge**soll**t
du **soll**st
das **Soll**

❶ ***go skiing*** [gəʊ skiːɪŋ]
❷ ***smog alert*** [smɒg‿ə'lɜːt]
❸ ***program*** [prəʊgræ'm]
❹ ***son*** [sʌn]
❺ ***grandson*** ['grænsʌn]

das **Solo**
die **Sol**i
der **Sol**ist
der **Sol**osänger

der **Sommer** ❶
die **Sommer**
die **Sommer**ferien
sommerlich

sondern
be**sonder**s
das **Sonder**angebot

der **Sonn**abend ❷
die **Sonn**abende
sonnabends
→ der **Sams**tag

die **Sonn**e ❸
die **Sonn**en
sich **sonn**en
sonnig
der **Sonn**tag ❹
sonntags

sonst
an**sonst**en
um**sonst**

sorgen
ge**sorg**t
du **sorg**st
be**sorg**en
ver**sorg**en
sich **Sorg**en machen ❺
die **Sorg**e
sorgfältig
sorglos

die **Sort**e
die **Sort**en
die Obst**sort**en
sortieren
un**sort**iert

die **Soß**e
auch: die **Sauce**
die **Soß**en
die Sahne**soß**e

das **Souvenir**
(das Reiseandenken)
die **Souvenir**s

die **Spaghetti**
auch: die **Spagetti**

❶ ***summer*** ['sʌmə]
❷ ***Saturday*** ['sætədeɪ]
❸ ***sun*** [sʌn]; ***sunshine***
❹ ***Sunday*** ['sʌndeɪ]
❺ ***worry*** ['wʌrɪ]
*don't **worry** - be happy*

spalten ⓐ
gespalten
du spaltest
der Türspalt
die Felsspalte
die Spaltung
einspaltig
zwiespältig (ä-a)

die **Spange** ⓐ
die Spangen
die Zahnspange

spannen ⓐ
gespannt
du spannst
die Spannung
→ sich entspannen
spannend

sparen ⓐ
gespart
du sparst
aufsparen
Sparbüchse
das Sparschwein (1)
sparsam
spärlich (ä-a)

der **Spaß** ⓐ (2)
die Späße (ä-a)
der Riesenspaß
der Spaßverderber
spaßen
spaßig

spät ⓐ (3)
später
am spätesten
sich verspäten
zu spät kommen
die Verspätung
der Spätsommer

spazieren ⓐ (F)
spaziert
du spazierst
im Park spazieren gehen
der Spaziergang

der **Speck** ⓔ
die Speckschwarte
der Babyspeck
abspecken
speckig

die **Speiche** (ei)
die Speichen

(1) ***piggy bank*** [ˈpɪgɪbæŋk]

(2) ***joke*** [dʒəʊk]; ***fun*** [fʌn]
*have **fun**!* (viel Spaß!)

(3) ***late*** [leɪt]; *What time is it?*
(Wie spät ist es?)

der **Speicher** (ei)
die **Speicher**
der Vorrats**speicher**
↳⎵↔⎵
der Daten**speicher**
speichern
ab**speicher**n

die **Speise** (ei)
die **Speis**en
die **Speise**karte ❶
speisen

spenden (ẹ)
ge**spend**et
du **spend**est
spendieren
die Blut**spende**

sperren (ẹ)
ge**sperr**t
du **sperr**st
ver**sperr**en
↳⎵↩
die **Sperre**

spezial (F)
(besonders)
das **Spez**ialgebiet
die **Spez**ialität

die **Spez**ialisierung
speziell
(von besonderer Art)
ein **spez**ieller Fall

der **Spiegel** (i)
die **Spiegel**
die **Spiegel**schrift
spiegeln
spiegelglatt
spiegelblank
⎵⎵

spielen (i)
ge**spiel**t
du **spiel**st
ab**spiel**en
fair **spiel**en ❷
falsch **spiel**en
das **Spiel** ❸
der **Spiel**platz
⎵⎵
das Fußball**spiel**
das Golf**spiel**
spielerisch

spinnen (i) ❹
spann
ge**sponn**en
du **spinn**st

❶ ***menu*** ['menjuː]

❷ ***play fair*** [pleɪfeə]

❸ ***game*** [geɪm]; *game boy*
play [pleɪ]; *play station*

❹ ***spin*** [spɪn]

Die **Spinn**e 1
spinnt ein Netz:
das **Spinn**ennetz.
das **Spinn**rad

der **Spion**
die **Spion**e
die **Spion**age
spionieren

die **Spitz**e
die **Spitz**en
der An**spitz**er
die Zungen**spitz**e
der **Spitz**el
spitz
spitzfindig

der **Sport**
die **Sport**arten
der **Sport**ler
der **Sport**unterricht
sportlich

spotten
ge**spott**et
du **spott**est
ver**spott**en
der **Spott**
spöttisch

er **sprang**
→ **spring**en

das **Spray**
(engl.)
die **Spray**s
das Haar**spray**
die **Spray**dose
sprayen

sprechen 2
sprach
ge**sproch**en
du **sprich**st
ver**sprech**en 3
die **Sprach**e 4
der **Spruch**
das **Sprich**wort
→ der An**spruch**
die Aus**sprach**e
→ das Ge**spräch** ä-a
sprachlich

1 ***spider*** [ˈspaɪdə]; ***Spider****man*

2 ***speak*** [spiːk]
Do you ***speak*** *English?*

3 ***promise*** [ˈprɒmɪs]

4 ***language*** [ˈlæŋgwɪdʒ]

sprengen ⓔ
sprengte
ge**sprengt**
du **spreng**st den Rasen
der **Spreng**stoff
die **Spreng**ung

du **sprichst** ⓘ
→ **sprechen**

springen ⓘ
sprang
ge**sprungen**
du **spring**st
der **Spring**er
der **Spring**brunnen
der **Sprung**
die **Sprung**schanze (1)
der Vor**sprung**

spritzen ⓘ
ge**spritzt**
du **spritzt**
die **Spritz**e
der Dreck**spritz**er
spritzig

sprudeln ⓤ
ge**sprudelt**

es **sprudelt**
der **Sprudel**

sprühen (ü)
ge**sprüht**
du **sprüh**st
ver**sprüh**en
die **Sprüh**dose (2)
(sprü-hen)

spucken ⓤ
ge**spuckt**
du **spuck**st
die **Spuck**e

der **Spuk** ⓤ
die **Spuk**erei
die **Spuk**geschichte
spuken

die **Spur** ⓤ
die **Spur**en
die Brems**spur**

(1) ***ski jump*** [skiː‿dʒʌmp]
(2) ***spray can*** [spreɪ‿kæn]

spuren
spüren
aufspüren
das Gespür
der Spürhund
spürbar
spurlos
einspurig

der **Staat** ⓐ ❶
die **Staat**en
der Stadt**staat**
der **Staat**sbürger
staatlich
staatenlos

der **Stab** ⓐ
die **Stäb**e (ä▸a)
der Buch**stab**e ❷
buch**stab**ieren

sie **stach** ⓐ
→ **stech**en

der **Stachel** ⓐ
die **Stachel**n
stachelig
→ **stech**en

das **Stadion** (F)
die **Stadien**
das Fußball**stadion**

die **Stadt** ⓐ ❸ ❹
die **Städt**e (ä▸a)
der **Stadt**teil
die Groß**stadt** ❹
städtisch
stadteinwärts
stadtbekannt

die **Staffel** ⓐ
die **Staffel**n
der **Staffel**lauf
ge**staffel**t

er **stahl** ⓐ
→ **stehl**en

der **Stahl** ⓐ
das **Stahl**seil
der Edel**stahl**
stählern (ä▸a)
(aus Stahl)

der **Stall** ⓐ
die **Ställ**e (ä▸a)
der Hühner**stall**

❶ ***state*** [steɪt]
❷ ***letter*** ['letə]
❸ ***town*** [taʊn]; *in **town***
❹ ***city*** ['sɪtɪ] (auch: Zentrum)

der **Stamm** ⓐ
die **Stämme** (ä▸a)
der Baum**stamm**
der **Stamm**baum (1)
der Wort**stamm**
[␣␣]
ab**stamm**en
stämmig

stampfen ⓐ
ge**stampf**t
du **stampf**st
auf**stampf**en
der Kartoffel**stampf**er
[␣␣↵]

sie **stand** ⓐ
→ **steh**en

die **Stange** ⓐ
die **Stange**n
die Bohnen**stange**
das **Stange**nweißbrot
(franz.: das Baguette)
der **Stängel** (ä▸a)
die **Stängel**
der Blüten**stängel**

es **stank** ⓐ
→ **stink**en

er **starb** ⓐ
→ **sterb**en

stark ⓐ
stärker (ä▸a)
am **stärk**sten
bären**stark**
be**stärk**en
die **Stärk**e
die **Stärk**ung
die Ver**stärk**ung

starr ⓐ
starrköpfig
[␣␣↵]
er**starr**en

der **Start** ⓐ (2)
die **Start**s
der **Start**schuss
[␣␣]
starten
startklar

die **Station** (F) (3)
die **Station**en
die Bahn**station** (4)
die Fernseh**station**
die Kinder**station**
stationär

(1) ***family tree*** ['fæmlɪ triː]

(2) ***start*** [stɑːt]

(3) ***station*** ['steɪʃn]
*play **station***

(4) ***railway station***
['reɪlweɪˌsteɪʃn]

A B C D E F G H I J K L M N O P Q R **S** T U V W X Y Z

statt (a)
statt dessen
auch: **statt**dessen
stattfinden

der **Stau** (au)
die **Stau**s
der Verkehrs**stau**
im **Stau** stehen
sich **stau**en

der **Staub** (!)
der **Staub**sauger
stauben
Staub saugen
auch: **staub**saugen
staubig

staunen (au)
ge**staun**t
du **staun**st
→ er**staun**en
er**staun**lich

das **Steak**
(engl.)
die **Steak**s
das Beef**steak**

stechen (e)
stach
ge**stoch**en
du **stich**st
auf**stech**en
→ der **Stach**el
→ der **Stich**
stechend

stecken (e)
ge**steck**t
du **steck**st
der An**steck**er
der **Steck**er
die **Steck**dose

sich ver**steck**en
→ das Be**steck**

stehen (e) ❶
stand
ge**stand**en
du **steh**st
auf**steh**en ❷
ent**steh**en
→ be**steh**en
→ ver**steh**en
der **Stand**

❶ ***stand*** [stænd]

❷ ***stand up*** [ˌstænd'ʌp]
get up [ˌget'ʌp]

der **Ständer** (ä‣a)
der Ab**stand**
der Ver**stand**
ständig
→ an**ständ**ig
→ der Zu**stand**

stehlen (e)
stahl
ge**stohl**en
du **stiehl**st
der Dieb**stahl**

steif (ei)
steifer
am **steif**esten
ver**steif**en
stock**steif**
die Ohren **steif**halten

steigen (ei)
stieg
ge**stieg**en
du **steig**st
→ ein**steig**en
→ um**steig**en
der Berg**steig**er
das **Steig**eisen
die **Steig**ung

steil (ei)
steiler
am **steil**sten
der **Steil**hang
die **Steil**küste

der **Stein** (ei) 1
die **Stein**e
der Edel**stein**
steinhart
steinig
ver**stein**ert

stellen (e)
ge**stell**t
du **stell**st
→ be**stell**en
die **Stell**e
die **Stell**ung
die Aus**stell**ung
→ der/die Ange**stell**te
→ die Dar**stell**ung
→ die Her**stell**ung

der **Stempel** (e) 2
die **Stempel**
das **Stempel**kissen
stempeln

1 ***stone*** [stəʊn]

2 ***stamp*** [stæmp]
(auch: Briefmarke)

A B C D E F G H I J K L M N O P Q R S T U V W X Y Z

sterben ⓔ ❶
starb
ge**storb**en
sie **stirb**t
der/die Ver**storb**ene
sterblich

der **Stern** ⓔ ❷
die **Stern**e
die **Stern**schnuppe ❸
die **Stern**warte
sternenklar

stets ⓔ
stetig
→ be**stät**igen

das **Steuer** (!)
(zum Lenken)
die **Steuer**
das **Steuer**rad
steuern
⎵←
steuerlos

die **Steuer** (!)
(Geldabgabe an den Staat)
die **Steuer**n
die Lohn**steuer**
steuerfrei

der **Steward** ❹
(engl.)
die **Steward**ess ❺

der **Stich** ⓘ
der Mücken**stich**
der Kupfer**stich**
(Kunstwerk)
die **Stich**e
→ **stech**en

du **stich**st ⓘ
→ **stech**en

sticken ⓘ
ge**stick**t
du **stick**st
die **Stick**erin
(sti-cken)

der **Stiefel** ⓘ ❻
die **Stiefel**
der Gummi**stiefel**
stiefeln
der ge**stiefel**te Kater

er **stieg** (!)
→ **steig**en

du **stiehl**st ⓘ
→ **stehl**en

❶ ***die*** [daɪ]

❷ ***star*** [stɑː]; *super**star***

❸ ***shooting star*** [ˌʃuːtɪŋ'stɑː]

❹ ***steward*** ['stuːəd]

❺ ***stewardess*** [ˌstuːə'des]

❻ ***boot*** [buːt]

der **Stiel** ⓘ
die **Stiel**e
der Besen**stiel**
Eis am **Stiel** ❶
lang**stiel**ig
aber: → der **Stil**

sie **stieß** ⓘ
→ **stoß**en

der **Stift** ⓘ ❷
die **Stift**e
der Blei**stift** ❸

stiften ⓘ
ge**stift**et
du **stift**est
an**stift**en
die **Stift**ung
der Brand**stift**er

der **Stil** ⓘ
die **Stil**e
der **Stil**bruch
der Lebens**stil**
der Schreib**stil**
stillos
aber: → der **Stiel**

still ⓘ ❹
stiller
am **still**sten
mäuschen**still**
die **Still**e ❺
stillhalten
stilllegen
(still-le-gen)
ein Baby **still**en
(ihm die Brust geben)

die **Stimme** ⓘ ❻
die **Stimm**en
die Tier**stimm**e
das **Stimm**recht
die **Stimm**ung
stimmen
es **stimm**t
ab**stimm**en
→ be**stimm**en
stimmhaft
stimmlos

stinken ⓘ
stank
ge**stunk**en
es **stink**t
der Ge**stank**
Stunk machen
stänkern (ä▸a)

❶ ***ice lolly*** [ˈaɪsˌlɒlɪ]

❷ ***pen*** [pen] (Kugelschreiber)

❸ ***pencil*** [ˈpensl]

❹ ***silent*** [ˈsaɪlənt]

❺ ***silence*** [ˈsaɪlens]

❻ ***voice*** [vɔɪs]
vote [vəʊt] (bei einer Wahl)

er **stirbt**
→ **sterb**en

die **Stirn**
das **Stirn**band
jmdm. die **Stirn** bieten
eng**stirn**ig

der **Stock**
die **Stöck**e
der Zoll**stock**
das **Stock**werk
stocksteif
zwei**stöck**ig

der **Stoff**
die **Stoff**e
der Farb**stoff**
der Kunst**stoff**
die **Stoff**sammlung
der Treib**stoff**
stofflich

stolpern
ge**stolper**t
du **stolper**st
der **Stolper**stein

stolz
stolzer
am **stolz**esten
stolzieren
der **Stolz**

stopfen
ge**stopf**t
du **stopf**st
ver**stopfen**
der **Stöp**sel
(stop-fen)

stoppen 1
ge**stopp**t
du **stopp**st
das **Stopp**schild 2
Stop
(auf Verkehrsschildern)
der Non**stop**flug
(engl.)
stop and go
(engl.)

stören 3
ge**stör**t
du **stör**st
zer**stören**
die **Stör**ung
unge**stör**t

1 ***stop*** [stɒp]

2 ***stop sign*** [stɒp saɪn]

3 ***disturb*** [dɪˈstɜːb]
*Do not **disturb!*** (im Hotel)

stoßen (o)
stieß
ge**stoß**en
du **stöß**t
um**stoß**en
der **Stoß**
der Frei**stoß** 1

stottern (o)
ge**stottert**
du **stotter**st
der **Stotter**er

die **Strafe** (a)
die **Straf**en
der **Sträf**ling (ä‣a)
strafen
be**straf**en

der **Strahl** (a)
die **Strahl**en
die Sonnen**strahl**en
strahlen
aus**strahl**en
strahlenförmig

die **Strähne** (ä)
die **Strähn**en
die Haar**strähne**
strähnig

der **Strand** (a)
die **Strände** (ä‣a)
der **Strand**korb
stranden

die **Straße** (a) 2
(Str.)
die **Straß**en
die **Straß**enbahn

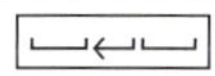

die Einbahn**straße** 3

der **Strauch** (au)
die **Sträuch**er (äu‣au)

der **Strauß** (!)
die **Sträuß**e (äu‣au)
der Blumen**strauß** 4
der **Strauß**
(der Vogel)
die **Strauß**e

die **Strecke** (e)
die **Streck**en
die Weg**strecke**

1 *free **kick*** [kik]

2 ***street*** [striːt]
way [weɪ]; *high**way***
route [ruːt]

3 ***one-way street***
[ˈwʌnweɪ striːt]

4 ***bouquet*** [buːkeɪ]

strecken
sich erstrecken
(Stre-cke)

streichen (ei)
strich
gestrichen
du streichst
unterstreichen
streicheln
stricheln
→ der Strich

der **Streich** (ei)
die Streiche
Schildbürgerstreich

streifen (ei)
gestreift
du streifst
herumstreifen
die Streife
der Streifenwagen

der **Streifen** (ei) ❶
die Streifen
der Zebrastreifen ❷
gestreift

der **Streik** (ei) ❸
die Streiks
streiken

sich **streiten** (ei)
stritt
gestritten
du streitest dich
abstreiten
der Streit
der Wettstreit ❹

streng (e)
strenger
am strengsten
die Strenge
→ sich anstrengen

streuen (eu)
gestreut
du streust
verstreuen
der Salzstreuer
die Katzenstreu
der Streuselkuchen
der zerstreute Mensch

er **strich** (!)
→ streichen

❶ ***stripe*** [straɪp]
*Stars and **Stripes*** (US-Flagge)

❷ ***zebra crossing***
['zebrəˌkrɒsɪŋ]

❸ ***strike*** [straɪk]

❹ ***contest*** ['kɒn'test]

der **Strich** (i)
die **Strich**e
→ **streich**en

stricken (i)
ge**strick**t
du **strick**st
der **Strick**
die **Strick**nadel
die **Strick**leiter

sie **stritt** (i)
→ **streit**en

das **Stroh** (o)
das **Stroh**dach
der **Stroh**halm
strohblond
strohig

strömen (ö)
ge**ström**t
es **ström**t
aus**ström**en

der **Strom** ❶
(breiter Fluss und elektrische Leitung)
die **Ström**ung

die **Stroph**e (o)
die **Stroph**en

der **Strumpf** (u)
die **Strümpf**e
die **Strumpf**hose

die **Stub**e (u)
die **Stub**en
stubenrein

das **Stück** (ü)
die **Stück**e
das Geld**stück**
das **Stück**chen
früh**stück**en ❷
stückeln
stückweise

studieren (F) ❸
studiert
du **stud**ierst
der **Stud**ent
das **Stud**ium

die **Stuf**e (u)
die **Stuf**en
der **Stuf**enschnitt
die Treppen**stuf**e
stufenlos

❶ ***river*** ['rɪvə]
(stream = Bach)
power ['paʊə]

❷ *(have)* ***breakfast*** ['brekfəst]

❸ ***study*** ['stʌdɪ]

der **Stuhl** ⓤ
die **Stühl**e
das **Stuhl**bein
der Liege**stuhl**

stumpf ⓤ
stumpfer
am **stumpf**esten
der Baum**stumpf**

die **Stund**e (Std./h) ⓤ
1 **Std./h** ist 60
→ Minuten
die **Stund**en
der **Stund**enplan ❶
stündlich
halb**stünd**ig
(stünd-lich,
halb-stün-dig)

der **Sturm** ⓤ
die **Stürm**e
der Wirbel**sturm**
die **Sturm**flut
stürmen
stürmisch

stürzen ⓤ
ge**stürz**t
du **stürz**t
ein**stürz**en
der **Sturz**
der **Sturz**helm ❷

die **Stütz**e ⓤ
die **Stütz**en
die **Stütz**räder
stützen
auf**stütz**en

das **Substantiv** Ⓕ
(das Nomen, das Hauptwort, siehe S. 357)
die **Substantiv**e

subtrahieren Ⓕ
(abziehen)
subtrahiert
du **subtrah**ierst
die **Subtrak**tion

suchen ⓤ ❸
ge**such**t
du **such**st
aus**such**en
→ be**such**en
→ ver**such**en
die **Such**e
der Ver**such**

❶ ***timetable*** ['taɪmˌteɪbl]
❷ ***crash helmet*** ['kræʃˌhelmɪt]
❸ ***search*** [sɜːtʃ]
look for ['lʊk‿fɔː]

die **Sucht** (ụ)
die **Süchte**
die Eifer**sucht**
[␣␣]
süchtig sein
hab**süchtig**
streit**süchtig**

der **Süden** (ṳ) ❶
der **Süd**wind
südlich
süddeutsch

die **Summe** (ụ)
die **Summen**
die End**summe**
[␣␣↵]
eine **Summe** bilden
summieren
(zusammenzählen)

summen (ụ)
ge**summt**
du **summst**
der **Summ**ton
das Bienenge**summ**

die **Suppe** (ụ)
die **Suppen**
das **Süppchen**

süß (ü̱) ❷
süßer
am **süß**esten
zucker**süß**
süßlich
süßen
die **Süß**igkeiten

das **Symbol** (F)
die **Symbole**
symbolisch

die **Sympathie** (F)
(die Zuneigung, Gegensatz: die Antipathie)
sympathisch
(Sym-pa-thie)

das **System** (F)
(die Ordnung)
die **System**e
das Sonnen**system** ❸
systematisch
(Sys-tem)

die **Szene** (F)
die **Szen**en
die Theater**szene**
die Schluss**szene**
in**szen**ieren

---

❶ ***south*** [saʊθ]

❷ ***sweet*** [swiːt]
***sweet**heart* (der Schatz)

❸ *solar **system*** [ˈsɪstəm]

die **Tabelle**
die **Tabell**en
der **Tabell**enkopf

tabellieren
tabellarisch

das **Tablett**
die **Tablett**s
das Silber**tablett**

die **Tablette**
die **Tablette**n
die Schmerz**tablette**

das **Tabu**
(die Regel in einer Gesellschaft/Familie, über bestimmte Themen nicht zu sprechen und bestimmte Dinge nicht zu tun)
die **Tabu**s
das **Tabu**thema
das **Tabu**wort
ein **Tabu** verletzen
tabuisieren
(etwas zum Tabu machen)

der/das **Tacho**meter
(Kilometerzähler)
kurz: der **Tacho**
die **Tacho**s
der **Tacho**stand
die **Tacho**nadel

der **Tadel**
die **Tadel**
tadeln
tadellos

die **Tafel** ➊
die **Tafel**n
die Wand**tafel**

die Fest**tafel**
die Schalt**tafel**
➋ die **Tafel** Schokolade
tafeln

➊ ***blackboard*** [ˈblækˌbɔːd]

➋ ***bar*** *of chocolate* [bɑː]

der **Tag** ⓐ
die **Tag**e
Guten **Tag**! ❶
eines **Tag**es
der Geburts**tag** ❷
der Mit**tag**
am Diens**tag** ❸
täglich ⓐ ä▸a ❹
tagsüber
(Diens-tag)

der **Takt** ⓐ
die **Takt**e
den **Takt** halten
der **Takt**stock
taktlos
taktvoll

die **Taktik** Ⓕ
die **Takti**ken
die Spiel**taktik**
taktieren
taktisch

das **Tal** ⓐ
die **Täl**er ä▸a
die Berg-und-**Tal**-Bahn

das **Talent** Ⓕ
die **Talent**e
das Natur**talent**
talentiert

die **Talk-Show** ❺
(engl.)
die **Talk-Show**s

das **Tandem** Ⓕ
die **Tandem**s
Tandem fahren

tanken ⓐ
ge**tank**t
du **tank**st
auf**tank**en
der **Tank**
die **Tank**stelle

die **Tanne** ⓐ
die **Tanne**n
der **Tanne**nbaum
der **Tanne**nzapfen/
Tannzapfen
die Edel**tanne**

die **Tante** ⓐ ❻
die **Tante**n
die Paten**tante**

❶ ***Hello!*** [hə'ləʊ]

❷ ***birthday*** ['bɜːθdeɪ]
*Happy **Birthday**!*

❸ *on **Tuesday*** ['tjuːzdeɪ]

❹ *every **day*** [deɪ]

❺ ***talk show*** ['tɔːk‿ʃəʊ]

❻ ***aunt*** [ɑːnt]

A B C D E F G H I J K L M N O P Q R S T U V W X Y Z

tanzen ⓐ ❶
ge**tanzt**
du **tanzt**
tänzeln ⓐ
der **Tanz** ❶
die **Tänzerin**
tänzerisch

tapfer ⓐ
tapferer
am **tapfersten**
die **Tapferkeit**
(tap-fer)

sich **tarnen** ⓐ
ge**tarnt**
du **tarnst** dich
der **Tarnanzug**
die **Tarnfarbe**
die **Tarnung**

die **Tasche** ⓐ
die **Taschen**
das **Taschentuch**
die Hand**tasche**

die **Tasse** ⓐ ❷
die **Tassen**
die Kaffee**tasse**

tasten ⓐ
ge**tastet**
du **tastest**
er**tasten**
die **Tastatur**
die **Taste**

die **Tat** ⓐ
die **Taten**
der **Täter** ⓐ
die **Tätigkeit**
das **Tätigkeitswort**
(siehe Verb, S. 358)
die **Tatsache**
tätig
tatsächlich
tatenlos
→ **tun**

er **tat** ⓐ
→ **tun**

das **Tau** (au)
(das Seil)
die **Taue**
das Schlepp**tau**
ver**täuen** (äu-au)

der **Tau** (au)
der Morgen**tau**
der **Tautropfen**

❶ ***dance*** [dɑːns]

❷ ***cup*** [kʌp] (auch: der Pokal)

taub (au)
die **Taub**heit
be**täub**en (äu‣au)
die Be**täub**ung

tauchen (au) ❶
ge**tauch**t
du **tauch**st
ein**tauch**en
unter**tauch**en
der **Tauch**er ❷
die **Tauch**erbrille

die **Tauf**e (au)
die **Tauf**en
der **Täuf**ling (äu‣au)
der **Tauf**pate
die Schiffs**tauf**e

taufen

taugen (au)
ge**taug**t
du **taug**st
der **Taug**enichts
tauglich
→ **tüch**tig

tauschen (au)
ge**tausch**t

du **tausch**st
um**tausch**en
der **Tausch**
das **Tausch**geschäft

täuschen
ge**täusch**t
du **täusch**st
ent**täusch**en
die **Täusch**ung

tausend (au)
1000 €
zwei**tausend**
der **Tausend**füßler
das Jahr**tausend**
bis **tausend** zählen

das **Taxi** (F)
die **Taxi**s/die **Tax**en
der **Taxi**fahrer
das Funk**taxi**

das **Team** ❸
(engl.: die Mannschaft)
die **Team**s
die **Team**arbeit ❹

❶ ***dive*** [daɪv]

❷ ***diver*** [ˈdaɪvə]

❸ ***team*** [tiːm]
team *teaching*
football ***team***

❹ ***teamwork*** [ˈtiːmˌwɜːk]

die **Technik** ⓔ
die **Techn**iken
der **Techn**iker
die Rechen**techn**ik
die **Techn**ologie
technisch

der **Teddy** ⚠F
die **Teddy**s
der **Teddy**bär

der **Tee** ⓔ
das **Tee**ei
die Tasse **Tee** ❶
die **Tee**tasse ❷
der Kamillen**tee**
Tee trinken

der **Teenager**
(engl.: Jugendliche zwischen 13 und 19 Jahren)
die **Teenager**

der **Teer** ⓔ
teeren
ge**teer**t

der **Teich** ⓔⓘ
die **Teich**e
der Enten**teich**

der **Teig** ⓔⓘ
die **Teig**e
der Kuchen**teig**
der **Teig**boden
teigig

teilen ⓔⓘ
ge**teil**t
du **teil**st
auf**teil**en
→ sich be**teil**igen
teilnehmen ❸
der/das **Teil**
das Gegen**teil**
die Mit**teil**ung
die **Teil**nahme
→ das Ur**teil**
die Ver**teil**ung
der Vor**teil**
teilbar

das **Telefon** ⚠F ❹
(Tel.)
die **Telefon**e
das **Telefon**at
das **Telefon**buch
telefonieren
telefonisch

❶ *cup of **tea*** [kʌp ɒv tiː]
❷ ***tea**cup* [ˈtiːˌkʌp]
❸ ***take part*** [teɪk pɑːt]
❹ ***phone*** [fəʊn] *(tele**phone**)*

der **Teller** (e)
die **Teller**
der **Teller**rand
der Suppen**teller**

die **Temper**atur (F)
die **Temper**aturen
die Körper**temper**atur

das **Tempo** (F) ❶
die **Tempo**s/die **Temp**i
Schnecken**tempo**

das **Tennis** (F)
der **Tennis**ball
das Tisch**tennis** ❷
Tennis spielen

der **Teppich** (e)
die **Teppich**e
der **Teppich**boden
der Wand**teppich**
(Tep-pich)

der **Termin** (F)
(der Zeitpunkt, die Frist)
die **Termin**e
der **Termin**kalender
der Zahnarzt**termin**

der **Terror** (F)
der **Terror**ist
der **Terror**ismus
der **Terror**anschlag
Terror machen
terrorisieren
terroristisch

der **Test** (e)
die **Test**s
die **Test**fahrt
testen

teuer (eu)
teurer
am **teuer**sten
ver**teuer**n
→ be**teuer**n
die **Teuer**ung

der **Teufel** (eu)
die **Teufel**
der **Teufel**sbraten
teuflisch

❶ ***speed*** [spiːd]

❷ *table **tennis*** [ˈtenɪs]

der **Text** ⓔ
die **Text**e
die **Text**stelle
texten

das **Theater** ⚠F 1
die **Theater**
(The-a-ter)
das Kasperle**theater**
die **Theater**probe

das **Thema** ⚠F
die **Them**en
das Gesprächs**thema**
thematisch

der **Thron** ⚠F
die **Thron**e
der Königs**thron**
ent**thron**en

tief ⓘ
tiefer
am **tief**sten
ver**tief**en
die **Tief**e
die Wasser**tief**e
das **Tief**kühlfach

das **Tier** ⓘ 2
die **Tier**e
das Kuschel**tier**
der **Tier**arzt
tierlieb

tierisch

die **Tinte** ⓘ
die **Tinte**n
der **Tinte**nkiller
tintenblau

tippen ⓘ
ge**tipp**t
du **tipp**st
an**tipp**en
der **Tipp** 3
der **Tipp**fehler
der **Tipp**schein

der **Tisch** ⓘ 4
die **Tisch**e
bei **Tisch**
der Garten**tisch**
der **Tisch**ler
das **Tisch**tennis
auf**tisch**en
tischlern

1 ***theatre*** [ˈθɪətə]
2 ***animal*** [ˈænɪml]
3 ***tip*** [tɪp]
4 ***table*** [ˈteɪbl]

der **Titel** ⓘ
die **Titel**
der Buch**titel**
das **Titel**blatt ❶
der **Titel**verteidiger
be**titel**n

der **Toast**
(engl.: geröstetes Weißbrot)
die **Toast**s/die **Toast**e
der **Toast**er
das **Toast**brot
toasten

die **Tochter** ⓠ ❷
die **Töchter**
die Enkel**tochter** ❸
die **Tochter**firma

die **Toilette**
(franz.)
die **Toilette**n
(Toi-let-te)
das **Toilette**npapier

der **Tod** ⓠ
der Hunger**tod**
die **Tod**esangst
todmüde

todschick
tödlich
aber: → **tot**

toll ⓠ ❹
toller
am **toll**sten
tollkühn
tollwütig
herum**toll**en
der **Toll**patsch

die **Tomate**
die **Tomate**n
der **Tomate**nketchup
Tomaten auf den Augen haben

der **Ton** ⓠ
(ein lauter Ton und eine Bodenart)
die **Tön**e
der Pfeif**ton**
der **Ton**krug
die **Ton**leiter
die **Tön**ung
über**tön**en
be**ton**en
tonlos

❶ ***cover*** ['kʌvə]
❷ ***daughter*** ['dɔːtə]
❸ ***granddaughter*** ['grænˌdɔːtə]
❹ ***great*** [greɪt]
fantastic [fæn'tæstɪk]

A B C D E F G H I J K L M N O P Q R S T U V W X Y Z

die **Tonne** (ọ)
die **Tonnen**
die Müll**tonne**
eine **Tonne**

der **Topf** (ọ)
die **Töpfe**
der Blumen**topf**
die **Topf**blume
die **Töpf**erscheibe
töpfern

der **Topfen** (ọ)
(süddt.: Quark)
der **Topfen**strudel
(eine Mehlspeise)

das **Tor** (o̲) 1
die **Tore**
das Eigen**tor**
das Fußball**tor**
das Scheunen**tor**
der **Tor**wart 2

der **Tor** (o̲)
(einfältiger Mensch, Narr)
die **Toren**
die **Tor**heit

die **Torte** (ọ)
die **Torten**
die Erdbeer**torte**
das **Tort**elett
(kleiner Tortenboden)
der **Torte**nheber

die **Tortellini**
(gefüllte Nudeln)

tot (o̲)
mause**tot**
töten 3
der **Tot**e
aber: → der **Tod**

die **Tour** 4
(franz.: die Fahrt)
die **Tour**en
die Rad**tour**
die **Tour** de France
der **Tour**ismus
der **Tour**ist
die **Tour**nee

traben (a̲)
ge**trab**t
es **trab**t
der **Trab**er
die **Trab**rennbahn

1 ***goal*** [gəʊl]; ***gate*** [geɪt]
2 ***goalkeeper*** ['gəʊlˌkiːpə]
3 ***kill*** [kɪl]
4 ***trip*** [trɪp]; ***tour*** [tʊə]

die **Tradition** ⚠F
die **Tradition**en
traditionsgemäß
traditionell

sie **traf** ⓐ
→ **treff**en

tragen ⓐ
trug
ge**trag**en
du **träg**st ⓐ▸a
ver**trag**en
er**trag**en

der Auf**trag**
→ der Bei**trag**
der Hosen**träg**er
die **Trag**e
die **Trag**etasche
die Über**trag**ung
tragbar

trainieren ❶
(engl.: üben)
trainiert
du **train**ierst
durch**train**ieren
der **Train**er ❷
das **Train**ing ❸

der **Traktor** ⚠F
(der Trecker)
die **Traktor**en

trampeln ⓐ
ge**trampel**t
du **trampel**st
zer**trampel**n
das **Trampel**tier

der **Tran** ⓐ
der Leber**tran**
tranig

die **Trän**e
die **Trän**en
die Freuden**trän**e

tränen

er **trank** ⓐ
→ **trink**en

transportieren ⚠F
transportiert
du **transport**ierst
der **Transport**

sie **trat** ⓐ
→ **tret**en

❶ ***train*** [treɪn]
coach [kəʊtʃ] (jmdn. trainieren)

❷ ***trainer*** [treɪnə]
coach [kəʊtʃ]
manager ['mænɪdʒə]

❸ ***practice*** ['præktɪs]

die **Traub**e
die **Traub**en
der **Traub**ensaft
die Wein**traub**e

trauen (au)
ge**trau**t
du **trau**st
sich **trau**en ❶ *(etwas wagen und heiraten)*
jmdm. etwas anver**trau**en
miss**trau**en
jmdm. ver**trau**en
jmdm. etw. zu**trau**en
die **Trau**ung
das Ver**trau**en
ver**trau**lich
zu**trau**lich

die **Trauer**
die **Traur**igkeit
die **Trauer**weide
trauern
be**trauer**n
nach**trauer**n
traurig

träumen (äu▸au)
ge**träum**t
du **träum**st
er**träum**en
der **Traum**
der Alb**traum**
auch: Alp**traum**
der Tag**traum**
die **Traum**welt ❷
der **Träum**er
die **Träum**erei
träumerisch
traumhaft
ver**träum**t

treffen (e) ❸
traf
ge**troff**en
du **triff**st
an**treff**en
be**treff**en
zusammen**treff**en
die Be**troff**enheit
das Klassen**treff**en
der **Treff**punkt
die **Treff**sicherheit
der Voll**treff**er
trefflich
unüber**treff**lich

❶ ***trust*** [trʌst] (etwas wagen)
marry ['mærɪ] (heiraten)
*Just **married**!* ['mærɪd]

❷ ***dream** world* [driːm]

❸ ***meet*** [miːt]

treiben (ei)
sie **trieb**
ge**trieb**en
du **treib**st Sport ❶
über**treib**en
ver**treib**en
der An**trieb**
→ der Be**trieb**
das Ge**trieb**e
der **Treib**stoff

das **Trekking** (F)
auch: das **Trecking**
(Wandern mit Trägern)

der **Trend**
(engl.)
die **Trend**s
der Mode**trend**

trennen (e)
ge**trenn**t
du **trenn**st
die **Trenn**ung
das **Trenn**ungszeichen
die Sil-ben-**tren-n**ung
unzer**trenn**lich

die **Treppe** (e)
die **Trepp**en
die Roll**trepp**e ❷
das **Trepp**enhaus
die Wendel**trepp**e
treppab
treppauf

der **Tresor** (F) ❸
die **Tresor**e
der **Tresor**schlüssel

treten (e) ❹
trat
ge**tret**en
du **tritt**st
be**tret**en
der **Tritt**
das **Tritt**brett
der Fuß**tritt**
→ der Ein**tritt**
→ der Vor**tritt**

treu (eu)
treuer
am **treu**esten
treuherzig
treulos
die **Treu**e
der **Treu**eschwur
be**treu**en

❶ ***you do a sport*** [duː ə spɔːt]
(eine bestimmte Sportart treiben)
you (take) ***exercise***
[ˈeksəˌsaɪz] (Sport treiben)

❷ ***escalator*** [ˈeskəleɪtə]

❸ ***safe*** [seɪf]

❹ **step** [step]

die **Tribüne** ⓤ̈
die **Tribünen**
die Zuschauer**tribüne**
der **Tribünen**platz

der **Trick**
(engl.)
die **Trick**s
der Zauber**trick**

er **trieb** ⓘ
→ **treib**en

du **triffst** ⓘ
→ **treff**en

das **Trikot** Ⓕ
die **Trikot**s
das Fußball**trikot**

trinken ⓘ ❶
trank
ge**trunk**en
du **trink**st
er**trink**en
das **Trink**wasser
das Ge**tränk** ⓐ ❷
die Vogel**tränk**e

der Zauber**trank**
trinkfertig
be**trunk**en

du **trittst** ⓘ
→ **tret**en

trocken ⓞ
knochen**trocken**
ab**trockn**en
der Wäsche**trockn**er
die **Trocken**heit

die **Trommel** ⓞ
die **Trommeln**
der **Tromml**er ❸
der **Trommel**wirbel
die Wäsche**trommel**
trommeln

der **Tropfen** ⓞ
die **Tropf**en
Regen**tropf**en ❹
tropfen
tröpfeln
(Trop-fen)

trösten ⓞ̈
ge**tröst**et
du **tröst**est

❶ ***drink*** [drɪŋk]

❷ ***drink**; soft **drink**; long **drink** hot/cold **drink**; mixed **drink***

❸ ***drummer*** ['drʌmə]

❹ ***raindrops*** ['reɪndrɒps]

der **Trost**
der **Trost**preis
tröstlich
trostlos
(trös-ten,
tröst-lich)

der **Trotz** (o)
der **Trotz**kopf
trotzen
trotzig
trotz
trotzdem

trüb (ü)
trüber
am **trüb**sten
trübselig
trüben
im **Trüb**en fischen
die **Trüb**sal
die Ein**trüb**ung

sie **trug** (u)
→ **trag**en

die **Trümmer** (ü)
(Mehrzahlwort)
der **Trümm**erhaufen
zer**trümm**ern

das **T-Shirt**
(engl.)
die **T-Shirt**s

Tschüs! (ü) ❶
auch: **tschüss**
(salopp für: Auf Wiedersehen!)

die **Tube** (u)
die **Tub**en
die Zahnpasta**tube** ❷

das **Tuch** (u)
die **Tüch**er
das Taschen**tuch**

tüchtig (ü)
tüchtiger
am **tücht**igsten
verkehrs**tücht**ig
die **Tücht**igkeit
→ **taug**en

die **Tücke** (ü)
die **Tück**en
die Heim**tück**e
tückisch

❶ ***bye-bye*** [ˌbaɪˈbaɪ]
See you later!

❷ ***tube** of toothpaste*
[tjuːb ɒv ˈtuːθˌpeɪst]

tun ⓤ ❶
tat
ge**ta**n
du **tu**st
ver**tun**
das **Tun**
der **Tu**nichtgut
→ die **Tat**
tätig ⓐ

der **Tunnel** Ⓕ
die **Tunnel**
auch: das **Tunell**
(süddt./österr.)
der Eisenbahn**tunnel**
unter**tunneln**

die **Tür** ⓤ ❷
die **Tür**en
die **Tür**klinke
die Haus**tür**
das Hinter**tür**chen
vier**tür**ig

der **Turm** ⓤ ❸
die **Türm**e
der Leucht**turm** ❹
die **Turm**uhr
auf**türm**en

turnen ⓤ ❺
ge**turn**t
du **turn**st
vor**turn**en
der **Turn**schuh

die **Tusche** ⓤ
der **Tusch**kasten
tuschen

die **Tüte** ⓤ
die **Tüte**n
die Bonbon**tüte**
ein**tüte**n
Das kommt nicht in
die **Tüte**!
(salopp: Das kommt nicht in Frage!)

typisch y
typischer
am **typ**ischsten
der **Typ**
der Wagen**typ**

der **Tyrann** Ⓕ
die **Tyrann**en
tyrannisieren
tyrannisch
die **Tyrann**en-
herrschaft

❶ ***do*** [duː]
Do it yourself! (Tu es selbst)

❷ ***door*** [dɔː]; *outdoors* (draußen)

❸ ***tower*** [ˈtaʊə]

❹ ***lighthouse*** [ˈlaɪtˌhaʊs]

❺ ***do gymnastics***
[duː dʒɪmˈnæstɪks]
(das Gymnasium: grammar school)

die **U-Bahn** ⓤ ❶
*(Untergrund**bahn**)*
U-Bahn fahren

übel ⓤ
übler
am **übel**sten
der **übl**e Geruch
übel nehmen
ver**übel**n
↳⎵↲
das **Übel**
die **Übel**keit
der **Übel**täter

üben ⓤ
ge**üb**t
du **üb**st
aus**üb**en
etwas ein**üb**en
die **Üb**ung
üblich
unge**üb**t

über ⓤ
überall
überhaupt
gegen**über**
dar**über**
→ **übrig**
überdimensional
der **Über**mut

über**holen** ⓞ
über**hol**t
du über**hol**st
die Über**hol**spur

über**legen** ⓔ
über**leg**t
du über**leg**st
→ **legen**
die Über**leg**ung
du bist über**leg**en

über**queren** ⓔ ❷
über**quer**t
du über**quer**st
die Über**quer**ung
→ **quer**

über**raschen** ⓐ
über**rasch**t
du über**rasch**st jmdn.

❶ *the **underground***
['ʌndəˌgraʊnd]

❷ ***cross** the road* [krɒs]

die Über**rasch**ung
das Über**rasch**ungsei
die Über**rasch**ungsfeier ❶
über**rasch**end
→ **rasch**

übrig (ü̲)
etwas **übrig** lassen
für jmdn. etwas **übrig** haben
im **Übrig**en
übrigens
→ **über**

das **Ufer** (u̲)
die **Ufer**
das Fluss**ufer**
die **Ufer**promenade
aus**ufer**n
uferlos

die **Uhr** (u̲)
die **Uhr**en
zwölf **Uhr**
der **Uhr**macher ❷
die Digital**uhr**

der **Ulk** (ụ) *(Scherz)*
die **Ulk**erei
jmdn. ver**ulk**en
ulkig

um (ụ)
umher
umsonst

umarmen (ạ)
um**arm**t
du um**arm**st
die Um**arm**ung
→ der **Arm**

die **Umgehung** (e̲) ❸
um**geh**en
→ **geh**en

umgraben (a̲)
grub um
umge**grab**en
du **gräb**st um (ä▸a)
→ **grab**en

umkehren (e̲)
umge**kehr**t
du **kehr**st um
die Um**kehr**
→ der Ver**kehr**

der **Umlaut** (au) ❹
die Um**laut**e
(ä, ö, ü, äu, siehe S. 358)
→ der **Laut**

❶ ***surprise** party* [sə'praɪz]
❷ ***watch** maker* [wɒtʃ]
❸ ***bypass*** ['baɪˌpɑːs]
❹ ***umlaut*** ['ʊmlaʊt]

der **Umriss** (i) (1)
die Umrisse
umreißen
→ reißen

der **Umschlag** (a)
die Umschläge (ä▸a)
umschlagen
der Briefumschlag
→ schlagen

umsteigen (ei)
stieg um
umgestiegen
du steigst um
→ steigen

der **Umweg** (e)
die Umwege
→ der Weg

die **Umwelt** (e)
die Umwelt-
verschmutzung
→ die Welt

unbedingt (!)
die Bedingung
→ das Ding

und (u) (2)
(u.)
und so weiter
(usw.)

der **Unfall** (a)
die Unfälle (ä▸a)
die Unfallstelle
→ fallen

ungefähr (u)
(nicht ganz genau)

das **Ungeheuer*** (eu) (3)
die Ungeheuer
ungeheuerlich
es ist mir nicht geheuer

die **Universität** (F) (4)
(die Hochschule)
die Universitäten
kurz: die Uni
die Universitäts-
klinik

das **Universum** (F)
(Weltall)
universal
das Universalgenie

* Ein Getüm traf ein Geheuer:
"Eigentümlich!" - "Ungeheuer!"

(1) ***outline*** ['aʊtˌlaɪn]

(2) ***and*** [ænd]

(3) ***monster*** ['mɒnstə]

(4) ***university*** [ˌjuːnɪˌvɜːsɪtɪ]

uns (ụ)
unser ❶
unsere

unten (ụ)

unter (ụ)
unterkriegen
die **Unter**kunft
die **Unter**lage
unterdessen
unterhalb
unterwegs

der **Unterricht** (ị)
der Deutsch-
unter**richt**
unter**richt**en
→ **richt**en

der **Unterschied** (i̲)
die Unter**schied**e
unter**scheid**en
→ **scheid**en
unter**schied**lich

unterstreichen (ei)
unter**strich**
unter**strich**en
du unter**streich**st
→ **streich**en
die Unter**streich**ung

uralt (u̲)
der **Ur**großvater ❷
die **Ur**kunde ❸
der **Ur**mensch
die **Ur**sache
der **Ur**sprung
das **Ur**teil
der **Ur**wald
urkomisch

der **Urlaub** (au) ❹
die Ur**laub**e
die Ur**laub**szeit
Ur**laub** nehmen
beur**laub**en
ur**laub**sreif
→ die Er**laub**nis

das **Urteil** (ei)
die Ur**teil**e
das Vorur**teil**
ur**teil**en
verur**teil**en
→ **teil**en

❶ ***our*** [aʊə]; ***our*** *classroom*
❷ ***great-grandfather*** [ˌgreɪtˈgrænˌfɑːðə]
❸ ***document*** [ˈdɒkjʊmənt]
❹ ***holiday*** [ˈhɒlɪdeɪ]

der **Vampir** (F)
die **Vampir**e

die **Vanille** (F)
der **Vanille**pudding

die **Vase** (a)
die **Vase**n
die Blumen**vase**

der **Vater** (a) ①
die **Väter** (ä▸a)
der **Vati** ②
der Stief**vater**
das **Vater**land
väterlich

das **Veilchen** (F)
(Blume und blaues Auge)
die **Veilchen**
der **Veilchen**strauß
veilchenblau

das **Ventil** (F)
(Vorrichtung, mit der man den Durchfluss von Luft oder Wasser regulieren kann)
die **Ventil**e
das Sicherheits**ventil**
der **Ventil**ator
(der Luftbeweger)

veränderlich (ä▸a)
→ **andere**
ver**änder**n
die Ver**änder**ung

das **Verb** (F)
(Tätigkeitswort)
die **Verb**en
(siehe S. 358)
verbal

der **Verband** (!)
(Schutz einer Wunde und Gemeinschaft)
die Ver**bände** (ä▸a)
die Ver**bind**ung
ver**binde**n
→ **binde**n
ver**bünde**n
ver**bind**lich

① ***father*** ['fɑːðə]
② ***dad*** [dæd]; ***daddy*** ['dædɪ]

A B C D E F G H I J K L M N O P Q R S T U **V** W X Y Z

ver**bessern** ⓔ
ver**bessert**
du ver**besser**st
die Ver**besser**ung
→ **besser**

ver**bieten** ⓘ
ver**bot**
ver**bot**en
du ver**biet**est
→ **biet**en
das Ver**bot**
es ist ver**bot**en
das Ver**bot**sschild

das Ver**brechen** ⓔ ❶
die Ver**brech**en
etwas ver**broch**en haben
ver**brech**erisch
→ **brech**en

der Ver**dacht** ⓐ
der Ver**dächt**ige (ä▸a)
ver**dächt**igen
ver**dächt**ig

verdauen (au)
verdaut
du **verdau**st
die **Verdau**ung
schwer **verdau**lich

ver**dienen** ⓘ
ver**dien**t
du ver**dien**st
→ **dien**en
das/der Ver**dien**st

die Ver**gang**enheit ⓐ ❷
die Ver**gäng**lichkeit (ä▸a)
ver**gang**en
ver**gäng**lich
ver**geh**en
→ **geh**en

vergessen* ⓔ ❸
vergaß
vergessen
du **vergiss**t
die **Vergess**lichkeit
das **Vergiss**meinnicht
vergesslich
un**vergess**lich

* Was heißt **gess**? Schau auf Seite 320 nach.

❶ ***crime*** [kraɪm]

❷ ***past*** [pɑːst]

❸ ***forget*** [fəˈget]
Forget it! (Das kannst du vergessen!)

vergleichen (ei)
verglich
verglichen
du vergleichst
der Vergleich
→ **gleich**

sich **vergnügen** (ü)
vergnügt
du **vergnügst** dich
das **Vergnügen**
der **Vergnügungspark**
vergnüglich

das **Verhältnis** (ä▸a)
die Ver**hält**nisse
das Ver**halt**en
sich ver**halt**en
ver**hält**nismäßig
→ **halten**

ver**hinder**n (i)
ver**hinder**t
du ver**hinder**st
die Ver**hinder**ung
→ das **Hinder**nis

der Ver**käuf**er (äu▸au)
die Ver**käuf**er
die Ver**käuf**erin
die Ver**käuf**erinnen
der Ver**kauf**
ver**kauf**en ❶
→ **kauf**en
ver**kauf**t

der Ver**kehr** (e)
das Ver**kehr**szeichen ❷
ver**kehr**en
→ um**kehr**en
ver**kehr**t

(sich) ver**kleid**en (ei)
ver**kleid**et
du ver**kleid**est (dich)
die Ver**kleid**ung

ver**lang**en (a)
ver**lang**t (!)
du ver**lang**st
das Ver**lang**en
→ **lang**

ver**lass**en (a)
ver**ließ**
ver**lass**en
du ver**läss**t (ä▸a)
→ **lass**en

❶ ***sell*** [sel]
bestseller [ˌbestˈselə]

❷ ***traffic sign*** [ˈtræfɪk‿saɪn]

die Ver**läss**lichkeit
zuver**läss**ig

verleihen (ei)
ver**lieh**
ver**lieh**en
du ver**leih**st
→ **leih**en

verletzen* (!)
verletzt
du **verletz**t
die **Verletz**ung
der **Verletz**te
verletzlich
verletzbar

sich ver**lieb**en [1]
ver**lieb**t [2]
du ver**lieb**st dich

verlieren* (i)
verlor
verloren
du **verlier**st

der **Verlier**er [3]
die **Verlier**er
der **Verlust**

er **verließ** (i)
→ ver**lass**en

sie **verlor** (o)
→ **verlier**en

ver**los**en (o)
ver**los**t
du ver**los**t
die Ver**los**ung
→ das **Los**

ver**miss**en (i) [4]
ver**miss**t
du ver**miss**t
der/die Ver**miss**te

die **Vernunft** (u)
Vernunft
annehmen
vernünftig

** Letzt dich das Lieren?*
Manche Wortstämme sind schon sehr alt. Sie haben ohne die Vorsilbe 'ver' keinen Sinn mehr. Ihre Bedeutung ist ganz eng mit der Vorsilbe verbunden. Mach doch mal die Sinnprobe mit den 'ver'-Wörtern, die du hier findest.

[1] ***fall in love*** [fɔːl‿ɪn‿lʌv]
[2] ***in love***
[3] ***loser*** [ˈluːzə]
[4] ***miss*** [mɪs]

verraten (a) 1
verriet
verraten
du verrätst (ä▸a)
ich verrate dir ein Geheimnis
→ raten
der Verrat
der Verräter
verräterisch

verrückt (ü) 2
→ der Rücken

der Vers (!)
(Zeile eines Gedichts)
die Verse
der Bibelvers

die Versammlung (a) 3
die Versammlungen
die Vereinsversammlungen
sich versammeln
→ sammeln

versäumen
versäumt
du versäumst
das Versäumnis

verschieden (i)
verschiedenartig
die Verschiedenheit
→ scheiden

verschwinden (i)
verschwand
verschwunden
du verschwindest
schwinden
→ geschwind

das Versehen (e)
(kleiner Fehler)
aus Versehen
sich versehen
er versah sich
versehentlich
→ sehen

sich versichern (i)
versicherte
versichert
du versicherst dich
die Versicherung
die Krankenversicherung
→ sicher

1 *Shall I tell you a **secret**?* ['siːkrɪt]
(Soll ich dir etwas verraten?)

2 ***crazy*** ['kreɪzɪ]

3 ***meeting*** ['miːtɪŋ]

A B C D E F G H I J K L M N O P Q R S T U V W X Y Z

(sich) **verstecken** ⓔ
versteckt
du versteckst dich
→ **stecken**
das Versteck
Versteck spielen

verstehen ⓔ ❶
verstand
verstanden
du verstehst
→ **stehen**
der Verstand
verständlich (ä-a)

versuchen ⓤ ❷
versucht
du versuchst
→ **suchen**
der Versuch
[↳⎵]
die Versuchung
[↳⎵↩]
versuchsweise
[↳⎵↔↳⎵]

sich **verteidigen*** (ei)
verteidigt
du verteidigst dich
die Verteidigung

der/die **Verwandte*** ⓐ
die Verwandten
die Verwandtschaft
miteinander verwandt sein
verwandtschaftlich

verwechseln ⓔ
→ **wechseln**

das **Verzeichnis** (ei)
die Verzeichnisse
das Inhaltsverzeichnis
[⎵↔↳⎵↩]
verzeichnen
→ **zeichnen**

verzeihen (ei) ❸
verzieh
verziehen
du verzeihst
Verzeihen Sie! ❹
die Verzeihung
verzeihlich

** Teidigst du Wandte?*
Manche Wortstämme sind schon sehr alt. Sie haben ohne die Vorsilbe 'ver' keinen Sinn mehr. Ihre Bedeutung ist ganz eng mit der Vorsilbe verbunden. Mach doch mal die Sinnprobe mit den 'ver'-Wörtern, die du hier findest.

❶ ***understand*** [ˌʌndəˈstænd]
❷ ***try*** [traɪ]; ***Try** it again!*
❸ ***forgive*** [fəˈgɪv]
❹ ***Sorry!*** [ˈsɒrɪ]

der **Vetter** (F)
(der Cousin)
die **Vetter**n

das **Video** (F)
die **Video**s
der **Video**film
der **Video**recorder
die **Video**thek

das **Vieh** (i)
das **Vieh**zeug
die **Vieh**zucht
das **Viech**
die **Viech**erei

viel (i) 1
mehr
am **meist**en
viele
wie **viel**
zu **viel** 2
vielleicht
vielfach
vielmals
vieldeutig
viel mehr
→ **mehr**
→ **meist**
der **Viel**fraß

vier (i) 3
vierzehn
vierzig
halb **vier**
der **vier**te Juli
viermal
viereckig

die **Vier**
ein **Vier**telliter
Viertel vor eins

violett (!) (F)
(lila)
ultra**violett**

die **Violine** (F)
(die Geige)
die **Violin**en
das **Violin**konzert

das **Virus** (F)
(Krankheitserreger)
die **Vir**en
der Grippe**vir**us

das **Vitamin** (F)
die **Vitamin**e
der **Vitamin**mangel
vitaminreich

1 ***a lot of** cars* [lɒt ɒv]
(viele Autos)

too many [tuː‿menɪ]
(zu viele)

2 ***too much*** [tuː‿mʌtʃ]

3 ***four*** [fɔː]
4u = for you (für dich)

der **Vogel** ❶
die **Vögel**
das **Vogel**futter
der Spaß**vogel**

die **Vokabel**
(einzelnes Wort in einer fremden Sprache)
die **Vokabel**n
das **Vokabel**heft
das **Vokab**ular
(der Wortschatz)

der **Vokal**
(der Selbstlaut)
die **Vokal**e
(siehe S. 358)
der Stamm**vokal**

das **Volk** ❷
die **Völk**er
das **Volk**slied ❸
der **Volk**swagen (VW)
die Be**völk**erung
volkstümlich

voll
voller
am **voll**sten
halb **voll**
vollständig
völlig
vollautomatisch
geschmack**voll**
humor**voll**
mit **Voll**dampf
die **Voll**milch

vom
(= **vo**n de**m**)
von

vor
vorn oder
vorne
da**vor**
voran
voraus
vorbei
vorher
vorüber
vorige Woche
vorgestern
vorwärts
vorübergehen
→ be**vor**

❶ ***bird*** [bɜːd]

❷ ***people*** ['piːpl]
nation ['neɪʃn]
*the German **people** (the Germans)*

❸ ***folk song*** [fəʊk sɒŋ]

das **Vorderrad** ⓞ
die **Vorder**räder

die **Vorfahrt** ⓐ
die Vor**fahr**en
die Vor**fahr**t haben ❶
vor**fahr**en
sie **fährt** vor (ä▸a)
→ **fahren**

der **Vorhang** ⓐ
die Vor**häng**e (ä▸a)
die Vor**hang**stange
der Theatervor**hang**
das Vor**häng**eschloss
→ **häng**en

der **Vorrat** ⓐ
die Vor**rät**e (ä▸a)
die Vor**rat**skammer ❷
der Wintervor**rat**
sich bevor**rat**en
vor**rät**ig

der **Vorschlag** ⓐ
die Vor**schläg**e (ä▸a)
der Verbesserungs-
vor**schlag**

vor**schlag**en
→ **schlag**en

die **Vorschrift** ⓘ
die Vor**schrift**en
vor**schreib**en
→ die **Schrift**
vor**schrift**smäßig

Vorsicht! ⓘ
vor**sicht**ig ❸
→ **seh**en
→ die **Sicht**

der **Vortritt** ⓘ
den Vor**tritt** lassen
→ **tret**en

der **Vorwurf** ⓤ
die Vor**würf**e
vor**werf**en
→ **werf**en
vor**wurf**svoll

der **Vulkan** ⚠F ❹
die **Vulkan**e
der **Vulkan**ausbruch
vulkanisch

❶ *have the **right of way*** [raɪt‿ɒv‿weɪ]

❷ ***pantry*** ['pæntrɪ]

❸ ***careful*** ['keəfl]

❹ ***volcano*** [vɒl'keɪnəʊ]

die **Waage** ⓐ ❶
die **Waag**schale
[⌴⌴↩]
die Brief**waage**
wägen ⓐ▸ⓐ
ab**wäg**en
er**wäg**en
→ **wieg**en
→ das Ge**wicht**
waagerecht

wachen ⓐ
ge**wach**t
du **wach**st
→ auf**wach**en
die **Wach**e ❷
der Nacht**wäch**ter ä▸a
die Feuer**wach**e
der **Wach**hund
unbe**wach**t
[↳↳⌴↩]
wach
wachsam

wachsen ⓐ ❸
(größer werden und etwas mit Wachs einschmieren)
wuchs
ge**wachs**en
du **wächst** ä▸a
ge**wachs**t
du **wachs**t den Ski
auf**wachs**en
der Er**wachs**ene
das Ge**wächs**
[↳⌴]
das **Wachs**
das **Wachs**tum
der **Wuchs**
der Nach**wuchs**
ur**wüchs**ig
hochge**wachs**en

wackeln ⓐ
ge**wackel**t
du **wackel**st
ver**wackel**n
der **Wackel**kontakt
wackelig

die **Wade** ⓐ
die **Wad**en
der **Wad**enkrampf
der **Wad**enwickel

❶ ♎ ***Libra*** ['li:brə]: *September 23 - October 23*

❷ ***guard*** [gɑːd]; *body**guard***

❸ ***grow*** [grəʊ]
wax [wæks] (Ski)

die **Waffe** ⓐ
die **Waff**en ❶
die **Waff**enruhe
die Schuss**waffe**
ent**waff**nen
waffenlos
unbe**waff**net

der **Wagen** ⓐ
die **Wagen**
der Große **Wagen** ❷ *(Sternbild)*
der **Wagen**heber
der Renn**wagen**

wagen ⓐ
ge**wag**t
du **wag**st etwas
der **Wag**emut
das **Wag**nis
ge**wag**t

der **Waggon** (F)
die **Waggon**s
der Eisenbahn**waggon**

wählen (ä▸a)
ge**wähl**t
du **wähl**st
aus**wähl**en
die **Wahl**
der **Wähl**er
die Aus**wahl**
die Durch**wahl**
wählerisch
wahllos

der **Wahn** ⓐ
der **Wahn**sinn
wähnen (ä▸a)
wahnsinnig

wahr ⓐ ❸
wahrscheinlich
be**wahr**en
wahrnehmen
die **Wahr**heit
die **Wahr**sagerin ❹

während ⓐ̈
währenddessen

die **Währ**ung ⓐ̈
die **Währ**ungen
die Landes**währ**ung

die **Wais**e
die **Wais**en
aber: → die **Weise**

❶ ***arms*** [ɑːmz]
❷ *the **Big Dipper*** [ˌbɪg ˈdɪpə]
❸ ***true*** [truː]; ***true** love*
❹ ***fortune-teller*** [ˈfɔːtʃnˌtelə]

der **Wald** ⓐ
die **Wäld**er (ä▸a)
der **Wald**brand ❶
der Regen**wald**
waldig

der **Walkman** ❷
(engl.)
die **Walkman**s

wälzen (ä)
ge**wälz**t
du **wälz**t
ab**wälz**en
der **Wälz**er
(dickes Buch)
die Um**wälz**ung

die **Wand** (!)
die **Wänd**e (ä▸a)
der **Wand**schrank
die **Wand**tafel
die Fels**wand**

er **wand** (!)
→ **wind**en

wandern ⓐ ❸
ge**wander**t
du **wander**st
aus**wander**n
die **Wander**ung
die **Wander**karte

sie **wandt**e ⓐ
→ **wend**en

wann ⓐ
irgend**wann**
dann und **wann**

die **Wanne** ⓐ
die **Wanne**n
die Bade**wanne** ❹

das **Wapp**en ⓐ
die **Wapp**en
das **Wapp**entier

ich **war** ⓐ
du **war**st
du **wär**est (ä▸a)
→ **sein**

er **warb** ⓐ
→ **werb**en

❶ ***forest fire*** ['fɒrɪst 'faɪə]

❷ ***walkman*** ['wɔːkmæn]

❸ ***hike*** [haɪk]; *go on a* ***hike***

❹ ***bath tub*** ['bɑːθtʌb]
she's in the ***bath***
(sie sitzt in der Wanne)

die **Ware** ⓐ
die **Ware**n
das **Ware**nhaus
die Süß**ware**n

sie **warf** ⓐ
→ **werf**en

warm ⓐ
wärmer ä▸a
am **wärm**sten
lau**warm**
warmherzig
etwas **warm** halten
wärmen
die **Wärm**e

warnen ⓐ
ge**warn**t
du **warn**st
die **Warn**ung
das **Warn**schild ❶

warten ⓐ ❷
ge**wart**et
du **wart**est
er**wart**en
das **Wart**ezimmer
der **Wärt**er ä▸a
der Tor**wart**

warum ⓐ
Warum nicht? ❸

die **Warz**e ⓐ
die **Warz**en
warzig

was ⓐ
et**was**

waschen ⓐ
wusch
ge**wasch**en
du **wäsch**st ä▸a
ab**wasch**en
der Auf**wasch**
die **Wäsch**e
die **Wäsch**erei
die **Wasch**maschine
waschbar

das **Wasser** ⓐ
das Trink**wasser**
der **Wasser**fall
der **Wasser**mann ❹
wasserfest ❺
wässrig ä▸a

❶ ***danger sign*** ['deɪndʒə saɪn]

❷ ***wait*** [weɪt]
***Wait** a minute!* (Warte mal!)

❸ ***why not?*** [waɪ nɒt]

❹ ♒ ***Aquarius*** [ə'kweərɪəs]: *January 20 - February 18*

❺ ***waterproof*** ['wɔːtəˌpruːf]
*my watch is **waterproof***

waten ⓐ
ge**wat**et
du **wat**est

das **Watt** ⓐ
das **Watt**enmeer
mit 60 **Watt**
das Kilo**watt**

die **Watte** ⓐ
der **Watt**ebausch
die Zucker**watte**
watteweich

das **WC**
(engl: Water Closet, das Wasserklosett)
die **WC**-Brille
die **WC**-Schüssel

weben ⓔ
ge**web**t
du **web**st
das Ge**web**e

wechseln ⓔ
ge**wechsel**t
du **wechsel**st
ab**wechseln**
ver**wechseln**
der **Wechsel**
der Jahres**wechsel**
das **Wechsel**geld ❶
wechselhaft

wecken ⓔ ❷
ge**weck**t
du **weck**st
→ auf**weck**en
der **Weck**er ❸

weder ⓔ
weder - noch
ent**weder** - oder

der **Weg** ⓔ (!)
die **Weg**e
der **Weg**weiser
der Fußgänger**weg**
un**weg**sam
ab**weg**ig
→ Um**weg**

weg ⓔ (!)
Hände **weg**! ❹
weit **weg**
weg sein
wegfallen
wegwerfen

❶ ***change*** [tʃeɪndʒ]
❷ ***wake (up)*** [weɪk]
❸ ***alarm clock*** [əˈlɑːm‿klɒk]
❹ ***Hands off!*** [hændz ɒf]

wegen (e)
meinet**wegen**
wes**wegen**
von **wegen**

weg**nehmen** (e)
nahm weg
wegge**nomm**en
du **nimm**st es weg
→ **nehm**en

weh (e)
jmdm. **weh** tun
das Heim**weh**
die Geburts**weh**en
O **weh**!
wehmütig
wehe!

wehen (e)
ge**weh**t
es **weh**t
ver**weh**en
die Schnee**weh**e

sich **wehr**en (e)
ge**wehr**t
du **wehr**st dich
→ ab**wehr**en
die Feuer**wehr** ❶

der Feuer**wehr**mann ❷
das Ge**wehr**
wehrlos

weiblich (ei)
das **Weib** (!)
(veraltet für Frau)
das **Weib**chen

weich (ei)
weicher
am **weich**sten
butter**weich**
er**weich**en
die **Weich**heit

sich **weiger**n (ei)
ge**weiger**t
du **weiger**st dich
ver**weiger**n
die Ver**weiger**ung
un**weiger**lich

❸ **Weih**nachten (ei)
weihnachtlich
die **Weih**e
die Ein**weih**ung
weihen

❶ ***fire brigade*** [ˈfaɪə‿brɪˈgeɪd]
❷ ***fireman*** [ˈfaɪəmən]
❸ ***Christmas*** [ˈkrɪsməs]
*Happy **Christmas**!*

weil (ei) ❶

die **Weile** (ei)
nach einer **Weile**
die Lange**weile**
bis**weil**en
(manchmal)
ver**weil**en
(längere Zeit bleiben)
mittler**weile**

weinen (ei)
ge**wein**t
du **wein**st
be**wein**en
weinerlich

weise (ei)
(klug)
weiser
am **weis**esten
der **Weise**
die **Weis**heit
jmdm. etwas **weis**machen

die **Weise** (ei)
die **Weise**n
die Arbeits**weise**
ausnahms**weise**

aber: → die **Waise**

weiß (ei) ❷
schnee**weiß**
kreide**weiß**

weißlich
weißen
weißeln
das **Weiß**
das Stangen**weiß**brot
das Ei**weiß**

er **weiß** (ei)
→ **wiss**en

weit (ei)
weiter
am **weit**esten
weiter! ❸
meilen**weit**
weiten
von **weit**em
die **Weit**e
die Sicht**weit**e
die **Weit**sicht

welcher (e)
welche
welches
irgend**welch**e

❶ ***because*** [bɪˈkɒz]
(while: während!)

❷ ***white*** [waɪt]

❸ ***go on!*** [gəʊ ɒn]

welken
gewelkt
verwelken
welk

die **Welle**
die Wellen
das Wellenbad
die Meereswelle
das wellige Haar
die Kurzwelle
die Mikrowelle

die **Welt** 1
die Welten
die Weltkugel
die Umwelt
weltweit 2
weltlich
weltoffen
www 3

wem
wen
→ wer

wenden
wendete oder
wandte
gewendet/
gewandt
du wendest
entwenden
→ winden
die Wende
Jahrhundertwende

die Anwendung
→ der Einwand
das Gewand

wenig
weniger
am wenigsten
wenigstens
mehr oder weniger

wenn
wenn auch
wenn doch nur
wenngleich
wenn schon - denn schon

wer
wessen
wem
wen
(Fragepronomen im 1., 2., 3. und 4. Fall)

1 ***world*** [wɜːld]
*in the **world*** (auf der Welt)

2 ***worldwide*** [ˌwɜːldˈwaɪd]

3 *world-wide web*
www.vpm-verlag.de

werben ⓔ
warb
ge**worb**en
du **wirb**st

der **Werb**efilm
die **Werb**ung
der Er**werb**
→ sich be**werb**en

werden ⓔ
wurde
ge**word**en
du **wirst** groß
sich klar **werd**en
beim Dunkel**werd**en

werfen ⓔ
warf
ge**worf**en
du **wirf**st
→ ent**werf**en
vor**werf**en
→ der Vor**wurf**
der **Wurf**
→ der **Würfel**

das **Werk** ⓔ
die **Werk**e
die **Werk**statt (1)
das **Werk**zeug
der Heim**werk**er
das Feuer**werk** (2)
werken
werktags

der **Wert** ⓔ
die **Wert**e
die Be**wert**ung

der Tausch**wert**
ab**wert**en
ver**wert**en
wertvoll
preis**wert**
neu**wert**ig

das **Wesen** ⓔ
die **Wesen**
das Lebe**wesen**
wesentlich
an**wesen**d (3)
geistesab**wesen**d

der **West**en ⓔ (4)
im **West**en
der **West**wind
der Süd**west**en
westlich

(1) ***workshop*** ['wɜːkʃɒp]
(2) ***fireworks*** ['faɪəˌwɜːks]
(3) ***present*** ['preznt]
(4) ***west*** [west]

wetten ⓔ
ge**wett**et
du **wett**est
die **Wett**e
der **Wett**bewerb
der **Wett**kampf

das **Wetter** ⓔ
der **Wetter**bericht
wettern
(heftig schimpfen)
wetterfest
→ das Ge**witter**
das Un**wetter**

der **Wicht** ⓘ
die **Wicht**e
der Böse**wicht**
der **Wicht**el

wichtig ⓘ
wichtiger
etwas **wicht**ignehmen
am **wicht**igsten
die **Wicht**igkeit
→ das Ge**wicht**

wider ⓘ *(= gegen)*
der **Wider**haken
der **Wider**stand

widersprechen
widerlich
widersinnig
widerspenstig
→ er**wider**n

wie ⓘ ❶
wieso
wie viel
wie viele

wieder ⓘ
(nochmals, erneut)
ich komme **wieder**
ich **wieder**hole
ich sehe dich **wieder**
die **Wieder**belebung
das **Wieder**sehen

die **Wiederholung** ⓞ
die Wieder**hol**ungen
wieder**hol**en
→ **hol**en

das **Wiedersehen** ⓔ
Auf Wieder**seh**en! ❷
wieder**seh**en
→ **seh**en

❶ ***how*** [haʊ]
***How** are you?*
(**Wie** geht's?)
*strong **as** a bear* [əz]
(stark **wie** ein Bar)
*a dictionary **like** this* [laɪk]
(ein Wörterbuch **wie** dieses)

❷ ***Goodby(e)!*** [ˌɡʊdˈbaɪ]
So long! [səʊ lɒŋ]; ***Bye!***

wiegen ⓘ
(abmessen und schaukeln)
wog
ge**wog**en
ge**wieg**t
du **wieg**st
ab**wieg**en
die **Wieg**e
→ das Ge**wicht**
→ die **Waag**e

die **Wiese** ⓘ
die **Wiese**n
die **Wiese**nblume
die Liege**wiese**

wild ⓘ ❶
wilder
am **wild**esten
wildfremd
wildern
das **Wild**
der **Wild**erer
die **Wild**nis
der **Wild**westfilm ❷

du **will**st ⓘ
→ **woll**en

die **Wimper** ⓘ
die **Wimper**n
die **Wimper**ntusche

der **Wind** ⓘ ❸
die **Wind**e
die **Wind**mühle
der Rücken**wind**
das **Wind**surfen ❹
windig

winden ⓘ
wand
ge**wund**en
du **wind**est
→ **wend**en
das Ge**wind**e
die Seil**wind**e
→ die **Wand**

der **Winkel** ⓘ
die **Winkel**
der **Winkel**messer
recht**winkl**ig

winken ⓘ
ge**wink**t
du **wink**st
zu**wink**en
der **Wink**

❶ ***wild*** [waɪld]

❷ ***western*** ['westən]

❸ ***wind*** [wɪnd]

❹ ***windsurfing*** [ˌwɪndˌsɜːfɪŋ]

der **Winter** ⓘ ❶
die **Winter**
der **Winter**mantel
die Olympischen **Winter**spiele ❷
über**winter**n
winterlich

winzig ⓘ
winziger
am **winz**igsten
der **Winz**ling
die **Winz**igkeit

wippen ⓘ
ge**wipp**t
du **wipp**st
die **Wipp**e

wir ⓘ
(1. Person Plural)
wir beide ❸

der **Wirbel** ⓘ
die **Wirbel**
der **Wirbel**sturm ❹
der Hals**wirbel**
wirbeln
wirbelig
wirbellos

du **wirb**st ⓘ
→ **werb**en

sie **wird** ⓘ
→ **werd**en

du **wirf**st ⓘ
→ **werf**en

wirken ⓘ
ge**wirk**t
du **wirk**st
der **Wirk**stoff
die **Wirk**ung
wirkungsvoll
wirksam

wirr ⓘ
wirrer
am **wirr**sten
ver**wirr**en
der **Wirr**kopf
der **Wirr**warr
die Ver**wirr**ung

du **wirst** ⓘ
→ **werd**en

❶ ***winter*** ['wɪntə]

❷ ***Winter Olympic Games*** ['wɪntə ə'lɪmpɪk geɪmz]

❸ ***both of us*** [bəʊθ]

❹ ***cyclone*** ['saɪkləʊn]
tornado [tɔː'neɪdəʊ]

A B C D E F G H I J K L M N O P Q R S T U V W X Y Z

der **Wirt** ⓘ
die **Wirt**e
die **Wirt**in
der Gast**wirt**
die **Wirt**schaft
jmdn. be**wirt**en
wirtschaften
wirtlich
un**wirt**schaftlich

wischen ⓘ
ge**wisch**t
du **wisch**st
ver**wischen**
Staub **wischen**
der Scheiben**wisch**er

wissen ⓘ 1
wusste
ge**wusst**
du **weiß**t
das **Wissen**
die **Wissen**schaft
un**wissen**d
wissenswert
be**wusst**
→ das Be**wusst**sein
→ das Ge**wissen**

der **Witz** ⓘ 2
die **Witz**e
der **Witz**bold
witzeln
witzig
witzlos
ge**witz**t
(schlau)

wo
woher
wohin
wovon
woanders
irgend**wo**
ach **wo**!

die **Woche**
die **Woch**en
das **Woch**enende 3
der **Woch**enmarkt
wochenlang
wöchentlich
drei**wöch**ig

er **wog**
aber: sie **wieg**te ihr Kind
(sie schaukelte es)
→ **wiegen**

1 ***know*** [nəʊ]
***know** how* (gewusst wie)
*Do you **remember**?*
[rɪ'membə] (Weißt du noch?)

2 ***joke*** [dʒəʊk]

3 ***weekend*** [ˌwiːk'end]

wohl (o)
wohler
am **wohl**sten
wohltuend
pudel**wohl**
sich **wohl** fühlen
das **Wohl**
das Lebe**wohl**
Leb **wohl**! ❶

wohnen (o) ❷
wohnte
ge**wohn**t
du **wohn**st
die **Wohn**ung ❸
wohnlich

die **Wolke** (o)
die **Wolk**en
die Schäfchen**wolk**en
wolkig
wolkenlos
be**wölk**t
→ sich be**wölk**en

die **Wolle** (o)
die Schaf**wolle**
die **Woll**decke
der **Woll**pullover
wollig

wollen (o)
ge**woll**t
du **will**st
der **Wille**

das **Wort** (o) ❹
die **Wört**er
die **Wort**art
das **Wört**erbuch ❺
die **Wort**familie
das Sprich**wort**
der **Wort**stamm
(siehe S. 359)
wörtlich
wortwörtlich
→ ant**wort**en

das **Wrack** (a) ❻
die **Wrack**s

sie **wuchs** (u)
→ **wachs**en

die **Wunde** (u)
die **Wund**en
die Schnitt**wunde**
ver**wund**en
ver**wund**bar

❶ ***Goodby(e)!*** [ˌgʊd'baɪ]
❷ ***live*** [lɪv]
❸ ***flat*** [flæt]
apartment [ə'pɑːtmənt]
❹ ***word*** [wɜːd]
❺ ***dictionary*** ['dɪkʃənrɪ]
❻ ***wreck*** [rek]

das **Wunder** (ụ)
die **Wunder**
die **Wunder**kerze
sich **wunder**n
jmdn. be**wunder**n
wunderbar ❶
wunderschön

wünschen (ü̥) ❷
ge**wünsch**t
du **wünsch**st
ich **wünsch**e mir ... ❸
der **Wunsch**
Meinen Glück**wunsch**! ❹

er **wurde** (ụ)
→ **werd**en

sie **würde** (ü̥)
→ **werd**en

die **Würde** (ü̥)
die Menschen**würd**e
etwas/jmdn. **würd**igen
würdevoll

der **Würfel** (ü̥)
die **Würfel**
würfeln
→ **werf**en

die **Wurst** (ụ)
die **Würst**e
die Brat**wurst**

die Extra**wurst**
das **Würst**chen

die **Wurzel** (ụ)
die **Wurzel**n
die Zahn**wurzel**

er **wusch** (u̲)
→ **wasch**en

er **wusste** (ụ)
→ **wiss**en

die **Wüste** (ü̲) ❺
die **Wüst**en
der **Wüst**ling
der **Wust**
(großes Durcheinander von Sachen)
ver**wüst**en

die **Wut** (u̲)
der **Wüt**erich
wüten
wütend
toll**wüt**ig

---

❶ ***wonderful*** ['wʌndəfʊl]

❷ ***wish*** [wɪʃ]; ***want*** [wɒnt]

❸ ***I'd like to have ...*** [aɪd laɪk tə hæv]

❹ ***Congratulations!*** [kənˌgrætjʊ'leɪʃənz]

❺ ***desert*** ['dezət]
the Gobi ***Desert*** (Wüste Gobi)

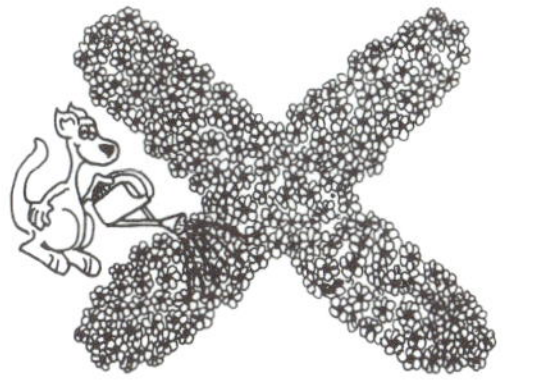

jmdm. ein **X** für ein U vormachen ❶ *(jemanden täuschen)*

die **X**-Achse

x-beinig ❷

der Tag **X**

jeder **x**-beliebige

ein **x**-beliebiger Ort

x-förmig

x-mal *(unzählige Male)*

zum **x**-ten Mal

das **Xylophon**
auch: das **Xylofon** *(ein Musikinstrument)*

die **Xylophone**

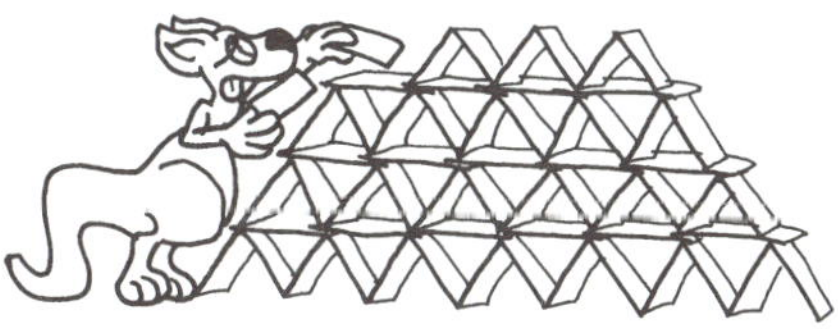

die **Y**-Achse

die **Yacht** ⓐ
auch: die **Jacht** *(luxuriös eingerichtetes Schiff)*

die **Yachten**

der **Yacht**hafen

der **Yeti** ⓔ *(legendärer Schneemensch)*

der/das **Yoga** ⓞ *(Übungen zur Konzentration und Entspannung, aus dem Indischen)*

das **Ypsilon** *(Buchstabenname)*

❶ ***fool** someone* [fuːl]

❷ ***knock-kneed*** [ˌnɒkˈniːd]

A B C D E F G H I J K L M N O P Q R S T U V W X Y Z

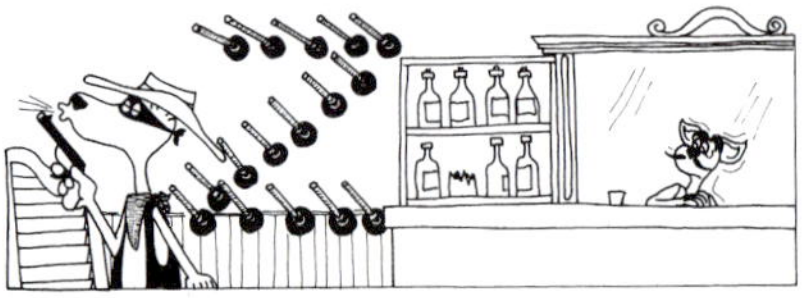

zaghaft ⓐ
zaghafter
am **zag**haftesten
ver**zag**en
die **Zag**haftigkeit

zäh (ä)
zäher
am **zäh**esten
zähflüssig
die **Zäh**igkeit

die **Zahl** ⓐ ❶
die **Zahl**en
die An**zahl**
zahlreich
zahlen
zählen (ä▸a)
an**zahl**en
→ be**zahl**en

zahm ⓐ
zahmer
am **zahm**sten
zähmen (ä▸a)
die **Zähm**ung

der **Zahn** ⓐ ❷
die **Zähn**e (ä▸a) ❸
die **Zahn**bürste
der Löwen**zahn**

die **Zang**e ⓐ
die **Zang**en
die Kneif**zange**
die Kombi**zange**

zanken ⓐ
ge**zank**t
du **zank**st
sich ver**zank**en
der **Zank**
zänkisch (ä▸a)

zappen ❹
(engl.: mit der Fernbedienung schnell von Programm zu Programm springen)
ge**zapp**t
du **zapp**st

❶ ***number*** ['nʌmbə]
❷ ***tooth*** [tu:θ]
❸ ***teeth*** [ti:θ]
❹ ***zap** channels* [zæp]

zart (a)
zarter
am **zart**esten
hauch**zart**
die **Zärt**lichkeit (ä▸a)
zärtlich

zaubern (au)
ge**zauber**t
du **zauber**st
ver**zauber**n
die **Zauber**ei ❶
der **Zauber**er
zauberhaft

der **Zaun** (au)
die **Zäune** (äu▸au)
ein**zäun**en

zehn (e)
halb **zehn**
❷ ein **zehn**jähriger Junge
der **zehn**te Mai
zehnmal
ein **Zehn**tel

zeichnen (ei)
ge**zeichn**et
du **zeichn**est
das **Zeichen**
das Satz**zeichen**
die **Zeichn**ung
→ das Ver**zeichn**is

zeigen (ei)
ge**zeig**t
du **zeig**st
der **Zeig**er
der Uhr**zeig**er
→ die An**zeige**

die **Zeil**e (ei)
die **Zeil**en
der **Zeil**enabstand
die Schlag**zeil**e

die **Zeit** (ei) ❸
die **Zeit**en
die Ge**zeit**en
die Hoch**zeit**
❹ das **Zeit**lupentempo
die **Zeit**ung ❺
Zeit haben
recht**zeit**ig
zeitlich

❶ ***magic*** [ˈmædʒɪk]
❷ *a boy of* ***ten*** [ten]
❸ ***time*** [taɪm]
❹ ***slow motion*** [ˌsləʊ ˈməʊʃn]
❺ ***newspaper*** [ˈnjuːsˌpeɪpə]

die **Zelle** ⓔ
die **Zell**en
die Ei**zelle**
die Gefängnis**zelle**
ein**zell**ig

das **Zelt** ⓔ
die **Zelt**e
das **Zelt**lager ❶
zelten

zensieren ⓔ
zensiert
Zensierst du?
die **Zens**ur ❷

der **Zenti**meter (cm)
100 **cm** sind
1 → Meter
die **Zenti**meter
das **Zenti**metermaß

der **Zentner** (q) ⓔ
1 **q** sind
50 → Kilogramm
die **Zentner**

das **Zentr**um ❸
die **Zentr**en
zentral

zer**brech**en ⓔ
→ **brech**en
zer**brech**lich

zer**reiß**en ⓔ
→ **reiß**en
zer**riss**en
zer**reiß**bar

das **Zett** ⓔ
(Buchstabenname)
von A bis **Zett**
ein großes **Zett**

der **Zettel** ⓔ
die **Zettel**
der Denk**zettel**
der Kassen**zettel**
einen Streit an**zettel**n
sich ver**zettel**n

das **Zeug**nis (eu) ❹
die **Zeug**nisse
der **Zeug**e
das Er**zeug**nis
die Über**zeug**ung
zeugen
→ be**zeug**en

❶ ***camp*** [kæmp]

❷ ***mark*** [mɑːk]
grade [greɪd]

❸ ***centre*** ['sentə]

❹ ***report*** [rɪ'pɔːt]

ziehen ⓘ
zog
ge**zog**en
du **zieh**st
um**zieh**en
zugig
zügig
→ an**zieh**en
→ die Be**zieh**ung
→ der **Zug**

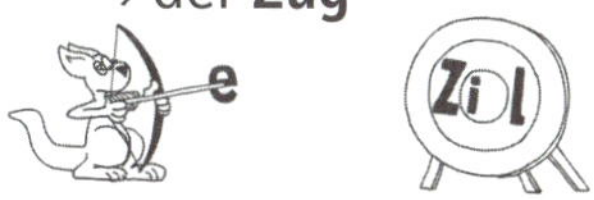

das **Ziel** ⓘ ❶
die **Ziel**e
zielen
zielstrebig

ziemlich ⓘ
ziemlich selten

die **Ziffer** ⓘ
die **Ziffer**n
ent**ziffer**n
das **Ziffer**blatt

das **Zimmer** ⓘ ❷
die **Zimmer**
die **Zimmer**antenne
❸ der **Zimmer**schlüssel
zimmern

der **Zirkel** ⓘ
die **Zirkel**
zirkeln

der **Zirkus**
die **Zirkus**se

zittern ⓘ
ge**zitter**t
du **zitter**st
zittrig

das **Zitter**gras

sie **zog** ⓞ
→ **ziehen**

der **Zoll** ⓞ
die **Zöll**e
das **Zoll**amt ❹
ver**zoll**en
zollfrei ❺

die **Zone** ⓞ
die **Zone**n

❶ ***finish*** [ˈfɪnɪʃ] (beim Sport)
target [ˈtɑːɡɪt]

❷ ***room*** [ruːm]

❸ ***room key*** [ˈruːmˌkiː]

❹ ***customs office***
[ˈkʌstəmz ˈɒfɪs]

❺ ***duty-free*** [ˌdjuːtɪˈfriː]
Duty-free*-Shop*

der **Zoo** (F)
die **Zoo**s
das **Zoo**tier
der **Zoo**loge

zoomen
(engl.: heranholen)
ge**zoom**t
du **zoom**st
das **Zoom**-Objektiv

der **Zopf** (o)
die **Zöpf**e
einen **Zopf** flechten

zu (u)
zuerst
zuallererst
zuletzt
immer**zu**
all**zu** oft
zu viel
zu Ende
zu Hause
das **Zu**hause ①

der **Zucker** (u) ②
der Trauben**zucker**
zuckern
zuckersüß

der **Zufall** (u) ③
die **Zufälle** (ä▸a)
zufällig
→ **fall**en

zufrieden (i)
zu**fried**ener
am zu**fried**ensten
die Zu**fried**enheit
→ der **Fried**e

der **Zug** (u) ④
die **Züg**e
der **Zug**führer
→ **zieh**en

zu **Haus**e (au)
→ das **Haus**

die Zu**kunft** (u)
→ **künft**ig

zum (u)
(= **zu** dem)

der **Züg**el (ü)
die **Züg**el
zügeln

① *home* [həʊm]
② *sugar* ['ʃʊgə]
③ *chance* [tʃɑːns]
④ *train* [treın]

zünden (ü)
ge**zünd**et
du **zünd**est
→ an**zünd**en
das **Zünd**holz ❶

die **Zunge** (ụ)
der **Zung**enbrecher
doppel**züng**ig
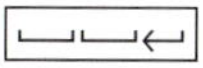

zur (ụ)
(= **zu** der)

zurück (ü) ❷
zu**rück**kommen ❸
ver**rück**t
→ der **Rück**en

zusammen (ạ) ❹
→ **samm**eln

der **Zustand** (ạ)
die Zu**ständ**e (ä▸a)
zu**ständ**ig
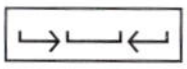
→ **steh**en

er **zwang** (ạ)
→ **zwing**en

zwanzig (ạ)
zwanzig Tage
der **Zwan**zigste
zwanzigmal
zweiund**zwan**zig ❺
→ **zwei**

zwar (a)
und **zwar**

der **Zweck** (ẹ)
die **Zweck**e*
be**zweck**en
zweckmäßig

zwei (ei) ❻
die **Zwei**
halb **zwei**
der **zwei**te Mai
zweitens
zwei mal zehn ist
→ **zwan**zig

der **Zweifel** (ei)
die **Zweifel**
die Ver**zweifl**ung
zweifeln
ver**zweifel**t
zweifelhaft

* Lies dazu auch die Geschichte S. 383

❶ ***match*** ['mætʃ]
❷ ***back*** [bæk]
❸ ***come back*** [kʌm bæk]
❹ ***together*** [tə'geðə]
❺ ***twenty two*** ['twentɪtuː]
❻ ***two*** [tuː]

der **Zweig** (ei)
die **Zweig**e
ab**zweig**en

der **Zwerg** (e)
die **Zwerg**e
der Garten**zwerg**

zwicken (i)
ge**zwick**t
du **zwick**st
der **Zwick**el
der **Zwick**er
eine ver**zwick**te Aufgabe

die **Zwiebel** (i)
die **Zwiebel**n
die **Zwiebel**suppe
die Blumen**zwiebel**

der **Zwie**laut (i)
(zwie = zwei, siehe S. 359)
die **Zwie**laute
(au, ei, eu)
→ der **Laut**

die **Zwilling**e (i) 1
ein **Zwilling** 2
das **Zwilling**spaar 3

zwingen (i)
zwang
ge**zwung**en
du **zwing**st
sich hinein**zwäng**en (ä→a)
der **Zwang**
der **Zwing**er

zwischen (i)
zwischendurch
in**zwischen**
in der **Zwischen**zeit
4 ohne **Zwischen**landung
zwischenlanden

zwölf (ö)
halb **zwölf**
der **Zwölf**kampf 5
der **zwölf**te Oktober
zwölfmal
ein **Zwölf**tel

der **Zylinder**
die **Zylinder**
der **Zylinder**hut
zylindrisch
(zy-lind-risch)

1 ♊ ***Gemini*** ['dʒemɪnaɪ]: *May 21 - June 21*

2 ***twin*** [twɪn]
twinset (Pullover und Jacke)

3 *the pair of* ***twins***

4 ***nonstop*** ['nɒn'stɒp]

5 ***twelve events*** [twelv ɪ'vents]

Kurz-Krimi mit Abkürzungen

Herr **Ing.** Freundlich von der **Fa. Gebr.** Baufix & Söhne **GmbH** wurde gestern, eine **Std.** vor Mitternacht, in der Hamburger **Str.** vor dem **Hbf.** von einer **LKW**-Fahrerin versehentlich **k. o.** geschlagen. Daraufhin rief sie über **Tel. SOS.**

Herr **Dr. med.** Süßbruch von der **DLRG** unterbrach seinen Wunschfilm im **ZDF u.** kam sofort mit 50 **km/h** per **Kfz.**

Als Herr Freundlich merkte, dass alles nur ein Versehen war, schlug er nicht zurück, sondern die Augen auf **u.** ging mit der Dame **ital.** essen.

PS: Und wenn die Geschichte nicht erfunden wäre, dann wäre sie erlogen.

Schreib diesen Text ohne Abk. in dein Heft.

Auf den folgenden Seiten stehen die Bedeutungen von 100 **Abk.**

Die wichtigsten Abkürzungen

Abk.	**Abk**ürzung
Abs.	**Abs**ender
Adr.	**Adr**esse
AG	**A**ktien**g**esellschaft
Aids	**a**cquired **i**mmune **d**eficiency **s**yndrome
Akku	**Akku**mulator (= Stromspeicher)
AKW	**A**tom**k**raft**w**erk
AOK	**A**llgemeine **O**rts**k**rankenkasse
ARD	**A**rbeitsgemeinschaft der öffentlich-rechtlichen **R**undfunkanstalten der Bundesrepublik **D**eutschland (1. Programm)
b. w.	**b**itte **w**enden
bzw.	**b**e**z**iehungs**w**eise
CD	**C**ompact **D**isc
CDU	**C**hristlich-**D**emokratische **U**nion
cm	**Z**enti**m**eter
Co.	Kompagnon, Teilhaber, z. B. Lehner & **Co.**
D	**D**eutschland
d. h.	**d**as **h**eißt
DJH	**D**eutsche **J**ugend**h**erberge

DLRG	**D**eutsche **L**ebens-**R**ettungs-**G**esellschaft
Dr.	**D**okto**r**
Dr. med.	**D**okto**r** der **Med**izin; Arzt
dt.	**d**eu**t**sch
€/EUR	Euro
EG	**E**uropäisch**e** **G**emeinschaft
engl.	**engl**isch
etc.	**et c**etera = und so weiter
ev.	**ev**angelisch
e. V.	**e**ingetragener **V**erein
evtl.	**ev**en**t**uel**l**
Fa.	**F**irm**a**
FDP	**F**reie **D**emokratische **P**artei
franz./frz.	**franz**ösisch
Frl.	**Fr**äu**l**ein (veraltet)
g	**G**ramm
GAL	**G**rüne **A**lternative **L**iste
geb.	**geb**oren
Gebr.	**Gebr**üder
GmbH	**G**esellschaft **m**it **b**eschränkter **H**aftung

gest.	**gest**orben
GUS	**G**emeinschaft **U**nabhängiger **S**taaten (= Staatenbund Russlands und der umliegenden Staaten)
Hbf.	**H**aupt**b**ahnho**f**
Ing.	**Ing**enieur
ital.	**ital**ienisch
Jh.	**J**ahr**h**undert
Kap.	**Kap**itel
kath.	**kath**olisch
Kfz.	**K**raft**f**ahr**z**eug
kg	**K**ilo**g**ramm = 1000 g (auch: Kilo)
km	**K**ilo**m**eter = 1000 m
k. o.	**k**nock**o**ut (beim Boxkampf)
Krimi	**Krimi**nalfilm, **Krimi**nalroman
Kripo	**Kri**minal**po**lizei
Kto. Nr.	**Konto**nummer
l	**L**iter
LKW/ Lkw	**L**ast**k**raft**w**agen
m.	**m**ännlich ♂
m	**M**eter

Mill./Mio.	**Mill**ionen
mm	**M**illi**m**eter
Mofa	**Mo**tor**fa**hrrad
n. Chr.	**n**ach **Chr**istus, nach Christi Geburt
Nr.	**N**umme**r**
Pfd.	**Pf**un**d**
PKW/ Pkw	**P**ersonen**k**raft**w**agen
prot.	**prot**estantisch
PS	**P**ferde**s**tärke
PS	**P**ost**s**kriptum (= Nachschrift bei Briefen)
ref.	**ref**ormiert
S.	**S**eite
SOS	**s**ave **o**ur **s**ouls (= Rettet unsere Seelen) oder **s**ave **o**ur **s**hip (= Rettet unser Schiff); internationales Notzeichen
SPD	**S**ozial**d**emokratische **P**artei **D**eutschlands
Std.	**St**un**d**e (auch: h)
Str.	**Str**aße
Tel.	**Tel**efon
TÜV	**T**echnischer **Ü**berwachungs-**V**erein
TV	**T**ele**v**ision

u.	**u**nd
u. a.	**u**nter **a**nderem, **u**nd **a**ndere
UKW	**U**ltra**k**urz**w**elle
UNESCO	**U**nited **N**ations **E**ducational, **S**cientific **O**rganization (Organisation der Vereinten Nationen für Erziehung, Wissenschaft und Kultur)
UNO	**U**nited **N**ations **O**rganization = Vereinte Nationen
USA	**U**nited **S**tates of **A**merica = die Vereinigten Staaten von Amerika
usw.	**u**nd **s**o **w**eiter
vgl.	**verg**leiche
w.	**w**eiblich ♀
WC	**w**ater **c**loset = Wasserklosett
z. B.	**z**um **B**eispiel
ZDF	**Z**weites **D**eutsches **F**ernsehen
z. Z./z. Zt.	**z**ur **Z**ei**t**

Viele weitere Abkürzungen findest du im grünen Mittelteil bei den Nachschlagewörtern.

Wichtige Fachwörter der Rechtschreibung

das **Alphabet** – das **ABC**. Das griechische Wort ‚Alphabet' ist aus den Namen für die beiden ersten Buchstaben α (**alpha**) und β (**bet**a) zusammengesetzt.

der **Artikel** – der **Begleiter**. Er gibt das grammatische Geschlecht des Nomens an. Wir unterscheiden die bestimmten Artikel *(der, die, das)* und die unbestimmten Artikel *(ein, eine, ein).*

der **Buchstabe**. Buchstaben sind die Zeichen, die wir *lesen* und *schreiben*. In unserem Alphabet gibt es 30 kleine und 29 große Buchstaben (das ‚*ß*' kommt als Großbuchstabe nicht vor, weil kein Wort mit *ß* beginnt.)

das **Eigenschaftswort** – das **Adjektiv** – das **Wiewort.** Eigenschaftswörter sind zum Beispiel: *groß, rot, freundlich, glücklich, lieb, lustig*. Die Vergleichsformen von ‚*groß*' sind *größer, am größten*.

die **Einzahl** – der **Singular**. Nomen in der Einzahl sind zum Beispiel: *der Hund, die Katze, das Tier.*

das **Fürwort** – das **Pronomen.** (pro = für; Nomen = Substantiv) Es gibt zum Beispiel persönliche Fürwörter: *ich, du, er, sie, es, wir, ihr, sie* und besitzanzeigende Fürwörter: *mein, dein, sein, unser, euer, ihr*.

die **Gegenwart** – das **Präsens**. Die Verben geben die Zeit an. Für die Gegenwart: *ich lese, du liest, er liest, wir lesen*.

die **Grammatik** – die Sprachlehre

Kürzezeichen sind Buchstaben, die dem Leser zeigen, dass der Selbstlaut davor *kurz* gesprochen wird: *Be**tt**, tre**ff**en, Ba**ll**, Bli**tz**, Sa**ck**, aber auch: Sa**lz**, Sa**nd**, hi**lf**reich, He**ft**, da**nk**e.*

Längezeichen sind Buchstaben, die dem Leser zeigen, dass der Selbstlaut davor *lang* gesprochen wird: *L**ie**be, S**aa**l, n**eh**men, **ih**r.*

der **Laut**. Laute sind Teile *gesprochener* Sprache. Um Laute zu schreiben, benutzen wir Buchstaben. Es gibt viel mehr Laute als Buchstaben. Den Laut ***sch*** schreibst du entweder als **sch** *(**sch**wer)* oder als **s** *(**s**pitz)*. Den Laut ***ts*** schreibst du verschieden: *hei**z**en, Ka**tz**e, ste**ts**.* Kennst du die fünf Möglichkeiten, wie du den Laut ***ks*** schreiben kannst?

die **Mehrzahl** – der **Plural**. Nomen in der Mehrzahl sind zum Beispiel: *die Hunde, die Katzen, die Tiere.*

der **Mitlaut** – der **Konsonant**. Mitlaute sind die 22 Buchstaben: **b**, **c**, **d**, **f**, **g**, **h**, **j**, **k**, **l**, **m**, **n**, **p**, **q**, **r**, **s**, **ß**, **t**, **v**, **w**, **x**, **y**, **z**. Wenn du die geschriebenen Zeichen meinst, müsstest du genau genommen Mitlaut*buchstaben* sagen. Denn geschriebene Buchstaben sind ja keine ‚Laute'.

die **Nachsilbe**. Nachsilben sind zum Beispiel: **-keit** *(Freundlichkeit)*, **-heit** *(Klugheit)*, **-tum** *(Eigentum)*, **-nis** *(Zeugnis)*, **-schaft** *(Freundschaft)*, **-lich** *(herzlich)*. Richtiger sollten wir *Endung* sagen. Die Endung **-ung** ist Teil der Endsilbe *(Hei-zung, Zei-tung)*. Die Endungen **-ung** und **-ig** sind keine Silben. Das merkst du, wenn du die Wörter trennst: *Hei-z**ung**, Zei-t**ung**, wit-z**ig**, lus-t**ig***. Endungen sind oft Kenzeichen einer bestimmten Wortart:

Nomen: ....

....

Adjektive: ....

....

das **Nomen** – das **Hauptwort** – das **Namenwort** – das **Substantiv**. Nomen sind zum Beispiel: *das Haus, die Klugheit, das Wort.*
Siehe dazu auch die Seite 401.

das **Satzzeichen**. Satzzeichen sind zum Beispiel:
der Punkt, das Komma, das Fragezeichen, das Ausrufezeichen, der Strichpunkt (das Semikolon), der Doppelpunkt, die Anführungszeichen („Gänsefüßchen").

der **Selbstlaut** – der **Vokal**. Selbstlaute sind die Buchstaben: **a**, **e**, **i**, **o**, **u** und **y***, **ä**, **ö**, **ü**.
Bei den langen Selbstlauten sind der Laut und der Buchstabenname gleich.
Und wie ist es bei den kurzen?

der **Umlaut.** Umlaute sind die Vokale **ä**, **ö**, **ü** und **äu**.
Früher wurden die Umlaute so geschrieben:
Waelder, Haende - später: Waͤlder, Haͤnde.
In Dänemark findest du heute solche Schreibungen: Æ, ø (o+e).

das **Verb** – das **Tuwort** – das **Zeitwort**. Zeitwörter sind zum Beispiel: *lesen, schreiben, lachen.*
Du kannst mit Zeitwörtern Zeitformen bilden:
ich lese, sie schrieb, er wird lachen.

die **Vorsilbe**. Vorsilben sind zum Beispiel:
be- (*betrachten*), **ge-** (*gewaltig*), **ver-** (*verlieben*), **ent-** (die *Entscheidung*).

* (In ***Baby*** ist das **y** ein Selbstlaut, in ***Yak*** ein Mitlaut.)

der **Wortstamm**. Ein Wortstamm ist das, was übrig bleibt, wenn du Vorsilben und Endungen streichst. Zum Beispiel:

fangen
an**fang**en
sie **fäng**t an
fang an
der An**fäng**er

Der Stamm ist sozusagen das Familienzeichen aller Wörter, die miteinander verwandt sind. Wenn du beim Schreiben eines schwierigen Wortes an den Wortstamm denkst, hilft dir das sehr. Deshalb sind in diesem Wörterbuch die Wortstämme untereinander geschrieben, **dick** gedruckt und oft durch Unterzeichen verdeutlicht.

der **Zwielaut** – der **Diphtong.** Zwielaute sind je zwei Laute, die eng miteinander verbunden sind. Sie werden mit zwei Buchstaben geschrieben: **au**, **äu**, **eu**, **ei**, **ai**. Zwielaute gelten als Langvokale. Deshalb folgt auf sie niemals ein Länge- oder Kürzezeichen. In *äu/eu* und *ei* klingen sie auf besondere Weise.
Ein *ie* ist kein Zwielaut, sondern bezeichnet ein langes *i.* Bei Famil*ie* ist das anders.

Wortarten-Übersicht

Nomen Hauptwort Substantiv Namenwort	**Verb** Tuwort Tätigkeitswort Zeitwort	**Adjektiv** Eigenschaftswort Wiewort
der Freund, die Freunde; die Stimme, die Stimmen; das Meer, die Meere	*lachen, lachte, gelacht; geben, gab, gegeben*	*schön, schöner, am schönsten; alt, älter, am ältesten; gut, besser, am besten*

Pronomen Fürwort - persönliches Fürwort - besitzanzeigendes F.	**Artikel** Begleiter Geschlechtswort
ich, du, er, sie, es, wir, ihr, sie mein, meine, meiner, dein, sein, ihr, unser …	*der, die das; ein, eine, ein*

WORTARTEN-PROBE:
Welches Wort passt nicht in die Reihe?

FRIEDLICH ✻ FRÖHLICH ✻ FRIEDRICH ✻ ZÄRTLICH
SONNIG ✻ KÄFIG ✻ BLUMIG ✻ SAHNIG
STECKER ✻ LECKER ✻ WECKER ✻ RETTER
FLUSS ✻ FASS ✻ HASS ✻ BLASS
KRÄFTIGER ✻ BÄRTIGER ✻ WICHTIGER ✻ KÖNIGSTIGER
KUSS ✻ SCHLUSS ✻ MUSS ✻ FLUSS
WARTEN ✻ STARTEN ✻ GARTEN ✻ PARKEN
GLÄNZENDE ✻ FLIEGENDE ✻ SCHWIMMENDE ✻ SATZENDE
RASEN ✻ GRABEN ✻ VASEN ✻ SCHADEN

Ordnung in deinem Kopf

Wie finden wir nur die Wörter in unserem Kopf wieder?

In diesem Buch stehen ungefähr 2.000 Wortfamilien mit durchschnittlich fünf Wörtern: zusammen also rund **10.000 Wörter.**

Du wirst nicht alle *diese* Wörter kennen. Aber dafür kennst du andere, die hier nicht zu finden sind. **Probier es aus.**

Kein Wörterbuch enthält alle Wörter, die es gibt.

In den meisten Büchern fehlen ‚unanständige' Wörter. Auch Schimpfwörter haben wir hier nicht abgedruckt. **Kannst du dir denken, warum?**

Wenn deine Muttersprache zum Beispiel Türkisch, Italienisch oder Polnisch ist, kennst du natürlich sehr viele andere Wörter.

Dann brauchst du noch ein anderes Wörterbuch. Aber wahrscheinlich finden alle Kinder in ihrem Kopf mehr Wörter, als in diesem Buch stehen.

Du kennst sie und du verstehst sie, wenn du sie hörst, liest und mit anderen sprichst.

Daraus ergeben sich zwei wichtige Fragen:

Wie schaffst du es, dass dir immer gerade das Wort einfällt, das du sagen willst?

Und: **Wie hältst du Ordnung in deinem Kopf?**

Sind die Wörter in deinem Kopf so wie in einem Lexikon geordnet?

Wenn sie nach dem ABC geordnet wären, wie machen es dann kleine Kinder, die das ABC noch gar nicht kennen?

Du kannst ausprobieren
– wie du Wörter in deinem Kopf findest,
– wie sie da geordnet sind.

Welche Wörter fallen dir noch ein, wenn du an ‚laufen' denkst?

rennen – rasen – spurten – gehen – ...

Du kannst also Wörter mit *ähnlichen* Bedeutungen finden und das geht nur, wenn sie in deinem Kopf **nach ihrer Bedeutung** geordnet sind.

Welche Wörter klingen wie *‚Haus'*?

aus – raus – Maus – Klaus – ...

Wenn du solche *Reimwörter* finden kannst, sind die Wörter in deinem Kopf also auch **nach ihrem Klang** geordnet.

Wenn du Farben, Größen oder andere Eigenschaften suchst, fallen dir **Eigenschaftswörter** (Adjektive) ein:

grün – gelb – winzig – riesig – teuer – ...

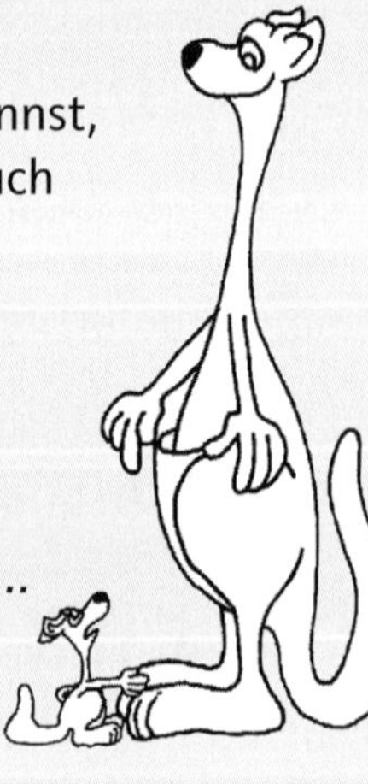

Falls du sie suchst, fallen dir auch ***Gegenteile*** ein:

groß – klein; hell – dunkel; schwarz – ... ?

Wenn du *Wörter mit -ung, -heit, -keit* oder *-nis* suchst, fallen dir ***Nomen*** (Substantive) ein:

Heizung – Faulheit – Heiterkeit – Ereignis – ...

Wenn du ein Tier suchst, das schwarz-weiß ist und in der Antarktis lebt, fällt dir ***sein Name*** ein:

(es ist ein Vogel, der nicht fliegen kann)

Du kannst *Wörter mit y* suchen, *lange Wörter*, *Wörter mit nur zwei Buchstaben* oder *Teekesselwörter* – immer fallen dir welche ein.

Ja, es ist schon eine merkwürdige Ordnung in deinem Kopf und natürlich auch in meinem. Es ist beinahe ein Wunder, dass wir (fast) immer das Wort finden, das wir gerade denken, sagen, schreiben wollen.

Das liegt daran, dass alle Wörter in unserem Kopf „irgendwie" oder besser *auf vielfältige Weise miteinander verbunden* sind. Sie sind *miteinander vernetzt* und wenn man an einem bestimmten Faden zieht, also *Reime* sucht oder *Gegensätze, Schimpfwörter, Tiernamen mit Y* oder *bestimmte Bedeutungen*, dann fallen einem gerade solche Wörter ein. – Das ist wunderbar.

Probier es aus:
Suche ein Krabbeltier mit ‚A', dessen zweiter Teil ein Vogel ist.

Hat's funktioniert?
Ist das nicht toll, solche Einfälle zu haben?

Beim Sprechen und Schreiben brauchen wir dauernd solche Einfälle. Je schneller sie kommen und je mehr es sind, desto besser.
Und: **Man kann Einfälle trainieren.**
Es ist wie bei deinen Muskeln:
Wenn du sie benutzt, sie lange und schnell arbeiten lässt, bilden sie sich aus. Auch dein Gehirn bildet sich durch Training.

Wir wollen dir hier zeigen, wie du es machen kannst, Einfälle zu haben – dein Gehirn zu trainieren.

Wir stellen dir dazu **10 Sammelaufgaben**, die es in sich haben.
Sie machen erstens Spaß und sie sind – versprochen – das Beste, was du für deinen Kopf tun kannst.

Nimm dir Zeit für jede Aufgabe.
Es genügt, wenn du pro Woche eine Aufgabe löst.

Aufgaben für Sprachforscherinnen ...

1. Sammelaufgabe:

Sammle je drei Wörter
mit **einer Silbe**,
mit **zwei Silben,**
mit **drei Silben,**
mit **vier, fünf, sechs, sieben**
und **acht Silben**.

(Wenn du kannst,
nur zu einem Thema,
z. B. Tiernamen.)

2. Sammelaufgabe:

Sammle je drei Wörter
mit **einem Mitlaut (Konsonanten)**,
mit **zwei**, mit **drei,** mit **vier, fünf, sechs, sieben** und mit **acht Mitlauten** hintereinander.

(Ja, es gibt tatsächlich solche Wörter.)

3. Sammelaufgabe:

Es gibt in der deutschen Sprache mindestens **10 Formen, den Plural zu bilden**:

*Kind – Kind***er** ist eine Form;
*Frau – Frau*en ist eine zweite;
*Mann – Männ***er** ist eine dritte.

Deine Aufgabe ist es, **andere Formen** zu finden. Für jede Form bitte **drei Beispiele**.

... und Sprachforscher

4. Sammelaufgabe:

Du sollst **20 Drehwörte**r finden.
Drehwörter sind **zusammengesetzte Nomen**, deren **Teile** man **vertauschen** kann. Der ***Baumstamm*** wird zum ***Stammbaum***, das ***Glasfenster*** wird zu ***Fensterglas*** und die ***Sonnenbrille*** wird zur ***Brillensonne*** (aber die gibt's leider nicht).

5. Sammelaufgabe:

Ein ***kleiner Hase*** ist ein ***Häschen***;
eine ***kleine Maus*** ist ein ***Mäuschen***;
ein ***kleines Pferd*** ist ein ***Pferdchen***
und ein ***kleines Eichhörnchen*** ist ein ???

Bei bestimmten Wörtern geht das so nicht.
Findest du **fünf solcher Wörter**?

6. Sammelaufgabe:

Suche solche **Wörter**, die du mit **einem einzigen Buchstaben verändern** kannst.
Aus einem ***Schäferhund*** wird mit einem ***l*** ein ***Schläferhund***.
Aus einer ***Miezekatze*** wird mit einem ***r*** eine ***Miezekratze***.
Aus einem ***Kuscheltier*** wird mit einem ***s*** ein ***Kuschel...***
Aus ***Salamander*** wird ...

Finde **10 solcher Wörter**, die eine möglichst lustige Bedeutung haben.

... und noch mehr ...

7. Sammelaufgabe:

Du kennst viele **Nomen**, die in der Einzahl ein **a** und in der Mehrzahl ein **ä** haben:

Wald – Wälder
Hand – Hände
Band – Bänder ...

Deine Aufgabe ist es, **10 Wörter** zu finden, die in der Einzahl **und** in der Mehrzahl ein ä haben.
Ein Wort verraten wir dir schon:
der Täter – die Täter.

8. Sammelaufgabe:

Du kennst **Vorsilben**. Schreibe alle auf, die du kennst. Es gibt mindestens 15.
Suche nun die **drei Wörter**, die **mit den meisten der Vorsilben ein sinnvolles Wort** ergeben.
***such**en: ver**such**en, der Be**such**, aus**such**en, ...*

Zusatzaufgabe für Wortkünstler:
Suche Wörter mit *zwei Vorsilben* und – noch seltener: Suche ein Wort mit zwei Vorsilben und zwei Endungen.

9. Sammelaufgabe:

Du kennst auch **Endungen** von Wörtern:
*mög**lich**, witz**ig**, die Lehrer**in**, die Heiter**keit**, die Zeit**ung**.*
Kannst du sieben TIGER-Wörter und auch fünf TISCH-Wörter finden?
*LUS**TIGER**, FANTAS**TISCH**, ...*

... Sprachforscheraufgaben

10. Sammelaufgabe:

Im Wort **Wal** ist das **a** lang; im Wort **Wald** ist es kurz. Auch in den Wörtern **Kind, Band, Hund, Hemd, Durst** und **Knolle** sind die Selbstlaute kurz. Du kannst das an den Mitlauten sehen, die im Wortstamm hinter dem Selbstlaut stehen. Es sind immer mindestens zwei. Es gibt nur sehr wenige Wörter, in denen diese Regel nicht gilt.

Suche fünf solcher Wörter.

Viel Spaß und Erfolg wünschen dir die Autoren.

Wörter sind gebildet

Wörter sind nicht vom Himmel gefallen.

Die Menschen haben sie gemacht. Einige sind über tausend Jahre alt und andere sind ganz neu.
Du kannst dir denken – jede neue Erfindung braucht einen eigenen Namen.

Welche ist die letzte Erfindung, deren Namen du kennst?

Vielleicht gibt es in eurer Familie Wörter, die nur ihr gebraucht.
Das sind Wörter, deren Bedeutung andere nicht verstehen. Vielleicht sind es Kosenamen.

Kleine Kinder ‚erfinden' manchmal Wörter.
Weißt du noch welche, die du erfunden hast?

Solche Kinderwörter oder auch Familienwörter stehen nicht in Wörterbüchern. Warum eigentlich nicht?

Auf den folgenden Seiten erzählen wir dir Interessantes von Wörtern. Wir haben **24 Beispiele** ausgesucht.

Du wirst sehen, **Wörter haben eine Geschichte** und sie haben oft eine verborgene Bedeutung, die man aber ergründen kann.

Um Bedeutungen zu entdecken, musst du in die Wörter *hineinschauen* und ihnen *zuhören*. Auch der Zusammenhang, in dem sie vorkommen, klärt oft, was sie bedeuten.

Wörter-Geschichten

der **Alarm**

Das Wort ‚**Alarm**' hat etwas mit **Armee** zu tun. In beiden Wörtern steckt das italienische Wort für Waffen: **arme.** Bei Gefahr wurden früher die Soldaten so gerufen:
„**All arme**!" Das bedeutete: *„Zu den Waffen!"*
Heute benutzen wir das Wort **Alarm** anders:
Feueralarm bedeutet:
„Kommt, helft löschen!"
Das Wort ‚**Lärm**' stammt von **Alarm** ab: Wer **Alarm** gibt, macht **Lärm**. Inzwischen bedeutet **Lärm** alles Laute. Glücklicherweise hat **Lärm** heute nichts mehr mit Waffen zu tun.

Audi und **Video**

Sicher kennst du die Automarke: Audi.
Weißt du auch, was der Name bedeutet?
Dies ist die Geschichte:
Der Ingenieur **August Horch** gründete vor gut hundert Jahren die **Horch**-Motorwagenwerke. Dort wurden Automobile gebaut.
Es gab Streit und **August Horch** stieg aus der Firma aus, die weiterhin seinen Namen trug. Er verlor sogar einen Prozess, in dem es um seinen Namen ging.
Bald darauf gründete er eine neue Firma und suchte nach einem passenden Namen. Da kam eines Tages sein Sohn aus der Schule und fragte den Vater: „Weißt du eigentlich, wie wir auf Lateinisch heißen?" Der Vater wusste

Wörter-Geschichten

es nicht. **„Audi!“**, sagte der Sohn, **„audi“** heißt **„Horch“.** Das ist die Befehlsform von **audire** und das heißt **horchen.**
Seinen eigenen Namen durfte **August Horch** für seine Firma nicht verwenden. Die Idee, **Horch** einfach zu übersetzen, war genial. Sie führte dazu, dass wir heute alle die Automarke **Audi** kennen.

Übrigens: Automobile sind wörtlich übersetzt Selbstbeweger. Du kennst *Auto* in *Auto*gramm und *mobil* in *Mobil*funk.

Wusstest du, was **Video** bedeutet?
Natürlich: Ein Video ist ein Film auf Band. Eine **Video**thek ist ein Laden, in dem man Filme und Fernsehaufzeichnungen ausleihen kann. Aber was bedeutet das Wort wörtlich? **Video** ist auch ein lateinisches Verb. Die Grundform ist **„videre“** und bedeutet **sehen.** Das **o** steht für die erste Person, also bedeutet **video: „ich sehe“. „Du siehst“** heißt übrigens **„vidas“. „videmus“** bedeutet **„wir sehen“.**
Audi und ***Video*** haben also etwas mit *hören* und *sehen* zu tun.

Wörter-Geschichten

die **Bank**

Früher war das Wort ‚**Bank**' gar kein Teekesselwort. Man konnte auf derselben **Bank** sitzen, auf der die Geldwechsler das Geld aufgestapelt hatten. Erst später hatten sie einen Ladentisch, den man auch Ton**bank** nannte. Man hörte den Ton gern, den Münzen auf der ‚**Bank**' machten.

Heute sind **Banken** Kassen, denen man sein Geld leiht und bei denen man sich Geld leihen kann. Den Unterschied zu der Sitz**bank** kannst du auch an der Mehrzahlform erkennen:

die **Bank** < die **Bänk**e / die **Bank**en

das **Bein**

Wir Menschen sind keineswegs nur Zwei**bein**er, sondern Viel**bein**er. Wir haben ein Nasen**bein**, zwei Schlüssel**bein**e, zwei Schien**bein**e, ein Brust**bein**, ein Steiß**bein** und viele **Bein**e mehr. Das liegt daran, dass ‚**Bein**' früher das Wort für *Knochen* war. (Du hast also genau genommen 294 **Bein**e, denn so viele Knochen hast du.)

Wörter-Geschichten

Du erkennst die alte Bedeutung des Wortes ‚**Bein**' noch in der Redewendung: *Ein Schreck fährt uns durch Mark und* **Bein** (er fährt dir durch die Knochen). Die Ge**bein**e sind nicht die beiden **Bein**e, sondern die Knochen auf dem Friedhof. Deine **Bein**e sind etwas ganz anderes: Du kannst damit laufen, rennen, schleichen und – auf einem **Bein** – hinken. Warum heißt das Eis**bein** wohl *Eis**bein**.*

ein **bisschen**

‚ein *kleines* **biss**chen' ist fast doppelt gemoppelt: so wie ein weißer Schimmel. Denn ‚ein **Biss**chen' ist schon ein kleiner **Biss**en, ein **Biss**lein, eben: ein **biss**chen.

Du merkst: **biss**chen gehört zur Wortfamilie ***beißen, biss,*** *ge**biss**en*. Weil dieser kleine **Biss** inzwischen *‚ein wenig'* bedeutet, ist **biss**chen kein Nomen mehr. Deshalb wird es nun kleingeschrieben.

die **Brille**

Vor ungefähr 700 Jahren entdeckte man, dass der **Beryll** vergrößern kann. Der **Beryll** ist ein grünlicher Halbedelstein. Wenn man hindurchsieht, erscheinen Kleinigkeiten größer. Diese Wirkung kann man noch steigern, wenn man aus den **Beryll**en dünne Scheiben schleift und sie vor den Augen befestigt.

Wörter-Geschichten

So, jetzt weißt du, wie man die **Brille**n erfunden hat und auch, woher sie ihren Namen haben. Unwichtig für den Namen ist, dass man heute nicht mehr den edlen **Beryll**, sondern geschliffenes Glas oder Kunststoff für **Brille**ngläser verwendet.

das **Buch**

Das Wort **Buch** ist von dem Wort **Buche** abgeleitet. Die alten Germanen schrieben nämlich auf Tafeln aus **Buchen**holz. Wenn mehrere Holztafeln zusammengeheftet wurden, so nannte man das ein **‚Buch'**. Und als man nicht mehr auf **Buchen**holz, sondern auf Pergament und Papier schrieb, blieb man einfach bei dem alten Wort **‚Buch'**. Ähnlich ist es auch bei dem Wort **‚Buch**stabe'. Man schnitt früher die Zeichen in **Buchen**holz ein. Diese Zeichen hießen *Runen* und sahen aus wie **Stäb**chen.
Das Wort **Buchstab**e erinnert also an die **Stäb**chenschrift in **Buchen**holztafeln.
(Die ***Runen*** waren die Vorläufer der **Buch**staben, die du jetzt benutzt.) So sehen *Runen* aus.

Wörter-Geschichten

der **Bus**

Das Wort **„Bus“** ist eine Abkürzung. Bei den Lateinern hieß es **Omnibus**. Es bedeutete: **„für alle“**. **Omnibusse** waren Pferdekutschen, die ***für alle*** da waren. (Du kannst sie dir so ähnlich vorstellen, wie sie in Western-Filmen zu sehen sind.) Später, als die Autos erfunden waren, wurden die Pferde**omnibusse** durch Auto**omnibusse** ersetzt. Diese müssten genau genommen Automobil**omnibusse** heißen. Das heißt übersetzt: ***Selbstbeweger – für alle***. Manchmal ist es gut, dass es Fremdwörter gibt – und auch Abkürzungen.

dämlich

dämlich hat nichts mit ‚Dame‘ zu tun. „**Däm**lich“ stammt von dem Wort **dämel**n ab. Jemand, der **dämel**te, war *schlaftrunken* oder *albern,* er *benahm sich unklug.* So sagte man früher auch statt *Dummkopf*: *‚Du bist ein* ***Dämel‘*** oder *‚Er ist ein* ***Däml****ack‘*.
Auch **herrlich** stammt nicht von ‚Herr‘ ab. **‚herr**lich‘ kommt von dem heute nur noch selten gebrauchten Eigenschaftswort **‚hehr‘**. Es bedeutet ***„vornehm, heilig“***. Ein Herr kann also **dämlich** sein und eine Dame sehr wohl **herrlich**.

Wörter-Geschichten

die **Eisenbahn**

Heißt die **Eisenbahn** eigentlich so, weil sie aus **Eisen** ist? Meistens denken wir bei dem Wort **Eisenbahn** an den Zug, die Lokomotive und die Wagen.

- Die *Auto***bahn** ist eine breite Straße für Autos.
- Die Schiene der *Achter***bahn** hat die Form einer Acht.
- Die *Ein***bahn**straße darf nur in einer Richtung befahren werden.
- Auf der *Eis***bahn** läufst du Schlittschuh.
- Mit dem Schlitten brauchst du ‚*freie* **Bahn**'!

Die Eisen**bahn**en sind also eigentlich die Schienen, auf denen Züge fahren. Man könnte deshalb sagen:
Der Zug fährt auf der **Eisenbahn**.
Und was ist dann wohl eine *Holz***eisenbahn**?

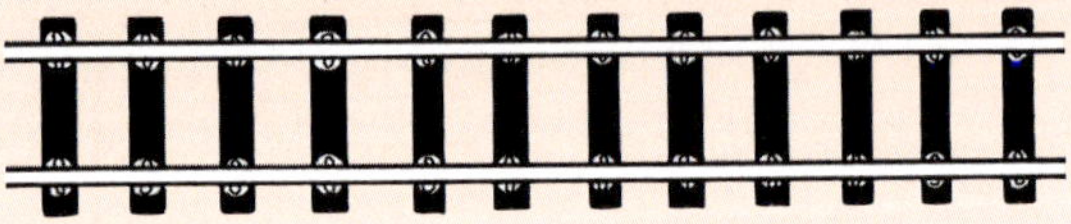

die **Eltern**

Steckt in dem Wort **Eltern** ein Rechtschreibfehler?
Früher schrieb man **Eltern** mit ‚**Ä**'. Es kommt von **alt**:
Die **Eltern** sind die **Älteren**. Aber die Schreibung wurde geändert.

Wörter-Geschichten

Vielleicht wollte man durch die Änderung ausdrücken, dass die **Eltern** nicht **alt**, sondern etwas ganz Besonderes sind.

die **Erfahrung**

Erfahrung hat etwas mit **‚fahren'** zu tun. Jemand, der viel **herumgefahren** ist und mit dem Schiff die Meere **befahren** hat, hat viel von der Welt **erfahren**. Er hat **Erfahrungen** gesammelt. Ohne zu **fahren**, kannst du etwas aus Büchern **erfahren**.
Du **erfährst** Neuigkeiten aus der Zeitung. Und wenn du selbst etwas erlebt hast, kannst du aus eigener **Erfahrung** berichten.
Wenn du keine **Erfahrung** hast, kannst du **erfahren**, wie es ist, wenn du dich **verfährst**.
Bücher sind Erfahrungen, die man lesen kann.

erklären

Wenn du etwas verstehst, wenn dir etwas **klar** wird, dann hast du eine **Erklärung** gefunden. **‚erklären'** bedeutet **‚klarmachen'**, *‚eine einsichtige* **Erklärung** *finden'*. Der Detektiv **klärt** einen Fall **auf**. Er bringt **Klarheit** in eine undurchsichtige Sache.
Wenn das Wetter besser wird, sagt man: ‚Es **klart** auf'. Ist das **klar**?!

Wusstet Ihr schon, ...

... dass ÄLTERN vor 200 Jahren kein Fehler war?

der Altar, die Altäre
die Ältern, besser als Eltern
mit *e*, weil es
unmittelbar von
alt, älter abstammet
der Amboss, die Ambosse

aus einem alten Wörterbuch von Adelung aus dem Jahre 1788

Heute dagegen heißt es im Schülerduden so:

die **Elster**, 2 Elstern
diebische Elstern
die **Eltern**, die Großeltern
das Elternhaus
der Elternabend
die Elternversammlung
empfangen,
du empfängst mich

Wörter-Geschichten

die **Eule**

Die **Eulen** heißen **Eulen**, weil sie **heulen**. Ihr Name klingt so, wie sie selber rufen. Das ist auch bei anderen Vögeln so. Ihre Namen klingen wie ihr Ruf: ***Krähe***, ***Rabe***, ***Kuckuck***, ***Zilpzalp***. Kleine Kinder geben Tieren Namen nach ihren Lauten:
Wau-Wau, Gag-Gag, Muh, Mäh, Pieps, Kikeriki. **Hörst** du auch, was diese Wörter bedeuten: *zwitschern, quietschen, knacken*?
Kennst du noch andere Wörter, denen man anhört, was sie bedeuten?

fertig

Wusstest du schon, warum man **fertig** nicht mit ‚v' schreibt? Das Wort **fertig** gehört zu der Wortfamilie fahren. **‚fertig'** bedeutete *‚zur Fahrt bereit'*, *‚reise***fertig**'. Heute meinen wir mit **fertig** *‚es kann losgehen' (Achtung*, fertig, *los!).* Es bedeutet auch *‚etwas ist zu Ende gebracht'.* Jemand, der *‚fix und* **fertig**' ist, ist am Ende, er ist ***zu nichts mehr bereit***. **‚fertig'** hat also nichts mit der Vorsilbe *‚ver'* zu tun; das merkst du auch daran, dass nichts Sinnvolles übrig bleibt, wenn du die erste Silbe abtrennst.

das **Frühstück**

Das **Frühstück** ist nicht das Gegenteil vom *Spätstück,* sondern vom Abendbrot. **Früh**

Wörter-Geschichten

am Morgen essen wir ein **Stück** Brot: das **Frühstück**. Was tust du, wenn du **frühstückst**? **Stückst** du in der **Frühe**?

gehören

Wem **gehört** der Hund? Er **gehört** dem, auf den er **hört**. An diesem Beispiel kannst du erkennen, dass das Wort **gehören** von **hören** abstammt. Die Bedeutung hat sich im Lauf der Zeit auf all das erweitert, was wir besitzen – auch wenn es uns gar nicht mehr **hören** kann. Kannst du dir jetzt denken, was wohl ‚**gehorchen**' bedeutet? ‚**horchen**' ist ein besonderes ‚**hören**'.

das **Gepäck**

Das Wort **Gepäck** ist aus dem Wort **Pack** entstanden. Es bedeutete ‚Bündel'. Alle **Packen**, die man auf eine Reise mitnahm, wurden ‚das **Gepäck**' genannt. (Ähnlich wie verschiedene *Berge* ein *Gebirge* sind, viele *Äste* das *Geäst* oder *Gemustes* das *Gemüse* bilden.) Von dem alten Wort **Pack** stammt auch **packen**: einen **Packen** machen, etwas bündeln. Dem Wort **Paket** fehlt das **c**. Es ist das schwarze Schaf der Familie **‚Pack'. Paket** ist nämlich ein französischer Verwandter.

Wörter-Geschichten

das **Heft**

Der Wortstamm ‚**heft**' kommt in verschiedenen Wörtern vor: *an***heft***en*, **Heft***zwecke*, **Heft***klammer*, **Heft***er*. Dieses Wörterbuch ist mit weißen Fäden zusammenge**heft**et. Auch dein Schreib**heft** ist ge**heft**et. Ein **Heft** besteht aus ge**heft**eten Papierbögen. Zusammen*geklebte* Papierbögen nennt man nicht ‚Kleb', sondern ‚Block'.

der **Indianer**

Die **Indianer** heißen **Indianer**, weil Kolumbus sich geirrt hat. Kolumbus wollte eigentlich einen neuen Weg nach **Indien** finden. Als er nach langer Fahrt die Küste Amerikas erreichte, glaubte er, er sei in **Indien**. Deshalb nannte er die Leute, die er dort fand, **Indianer**.

Obwohl man den Irrtum bald erkannte, blieb man bei dem Namen **Indianer**. Eigentlich sollten sie besser **Amerikaner** heißen. Auf Englisch heißen sie **Natural American.**

der **Kran**

Du kennst den Vogel, der **Kranich** heißt. Er hieß früher **Kran**. Nach ihm nannte man die Erfindung, mit der man schwere Lasten heben

Wörter-Geschichten

kann. Diese Erfindung – der **Kran** – sieht nämlich so ähnlich aus wie der Körper des Vogels. Weil der Vogel nun nicht wie die Erfindung heißen sollte, bekam der Vogel seinen heutigen Namen: **Kranich.**
Im Übrigen gibt es in der englischen Sprache für *Kranich* und *Kran* dasselbe Wort: *crane*

der **Mittag**

Der **Mittag** heißt **Mittag**, weil er in der **Mitte** des Tages liegt.
Der Vor**mittag** liegt *vor* der **Mitte** und der Nach**mittag** *danach.*
Zwölf Stunden nach **Mittag** ist **Mitter**nacht: Null Uhr ist die **Mitte** der Nacht.
Beim **Mitt**woch ist das auch so: In der **MItt**e der sieben Wochentage liegt er, der **Mitt**woch. (Die Woche fängt also mit dem Sonntag an.)
Aber fehlt in **Mittag** nicht ein **t**? Zwei gehören in die Mi**tt**e und eines an den Anfang von **T**ag: also genau drei.

Wörter-Geschichten

Wie bei Be**ttt**uch und Fe**ttt**ropfen. Genau genommen ist **Mittag** ein Rechtschreibfehler. Aber das Wort ist so alt, dass man es in der Rechtschreibreform lieber so gelassen hat. Schade!
Also: Wenn du mal *Mi**ttt**ag schreibst, dann ist das zwar ein Fehler. Aber es ist eigentlich die bessere Schreibweise.

Das ß ß ß ß ß ß ß ß
ist ein ganz besonderer Buchstabe.
Es ist eine Spezialität der deutschen Schriftsprache.
So ist er entstanden: ſ+s=ß

Es gibt ihn nicht als Großbuchstaben und er kann als einziger nicht am Wortanfang stehen. (Warum wohl?)
Die Schweizer mögen ihn gar nicht.
Sie schreiben lieber ss.
Sie schreiben **Klasse** wie wir, aber **Straße** so: **Strasse.** Sie schreiben **reissen**, **fleissig**, **schiessen** und **Reissverschluss**. Sie schreiben

Wörter-Geschichten

Masse (Menge) wie auch Masse (z. B. cm) gleich.
Wir – in der deutschen Rechtschreibung – kennzeichnen kurze Vokale durch zwei Konsonanten: v**ergessen, nass, hässlich.** Dagegen schreiben wir nach *langem Vokal* ein ß: **Spaß, Gruß, weiß, Maßstab.**
Was glaubst du?
Welche Form ist leichter zu lesen?
Und welche Form ist leichter zu lernen?

der **Zweck**

Früher nannte man einen Nagel einen **Zweck.** Der **Zweck**, mit dem man eine Zielscheibe in der Mitte festnagelte, war das Ziel, auf das man schoss. Deshalb war der **Zweck** ein Ziel. Man versuchte also den **Zweck** zu treffen. Heute bedeutet **Zweck** auch *Absicht* und *Sinn*.
Das hat doch *keinen* **Zweck.**
Man kann Geld *für einen guten* **Zweck** ausgeben.
Die alte Bedeutung von **Zweck** findest du noch in dem Wort *Heft***zweck***e*.

Denkwege zur Rechtschreibung

Tipps von Otto Graf

Was du probieren kannst, wenn du etwas nicht weißt.

Erster Tipp von Otto Graf: ***Grundform suchen!***

Was tut jemand, der **sin**$^{g}_{k}$t? **singen – sinken**

Problem ⟶ *Lösung*

Probier es auch bei:

er **raub**t * sie **heb**t * es **bring**t * er **schenk**t * du **lenk**st
sie **denk**t * es **hup**t * er **läd**t ein * es **krieg**t * sie **sag**t

Mach es so: er **raub**t → **rau**ben (Grundform) oder **Räu**ber (verwandte Form)

Problem *Grundform* *oder* *verwandte Form*

Noch mehr Wörter zum Probieren. Mach's im Kopf.

er erlaubt, sie fand, es fliegt, er gibt, gehabt, sie hebt,
es jagt, er klagt, sie klebt, es legt, er liegt, sie lügt,
es sägt, er sagt, sie schiebt, es schreibt, er schweigt,
sie steigt, es stirbt, er trägt, sie treibt, es wagt, er wird,
sie zeigt, es siegt, er singt, sie sinkt, es fragt, ihr habt,
er lobt,sie biegt, es klingt, er hinkt, sie bleibt, es stinkt,
er gräbt, sie hält, es dringt, er schlägt, sie rät, es gilt, er reibt,
sie ringt, es gelingt, er schlingt, sie schwingt, es springt,
er trinkt, sie webt, es wirbt, er winkt.

Otto Grafs zweiter Tipp

Zweiter Tipp von Otto Graf: ***Wörter verlängern!***

(Der nächste Buchstabe soll ein Selbstlaut sein.)

Ein Ra d/t ist teuer. → *Problem* → *Lösung* → **rat**en oder **Räder**

Probier es auch bei:

der Wald * rund * der Tag * der Schlag
hundert * tausend * kalt * das Kind
das Geschenk * der Zwerg * die Gewalt

Mach es so: Geschenk → Geschenke oder schenken

Problem → *verlängerte Form* oder *verwandte Form*

Noch mehr Wörter zum Probieren:

der Abend, der Arzt, der Ast, das Bad, bald, der Bart,
der Berg, der Bescheid, das Bild, blind, blöd, blond,
das Blut, das Brot, bunt, der Bund, die Burg, der Dieb,
der Durst, der Ernst, der Feind, das Feld, fertig,
fest, das Fest, fleißig, der Flug, fremd, der Freund,
der Gast, der Geburtstag, die Gegend, gelb, das Geld,
genug, das Gerät, geschwind, gesund, das Gewand,
das Glied, das Gold, der Grad, der Grund, gut, die Hand,
das Hemd, der Herbst, der Herd, der Honig,
der Hund, der Hut

Otto Grafs dritter Tipp

Dritter Tipp von Otto Graf: ***Denk an gute Bekannte unter den Verwandten!***

er f◯rt. → **fahr**en, **fuhr**, ge**fahr**en, du **fähr**st, losge**fahr**en, Rad ge**fahr**en, die **Fähr**e, der **Fahr**er, das **Fahr**rad, die **Fähr**te

Problem → *hilfreiche Verwandte*

Merk-würdig:
einmal h – immer h

Probier es auch bei:

älter * die Bahn * sie fehlt * sie sieht
er bedankt sich * du strengst dich an

Mach es so: ◯lter → **alt**, am **ält**esten, das **Alt**er, das **Alt**ertum, aber: → die Eltern*

Problem → *hilfreiche Verwandte*

Ein **Verwandter, der dir hilft, genügt.**

* Lies dazu Seite 376.

Otto Grafs vierter Tipp

Vierter Tipp von Otto Graf: ***Länge und Kürze ausprobieren!***

Das Lam ist lam. *

Das Schif ist schif. *

Ob ein Selbstlaut lang oder kurz ist,
kannst du ***entscheiden***.
Du bildest das ***„andere" Wort***.

Das eine Wort: ↔	*Das andere Wort:*
das Lamm	lahm
das Schiff	schief
der Wal	der Wall
die Mitte	die Miete
geben	~~gebben~~

Auch Unsinnwörter können helfen.

Bilde das ***„andere" Wort zu:***

der Kamm * das Beet * satt * der Staat * kann *
wen * wirr * das Riff * die Höhle * irren

* Merkst du, dass Länge- und Kürzezeichen beim Lesen und Verstehen helfen?

Otto Grafs fünfter Tipp

Fünfter Tipp von Otto Graf: ***Zweifeln ist gut!***
Wer **zu** sicher ist, der lernt nichts dazu.

Was du bei einem schwierigen Wort tun kannst:

* Sprich es langsam und ***ü-ber-deut-lich***.
* Schreibe das Wort ***mal so und mal so*** auf einen Zettel.
* Schreibe das Wort ***in Druckschrift***.
* ***Dein Gefühl*** sagt dir, was richtig ist.
* Denk auch an die ***Tipps*** von Otto Graf.

Wenn du immer noch zweifelst,
frage jemanden, der es weiß.
Look in your dictionary!

Deutsch: ....

....

Hier sollst du zweifeln ...

In jedem der beiden Texte ist ein Fehler.

Begegnung

Zwei Freunde,
sie hatten sich lange
nicht gesehen,
trafen sich
auf der Rolltreppe wieder.
Sie freuten sich erlich
und blieben stehen.
Doch das Wiedersehen
war kurz und knapp,
der eine fuhr hinauf,
der andere fuhr hinab.

Begegnung

Zwei Freunde,
sie hatten sich lange
nicht gesehen,
trafen sich
auf der Rolltreppe wieder.
Sie freuten sich ehrlich
und blieben stehen.
Doch das Wiedersehen
war kurtz und knapp,
der eine fuhr hinauf,
der andere fuhr hinab.

(H. Manz)

Besprecht, welche Schreibungen richtig sind.
Verbessert die beiden Fehler.

Zur ‚Verbesserung' schreibst du am besten drei Wörter aus der Wortfamilie auf. Kontrolliere dich mit dem Lexikon im Mittelteil.

Schraipwiduschprichst

Schraipwiduschprichst

Verstehst du, was das heißt?
Unterstreiche die Stellen, die nicht stimmen.

Zuhören allein genügt nicht.

Kannst du den Satz ***richtig*** aufschreiben?

....

Probiert doch mal in eurer Klasse, ganz genau so zu schreiben, wie ihr Wörter sprecht und hört.

Probiert es mit:

Der Räuber schlief im Moos.
Die Lehrerinnen klecksten.
Philipp fiel viel ein.

Vergleicht eure Schreibungen und markiert, wie viele „Fehler" ihr machen konntet.

Ihr merkt: Ihr könnt Wörter **nur nach ihrem Klang nicht** richtig schreiben.

Deshalb sind die Tipps von Otto Graf gut und wichtig.

Lesezeichen

Otto Graf erklärt:
Leser brauchen Lesezeichen.

sigenistgutfreundezuhabenbeser

Diesen Satz kannst du lesen.
Aber es dauert ein bisschen länger als sonst. Denn in diesem Satz fehlen Lesezeichen.
Lesezeichen sind diese:

Siegen ↔ ist gut , Freunde zu haben besser .

Leser brauchen diese Zeichen, damit sie schnell die Wörter wiedererkennen, die du als Schreiber meinst.

Am besten kennst du sicher Lesezeichen am Satzanfang und bei Nomen:
den großen Anfangsbuchstaben.

Da weiß jeder gleich:	Hier fängt der Satz an.
Oder:	Das ist ein Nomen.

Doppelte Mitlaute sind auch Lesezeichen.
Der Leser sieht daran, dass **Hölle** etwas anderes ist als **Höhle.** Das erste Wort hat einen kurzen Selbstlaut. Den erkennt man an den zwei Mitlauten: **ll**

Lesezeichen helfen beim Lesen.

Englisch-deutsches Tiertreffen
English-German Animal-Meeting

W	U	C	X	C	Z	M	A	S	H	E	U	Ü	L	J	U	C	M
Q	I	F	K	A	T	Z	E	G	E	L	E	F	A	N	T	V	K
P	R	A	B	T	P	E	W	F	V	E	Z	D	W	O	H	H	A
S	Y	G	C	B	S	B	O	N	Q	P	I	K	R	Ä	S	I	Y
P	L	G	Z	E	B	R	A	D	I	H	Y	B	W	A	L	P	A
O	U	T	N	G	B	A	Ö	Z	Ä	A	O	E	H	S	G	Z	E
K	L	A	F	J	P	B	R	D	K	N	B	I	A	E	T	O	U
V	D	F	L	I	E	G	E	Q	F	T	Q	X	L	U	B	Ä	R
O	M	W	Y	K	L	Y	W	J	N	M	B	I	E	N	E	N	V
E	L	G	H	U	I	B	N	M	T	I	E	Ä	C	V	A	Q	B
Y	C	F	N	V	C	O	T	L	Ö	W	E	S	S	D	R	T	H
P	E	L	I	K	A	N	Z	I	T	O	U	D	W	Y	K	J	W
S	H	G	Q	I	N	A	V	O	Z	P	Y	P	J	Ü	P	Ü	K
C	H	U	N	D	P	Y	E	N	Ü	S	C	H	W	E	I	N	B
D	F	L	K	O	X	Q	H	Ö	Y	N	X	K	Ä	N	G	Ö	Ä
S	T	U	P	G	O	S	C	H	L	A	N	G	E	B	N	X	E
P	B	M	N	P	U	H	I	R	Z	K	Y	K	Y	A	M	N	U
Q	E	Ä	N	Y	N	E	U	F	W	E	O	S	C	H	A	F	Z
M	U	S	C	H	E	L	Ä	N	F	C	S	H	Ü	S	N	U	Y
K	D	K	N	Ü	N	L	T	D	M	A	Z	E	Q	D	J	X	H
S	Y	T	F	C	A	D	C	F	I	V	L	E	K	S	M	Q	W
X	D	M	V	E	S	C	D	O	N	U	K	P	R	Ö	N	D	P

Kreise ein:
***englisch:* grün | *deutsch:* schwarz**

The very special English sound: r

You are a super star.

- **Der englische *r*-Laut ist ein ganz besonderer: Er wird nicht im Rachen gerollt. Du rollst ihn mit der Zunge oben im Gaumen.**

brown
bread
brother
bridge
strong
street
sprint
print
price
president
drink
free
friend
from
fruit
cry
dry
drive
dream
cream
stream
screan
green
grass

rock and roll
rolling home
red
rose
ring
room
rain
rail
read
ride
right
rise

[r]

I scream
you scream
we all scream
for ice cream

TIPP: Am besten klebst du dir Schokolade in den Gaumen und berührst sie mit der Zungenspitze. Versuch es mit einem Partner und einem Spiegel.

Sorry, no story!

The very special English sound: th

TIPP: Die Zunge breit, die Spitze an die oberen Schneidezähne, einen Summton machen und stoppen.

[ð]

the	brother
there	mother
this	father
that	feather
they	weather
than	leather
then	whether
there	nothern

TIPP: wie oben - nur ohne Summton.

[θ]

Thank you!	mouth
three	month
thirteen	both
thin	teeth
thing	tooth
think	bath
thick	earth
Thursday	fourth
thriller	health
thousand	birthday
theory	math
thief	North
theatre	youth

The "v" is easy

- It sounds like the German ***w***: love

[v]

very
violet
voice
volleyball
Victor
Vera

love
dove
bravo
movie
November
Rover

- But the ***w*** is very special.
The ***w*** is called: ***double u*** = 2 mal ***u*** = ***uu***
TIPP: Bilde ein *u* mit viel Luft.

[w]

well
walk
want
water
welcome
window
Wednesday

swim
swatch
award
away
twelve
twenty
twin

- Attention, words with ***wh!***
TIPP: Viel Luft ohne Ton, dann ein *u*.

[w]

which
where
what
why
when

wheel
whale
whistle
whisper
white

English is easy

... weil du viele Wörter schon kennst. Du benutzt sie fast so, als wären es deutsche Wörter.

air bag,
airport, baby, baseball,
basketball, beach, be happy,
big brother, black, boot, boss, boy-group,
breakdance, cake, cap, car, carport, cartoon, cat,
catch, charts, chip, Christmas, cinema, city, Cola light,
colour, comic, cornflakes, coach, cool, cowboy, cracker,
Daddy, day and night, dress, foul, fun, gameboy, Germany,
girl, girl-group, goal, goodbye, good morning, grandmother,
hair, happy birthday, heavy, holiday, hot dog, icecream, inliner,
jeans, job, juice, ketchup, keyboard, kiss me, laptop, love,
madam (Mrs.), made in Germany, maths, Miss, mister (Mr.),
money, mountain bike, much money, new (York), news, out,
paper, party, people, picnic, pig, pink, play, playstation,
poster, potato, power, pullover, pyjamas, roller skating,
shell, ship, shop/shopping, shorts, show, sister, smile,
snowboard, sound, star, streetball, superstar,
sweater, swimming pool, teacher, techno,
thank you, toast, town, walkman,
watch, yesterday.

Unterstreiche dir die Wörter, deren Bedeutung du kennst. Versuch die anderen mit Partnern zu klären.

English is easy

... weil Englisch und Deutsch miteinander verwandt sind. Viele Wörter werden in beiden Sprachen gleich oder ganz ähnlich geschrieben. Die Aussprache ist aber immer verschieden.

action,
alphabet, and, April, arm,
August, ball, balloon, banana, bring,
butter, calendar, chocolate, cellar, circus, clown,
coffee, computer, crocodile, December, doctor, drink,
February, finger, fish, garage, garden, glass, gold,
Hamburger, hamster, hand, hospital, hotel, house, hundred,
instrument, jacket, January, June, July, lamp, lemonade, long,
man, March, May, medicine, milk, mineral water, mouse, music,
mussel, name, nose, November, oil, October, orange, park,
piano, pizza, princess, puzzle, radio, rose, salad, salami, sand,
sandals, September, shoulder, silver, sing, sock, sofa, son,
spaghetti, stop, summer, sun, supermarket, taxi, tea,
teddy bear, telephone, tennis, tomato,
trainer, t-shirt, uncle, wind, winter,
yoghurt, zoo.

Die Wörter, die dir wichtig sind, kannst du zu den deutschen Wörtern in dieses Buch schreiben. Schreib sie mit grün, dann kannst du deutlich sehen, dass es ein englisches Wort ist.

This is all you need:

Laut-schrift-zeichen	englische Beispielwörter	klingt ähnlich wie
ʌ	br**o**ther ['brʌðə]; m**u**ch [mʌtʃ]; **u**s [ʌs]	M**a**tsch
ɑː	al**ar**m [ə'lɑːm]	K**ah**n; er k**a**m
æ	**a**pple [æpl]	**Ä**pfel
ə	**a**ddress [ə'dres]; holi**d**ay ['holədeɪ] dri**ver** ['draɪvə]; **O**lympic [ə'lɪmpɪk];	Matt**e**
e	b**e**d [bed]; h**ea**d [hed]	w**e**tten
ɜː	c**ir**cle ['sɜːkl]; l**ear**n [lɜːn]; h**er** [hɜː]	K**ö**rner *(r nicht sprechen)*
ɪ	**e**vent [ɪ'vent]; **i**n [ɪn]; bab**y** ['beɪbɪ]	**I**ndianer Pon**y**
iː	**e**vening ['iːvnɪŋ]; t**ea** [tiː]; tr**ee** [triː]	**I**gel, T**i**ger
ɒ	w**a**tch [wɒtʃ]; sh**o**p [ʃɒp]	Schr**o**tt
ɔː	b**a**ll [bɔːl]; f**or**m [fɔːm] d**oor** [dɔː]; n**augh**ty ['nɔːtɪ]	S**o**rge *(r nicht sprechen)*
ʊ	w**o**man ['wʊmən]; f**oo**t [fʊt]; p**u**t [pʊt]	M**u**nd
uː	bl**ue** [bluː]; t**oo** [tuː]	K**u**h; d**u**
juː	**u**ser ['juːzə]; n**ew** [njuː] be**au**ty ['bjuːtɪ]	**Ju**gend
aɪ	m**y** [maɪ]; n**i**ce [naɪs]; l**igh**t [laɪt]	M**ai**; w**ei**ß; L**ei**d
aʊ	n**ow** [naʊ]; r**ou**nd [raʊnd]	bl**au**
əʊ	sh**ow** [ʃəʊ]; h**o**me [həʊm]; c**oa**t [kəʊt]	**o + u**
eə	h**air** [heə]; c**are** [keə]; b**ear** [beə]	B**ä**r

Laut-schrift-zeichen	englische Beispielwörter	klingt ähnlich wie
eɪ	**eigh**t [eɪt]; m**ai**l [meɪl]; wh**a**le [weɪl]	**ä+i**
ɪə	r**ea**l [rɪəl]; h**ere** [hɪə]	m**ir** *(r nicht sprechen)*
ɔɪ	b**oy** [bɔɪ]; j**oi**ner ['dʒɔɪnə]	H**eu**
ʊə	t**our**ist ['tʊərɪst]	n**ur** *(r nicht sprechen)*
j	**y**es [jes]	**j**etzt
v	**v**ote [vəʊt]; o**v**er ['əʊvə]	**w**o; U**w**e
w	**w**ork [wɜːk]; a**w**ay [ə'weɪ]	*siehe Seite 395*
ŋ	ri**ng** [rɪŋ]; u**n**cle ['ʌŋkl]	Di**ng**; O**n**kel
r	**r**ain [reɪn]; ve**r**y ['verɪ]	*siehe Seite 393*
s	**s**ay [seɪ]; gla**ss** [glɑːs]	Gla**s**
z	**z**ebra ['zebrə]; good**s** [gʊdz]; u**s**er ['juːzə]	**S**onne
ʃ	**sh**ip [ʃip]; fi**sh** [fɪʃ]	**Sch**iff; Fi**sch**
tʃ	mu**ch** [mʌtʃ]	Ma**tsch**
ʒ	televi**si**on ['telɪˌvɪʒn]	Gara**g**e
dʒ	**g**entleman ['dʒentlmən]; **J**ob [dʒɒb]; bu**dg**ie ['bʌdʒɪ]	**J**ob; **j**oggen
θ	**th**ree [θriː]; you**th** [juːθ]	*siehe Seite 394*
ð	**th**e [ðə]; bro**th**er ['brʌðə]	

Dies sind Kniffel-Wörter *

er ni**mm**t, wir na**h**men ▶ nehmen

n**äm**lich ▶ der Name

**Wer nämlich mit ‚h‘ schreibt,
weiß nicht, dass es von ‚Name‘ kommt.**

sie bl**ie**b, gebl**ie**ben ▶ bleiben

er wi**ll**, sie wo**ll**ten ▶ wollen

Es ist pa**ss**iert. ▶ passieren

er lä**ss**t, er l**ieß** ▶ lassen

Sie erz**äh**lte. ▶ erzählen

Du ka**nn**st es. ▶ können

Er **holt** ein. ▶ einholen

sie sa**ß**, sitzen, gesessen

Wir mu**ss**ten. ▶ müssen

Sie s**ie**ht ihn. ▶ sehen

Er f**ie**l hin. ▶ fallen

der Schie**d**srichter ▶ entscheiden

* In diesen Wörtern machen die meisten Schülerinnen und Schüler die meisten Fehler. Wir haben sie für euch aus vielen tausend Schülerfehlern ausgesucht.

*Kniffel-Wörter sind Fehler-Hits **

Das sind Nomen, auch wenn die „Anfassprobe" nicht geht.

das nächste **Mal**

die **Ruhe**

der **Schreck**

das **Stück**

das **Essen**

die **Sache**

die **Angst**

der **Hunger**

das **Glück**

die **Zeit**

die **Seite**

der **Weg**

die **Sorgen**

der **Schritt**

die **Lust**

der **Morgen**

das **Spiel**

das **Frühstück**

die **Liebe**

die **Langeweile**

der **Abend**

Er hat eine gute **Idee.**

zu **Hause**

* Wenn dies auch deine Kniffelwörter sind, dann frag bei Otto Graf nach.

*Kniffel-Wörter – Sammelsurium **

vie**ll**eicht ► viel-leicht; viele Freunde; viel Glück

Gar nicht wird gar nicht zusammengeschrieben.

Es ist **end**gültig. – die **Ent**fernung

Bei **f**ertig das **f** nicht **ver**gessen!

en**d**lich ► das En**d**e – zu En**d**e

das Fah**rr**ad ► fah**r**en + **R**ad

das Pä**ck**chen ◄► das Pa**k**et

mir, dir, sie, ihr, ihm, ihn, ihnen

morgens – eines **M**orgens

abend**s** – eines **A**bend**s**

Etwas ist ka**putt**.

der Geburt**s**tag

Wenn du die Kniffelwörter kannst, ...

Noch mehr verzwickte Kniffel-Wörter *

wann – dann; wenn – denn; wen – den – dem
der **Mann** – **man** kann, wenn **man** will

Diese Wörter verstehst du am besten, wenn du Sätze mit ihnen bildest.

das M**ee**r – Ich mache keine Fehler m**eh**r.

Der grausame Krie**g**. – Sie krie**gt** es.

Ich lese **im** Buch, das **ihm** gehört.

ein bi**ss**chen ▶ der Bi**ss**, beißen

lin**k**s ▶ die lin**k**e Seite

dri**nn**en und drau**ß**en

a**ll**ein ▶ a**ll**e + ein

die Schi**fff**ahrt ▶ das Schi**ff** + die **F**ahrt

au**ß**erdem ▶ au**ß**en

Ich hoffe, denke, möchte, wünsche**,** da**ss** ...

in, innen, dri**nn**en

... brauchst du sie nicht zu vermeiden.

Meine verzwickten Wörter

Wörter, die ich mir ganz sicher merken will!!!

Meine verzwickten Wörter

Wörter, die ich mir ganz sicher merken will!!!

Meine verzwickten Wörter

Wörter, die ich mir ganz sicher merken will!!!

Wörter sind gebildet

Wörter sind aus **Bausteinen** gebildet. **Bau stein**

Wir zeigen dir, ***wie*** wir Bausteine kennzeichnen.

Drei **Stämme** hintereinander: Grundwortschatz

Stamm + Endung: spaßig

Vorsilbe + Stamm + Endung: vorwitzig

Vier Wörter für dich. Lösungshilfen unten 1

Cowboyhut ☆ Heizung ☆ herzlich ☆ vorlesen

Nun noch ein letztes **Zeichen,** dann kannst du alle Wörter gliedern.

So sieht es aus: ↔. Es steht unter einem eingefügten Buchstaben (Fuge).

Noch mehr Wörter für dich. Lösungshilfen unten 2

Kinderspielplatz ☆ morgendlich

Schiedsrichter ☆ Aussichtsturm

Lösungs-
hilfen: 1 2

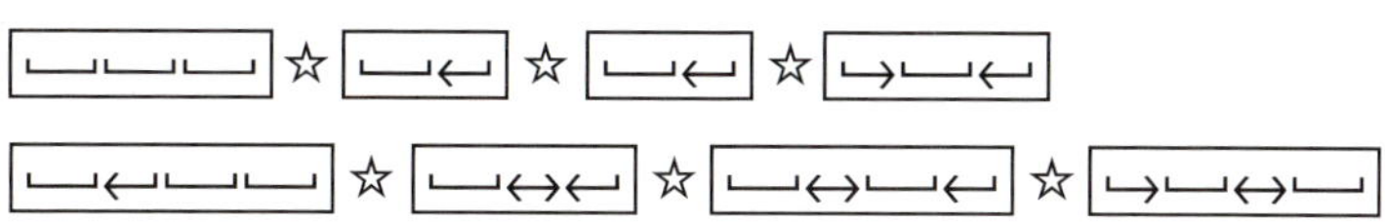

Letzte Seite

So wie diese Seite könnte die erste Seite in deinem Buchstaben-Sammel-Heft aussehen.

Buchstaben sind schön.

Du kannst sie **ausschneiden**, **sammeln** und in ein Buchstabenheft **einkleben**.

Jeder Buchstabe bekommt eine extra Seite.

Welches ‚a' findest du hier zweimal?